中小民营企业

人力资源

管理咨询研究

王振涛——著

西南财经大学出版社

中国·成都

图书在版编目(CIP)数据

中小民营企业人力资源管理咨询研究/王振涛著.—成都:西南财经大学
出版社,2024.3

ISBN 978-7-5504-6113-0

Ⅰ.①中… Ⅱ.①王… Ⅲ.①中小企业—民营企业—人力资源
管理—咨询服务—研究 Ⅳ.①F279.245

中国国家版本馆 CIP 数据核字(2024)第 046235 号

中小民营企业人力资源管理咨询研究

ZHONGXIAO MINYING QIYE RENLI ZIYUAN GUANLI ZIXUN YANJIU

王振涛 著

策划编辑:冯 雪
责任编辑:冯 雪
责任校对:金欣蕾
封面设计:墨创文化
责任印制:朱曼丽

出版发行	西南财经大学出版社(四川省成都市光华村街 55 号)
网 址	http://cbs.swufe.edu.cn
电子邮件	bookcj@swufe.edu.cn
邮政编码	610074
电 话	028-87353785
照 排	四川胜翔数码印务设计有限公司
印 刷	郫县犀浦印刷厂
成品尺寸	170mm×240mm
印 张	19.75
字 数	367 千字
版 次	2024 年 3 月第 1 版
印 次	2024 年 3 月第 1 次印刷
书 号	ISBN 978-7-5504-6113-0
定 价	88.00 元

前 言

本书主要依据咨询项目的实际情况，讲述业务洽谈、项目调研、方案设计、方案导入、方案优化等实际的操作流程。本书所写内容主要包括企业管理咨询与诊断概述、企业管理咨询的程序、人力资源管理咨询、中小民营企业人力资源管理咨询的方法、企业人力资源管理咨询项目的运作过程与成果、中小民营企业人力资源管理咨询的主要内容、中小民营企业人力资源管理咨询案例等。本书面对企业和社会的实际需要，针对中小民营企业的人力资源管理体系的痛点，结合作者10余年的企业管理咨询经验，对照企业接受企业管理咨询前后的状况，验证定制化的咨询方案在企业实际运营中产生的价值，并以案例的形式在本书中呈现。

本书的价值在于对中小民营企业人力资源管理体系咨询项目进行了全方位、全流程的系统解读，包含了管理咨询思维、方法、工具，以及对咨询案例的解读。作者主导或参与国有企业、大型民营企业以及中小型民营企业有关地产、零售、物流、服务、医疗、贸易、教育、酒类等类型的管理咨询项目，见证了管理咨询项目改革为企业带来的效果，看到了企业体系变革、业绩倍增、利润提升、扭亏为盈等变化，体会了企业接受专业的咨询项目团队的价值与意义。通过学习本书可以为立志从事咨询业的人员和高校经管类学生提供管理咨询的思路，同时可以为中小民营企业的决策者、管理者以及人力资源管理从业者提供企业组织体系建设参考。

本书的写作历时近4年。在此，我首先要感谢黄廷学先生协助我进行查阅文献、整理资料、编辑文稿、绘制图表等工作。其次，感谢本书提到的四家企业，感谢它们奉献出我们的定制化咨询方案，为本书的编写提供大量的资料支持和有力配合。再次，感谢和我一起从事本书案例编写所涉及的人力资源管理实务操作项目的各位企业家，是他们无私的奉献和高质量的工作为本书的案例奠定了扎实的基础，也让我的定制化咨询方案得以落地、验证和实施。

本书的主要适用对象有高等学校经管类专业学生，中小型民营企业所有者、经营者、管理者以及人力资源管理从业者，企业培训师，企业管理咨询人员等。

由于不同行业、不同企业的人力资源管理的问题复杂多变，本书所列的四个案例不能涵盖全部主流行业和产业，因此，只能作为其他行业的参考。受作者的水平所限、时间所限、投入的精力所限，书中难免有不足之处，权作抛砖引玉。希望更多的学者、人力资源管理专家、企业管理咨询者批评指正，本人也会继续探讨中小民营企业人力资源管理咨询的相关内容。

王振涛

茅台学院

2023 年 8 月

目　录

第一章 企业管理咨询与诊断概述

第一节 企业管理咨询与诊断的概念

企业管理咨询与诊断就是由管理咨询人员根据客户的需求，运用科学的方法，通过深入调查、分析，找出客户在管理中存在的问题及其产生的原因，有针对性地提出科学的、切实可行的解决方案，并指导客户实施方案，提高客户管理绩效的智力服务。

从以上定义可知：①管理咨询是由管理咨询人员和客户共同参与的工作；②管理咨询是"一把钥匙开一把锁"的过程；③管理咨询不是一般的服务，而是为客户提供管理知识和技能的智力服务。

企业管理咨询与诊断是由具有丰富经营理论知识和实践的专家，与企业有关人员密切配合并共同完成的一项工作。

一、企业管理咨询的分类

根据不同的标准，管理咨询的分类也不同。

按咨询对象分，管理咨询可以分为企业管理咨询、事业单位管理咨询、社会团体管理咨询和政府机构管理咨询，而每个对象内部又有不同 的类别，如制造业、商贸业、服务业等。

按咨询时间长短分，管理咨询可以分为中长期咨询和短期咨询。一般来说，咨询机构或咨询师对客户连续进行一年及以上的管理咨询或辅导为中长期咨询，其他则为短期咨询。

按咨询人员和企业的关系分，管理咨询可以分为自我咨询和外部专家咨询。自我咨询一般是企业自己组织内部有资格的咨询人员开展内部改善的咨询活动；外部专家咨询是指客户聘请专业的咨询机构的咨询师进行咨询。现实中，外部专家咨询是咨询行业最常见也是最有效的咨询。

按咨询涉及的业务广度分，管理咨询可以分为综合咨询、专项咨询和专题咨询。综合咨询几乎涉及企业所有的部门和业务领域，包含综合诊断、制定企业发展的战略、管理体系的整合与优化等方面。一般来说，大型企业会采取该方式。专项咨询仅涉及客户方一个管理专业或业务领域，常见的主要有企业战略管理、市场营销管理、人力资源管理、生产管理、运营管理、质量管理、财务管理、税务筹划等。在每个专项里面又可以分出若干的咨询专题，这也是市场主流的咨询方式。

二、企业管理咨询与诊断的特点

（一）科学性

科学性是咨询赖以生存的根本。管理咨询的科学性主要体现在三个方面：一是整个咨询过程都是遵循管理科学和其他相关学科的基本原理的；二是管理咨询的诊断过程符合由表及里、去伪存真、由局部到全局的事物认识过程；三是管理咨询改善方案遵循"一把钥匙开一把锁"的原则，具有很强的针对性。

（二）创新性

创新性是管理咨询生命力和活力的源泉。这主要体现在两个方面：一是改善方案创新，即咨询人员从管理理念、管理体制机制、管理方法等多层次和多角度提出有益于客户提高绩效的方案。二是诊断方法创新，即咨询人员在提供管理咨询服务时，不断地运用新的思想维方式、新的观点去观察新的客户，采用不同的方法和工具分析其存在的问题及原因，以创新精神去设计切实可行又有所突破的咨询方案。

（三）有效性

有效性是管理咨询存在的基础和前提。咨询人员为企业提供的管理咨询方案，应确保其质量和有效性。

（四）独立性

咨询人员应该客观、中立地看待和思考客户存在的问题，并提出自己的见解。咨询人员的这些见解，应是依据深入调研、科学分析得出的结论，而不是为企业领导人的意见或企业职工的情绪所左右，也不应受企业外部其他因素的影响而轻易改变。

（五）合作性

在整个咨询过程中，一方面，咨询项目组员之间需要相互协作，发挥各自的专长，形成团队优势，保持团队的一致性；另一方面，咨询项目组和企业各有关人员之间要保持密切配合，相互沟通、相互信任。良好的合作，是管理咨询项目取得成功的必要条件，也是对咨询人员素质的基本要求。

（六）建议性

咨询机构或咨询师会根据受诊企业通过实地调查获得的一手资料对企业的

经营状况进行分析，进而提出改善其经营管理的方案。咨询师只充当一个辅助者的角色，为企业提出建议性而非强制性的实施方案。如果企业觉得此方案的实施效果不佳，企业完全可以否决该方案，也就是说，是否实施咨询师提供的方案的决定权在企业手中。

（七）系统性

管理咨询是一个系统工程，企业管理是全环节的闭环，牵一发而动全身，所有管理咨询的系统性是咨询成功的必备要素。

（八）艺术性

管理的二重属性，决定了企业管理咨询必然存在艺术性。

（九）艰苦性

对企业来讲，管理咨询的开启就意味着变革，而变革的过程必然会遇到各种因素的影响，为达到好的效果，其过程必然是艰苦的。对于咨询机构的咨询师来说也是一样的，咨询师要提供符合企业的咨询方案，就要经常加班并绞尽脑汁设计方案，这也是非常艰苦的过程。

（十）机动性

管理咨询的过程是客户与咨询师共同努力的过程，客户或咨询师常常会为了项目目的而改变原来的方案，好的咨询项目的落地必然是机动的过程。

以上十个特点强调了咨询工作中的辩证法：在创造时不破坏系统性，在合作时保持适度独立性，在注重科学时不忽视艺术性，在艰苦奋斗中坚持灵活性与适应性。

第二节　企业管理咨询与诊断的作用

企业管理咨询与诊断可以使企业知己知彼，针对存在的问题及时调整经营战略和采取对策措施。因而管理咨询是一项关系到企业生存和发展的重要活动。特别是对处在改革深化、市场经济体制不健全的相关企业，更有其特殊的重要意义。一般来讲，企业对其自身存在的问题，往往难以分清轻重缓急。咨询机构及咨询人员要根据企业经营目标与现状对比，进行企业经营诊断，找出存在的问题，以便采取措施、对症下药，并最终帮助企业解决这些问题。概括来说，企业管理咨询与诊断有以下作用：

（1）预防作用。管理咨询通过综合诊断，让企业充分了解管理上存在的不足和需要改进的方向，对企业避免未来可能出现的管理问题，起到预防的作用。

（2）纠错作用。管理咨询可以帮助企业查清现有的管理问题及其原因，有针对性地提出纠正措施，并和企业一起进行改正，起到纠错的作用。

（3）改善作用。通过管理咨询，可以帮助企业找出与同行先进水平存在的明显差距，引进、吸收同行有益的管理做法，改善自身在管理方面的不足。

（4）创新作用。管理咨询可以帮助企业进行管理创新，使企业在提升管理水平的同时实现新的目标、攀登新的高峰。培育企业管理者去主动发现问题、认识问题，并有效地寻求解决问题的方法。

第三节　企业管理咨询的任务和使命

一、企业管理咨询的任务

（1）一般任务：实现企业管理咨询的目的，从理论上探索企业客体健康与病态运行的规律和特征，探索咨询主体分析和解决企业问题的方式与方法；在实践中正确判断客户企业的症结所在，并采取适宜的方式，帮助企业解决问题。

一般任务具有普遍性和稳定性。

（2）具体任务：帮助客户发现问题、分析原因，帮助客户培训干部、提高干部素质；根据所处行业的特点和企业自身的特点，寻求对策，提出解决问题的方案，并指导实施。

为完成具体任务，需要做以下具体工作：①搞清客户行业的特点。②了解客户企业的特点。③判明咨询课题的性质。把握"健身"问题与"治病"问题；"紧急"问题与"非紧急"问题；"现实"问题与"潜在"问题；"一般"问题与"战略"问题；"专业"问题与"综合"问题；"常规"问题与"非常规"问题；"纯技术"问题与"非纯技术"问题。

二、管理咨询工作的基本方式

一般来说，管理咨询工作包括以下四种基本方式。

（1）引进介绍，即针对企业所存在的问题，向客户介绍新的管理理论、管理方法和管理经验，以引起企业领导、职工的注意，掌握解决问题的思想和方法。

（2）诊断建议，即帮助企业寻找或判断企业在生产经营管理上的主要问题，确诊产生问题的原因，并提出切实可行的改善方案。

（3）教育培训，即帮助企业培训管理干部。

（4）推进变革，即帮助、推动、指导企业实施改革方案，包括帮助企业分析实施变革中可能出现的各种阻力，提出转化消极因素的措施，安排实施改革方案的日程和步骤。

三、企业管理咨询者的使命

企业管理咨询者具有以下两项使命。

（1）成为推动企业管理转型的变革者。

（2）成为发展企业管理学和企业管理咨询学理论与方法的探索者。

变革和探索是管理咨询者的双重使命。离开了变革，咨询事业就失去了存在的意义；离开了探索，咨询事业就失去了发展的根基。

四、管理咨询师的职业素质、道德规范及工作作风

企业管理咨询人员应该是具有很高的道德修养、丰富的管理知识和经验的高素质人才，并在咨询工作中恪尽职守，保守客户公司的机密。

（一）企业管理咨询人员的职业素质

一个优秀的管理咨询人员应当具备两个方面的素质。首先是管理咨询人员的基本素质，即为了完成咨询活动所具有的、但与专业知识无关的各种素质，包括表达和沟通能力、分析和判断能力、快速学习能力、创新工作能力、承受压力能力等。其次是管理咨询人员的专业素质，即为了完成咨询活动所具备的与管理咨询活动本身相关、与企业经营管理相关的知识与技能的储备，这又包括两个方面：一是咨询专业知识与技能，二是经营管理专业知识与技能。

（二）企业管理咨询人员的道德规范

近年来，有关职业道德的问题受到社会的普遍关注。随着管理咨询行业的快速发展，有关咨询人员的职业道德问题也日益凸显。根据我国管理咨询实践和国际经验，我国企业管理咨询人员的职业道德和行为规范应遵守以下几点：

（1）严格遵守国家有关法律、法规和政策。

（2）不接受力不胜任的咨询委托。

（3）体现客户利益最大化。

（4）保持咨询工作的独立、客观、公正。

（5）保守客户秘密。

（6）既"授人以鱼"，又"授人以渔"。

（7）不做诋毁同行的事。

（三）管理咨询师的工作作风

如何处理与客户的关系也属于咨询的工作方法，也可构成咨询人员的一种工作作风。经归纳可分为以下三种：

（1）封闭式的工作作风。

特点：咨询人员从确定问题到提出改善方案，都是独立或基本独立地进行工作；很少与客户企业的有关人员一起分析研究。

适用范围：适用于客户企业内部意见分歧很大和咨询课题专业性很强的情况。但不适用于正常情况，一般不宜采用。

（2）操纵式的工作作风。

特点：咨询人员与客户企业领导之间的依附关系很深，管理咨询人员或者以高参身份在幕后影响企业领导者的决策，有时甚至参与高层的决策；或者由企业领导授意，借用咨询顾问外来者说话灵、关系清的优势，推进企业已做出的决定，以求改革方案能取得企业领导层的一致赞同，并迅速得到落实。

适用范围：适用于需要迅速实施的改革方案，以及咨询人员和企业领导关系比较密切的情况下。但是，这种工作方法容易混淆咨询人员和企业管理人员之间的界限，使咨询工作失去独立性；同时这种操纵式的作风，也容易引起客户企业中一般管理人员和职工的反感。因此，除遇到比较紧急的情况必须采用这种工作作风外，一般也不宜采用。

（3）参与式的工作作风。

特点：咨询人员既与客户企业的干部、职工保持广泛而密切的联系，又严格保持应有的独立性。他们应依据自己的独立思考去分析问题，既从企业的总体利益出发，为企业的发展献计献策，又冷静地对待企业的要求，客观地分析这种要求的可行性；既承担引导、推动变革的责任，又积极吸引群众自始至终地参加变革。

适用范围：相对而言，这是一种比较理想的工作作风，因此它的适用范围比较广，也是正常情况下应当采用的工作作风。这种工作作风要真正运用自如，并非一日之功；同时，在某种特殊情况下，它也不一定适用。

在选择咨询工作作风时，要考虑以下因素：①客户的要求；②咨询课题的选择；③客户企业内部的人际关系；④咨询顾问与客户领导的关系。

第二章 企业管理咨询的程序

管理咨询的基本程序是指整个咨询过程中各个阶段的工作内容和方法及其相互关系，它主要包括相互衔接的五个阶段：

（1）业务接洽阶段：初步接洽—研究回复—深入商谈。

（2）诊断阶段：深入调查研究—分析问题的原因—拟定改善方案—提交咨询报告。

（3）改善方案的设计阶段：根据客户和咨询的实际情况，进行优化改善咨询方案。

（4）方案实施指导阶段：方案的实施指导与项目总结阶段。

（5）实施效果评价阶段：通过不同的方法对新方案的实施效果进行评价。

其中，咨询方与客户达成合作最重要的两个阶段为业务洽谈阶段和诊断阶段。

第一节　业务洽谈阶段

业务洽谈是整个管理咨询活动的起始阶段，是正式开展咨询活动的前提。在这个阶段，咨询公司主要的任务是在与客户建立良好合作关系的基础上签订管理咨询协议。要实现本阶段的任务，咨询公司就必须初步了解客户的需求和基本情况，同时，也要让客户了解咨询公司的优势和能力，双方建立起信任关系。本阶段的工作步骤如图2.1所示。

初次洽谈　项目调研　拟定项目建议书　项目建议书路演　商务洽谈　签订咨询合同

图2.1　业务洽谈阶段工作步骤

一、初次洽谈

本环节的任务是咨询公司通过用积极的、真诚的、务实的态度接待客户，了解客户的咨询要求和咨询目的；并根据客户要求、咨询目的、基本情况，结合自身咨询能力，决定是否承接客户的委托，以便获得预备调查的机会。

该阶段的注意事项：①咨询人员应具备较为全面的认识；②咨询人员要验证客户对企业的认识；③咨询人员要基于事实作出判断；④应妥善保存预备调查的资料。

1. 初次洽谈的主要内容

（1）向来访者介绍以下内容：管理咨询的程序、方法和咨询人员的职业道德；本公司的情况、背景、专长和绩效。介绍的目的是打消来访者对管理咨询和对本公司的疑虑，建立对本公司的信任。

（2）了解客户的概况：来访者希望咨询的内容、要求和目前企业存在的主要问题；企业产品、人数规模、销售额、成立时间、公司性质等。

（3）确定调查事项：若来访者有咨询意向，双方应确定到客户企业进行预备调查的有关事宜。

2. 初次洽谈的注意事项

（1）判断清楚来访者的意图。

（2）因势利导。

（3）初次洽谈的结果是希望能进行预备调查。

（4）如果本次没有顺利进行预备调查，仍应和来访者保持良好关系，以便日后需要时继续联系。

（5）初次洽谈内容应记录在公司专门的记录簿上，妥善保存，以便备查。

二、项目调研

（一）调研的主要任务和结果

调研的主要任务有以下三个：①根据客户的要求和企业的现状，判定咨询项目应解决的主要问题；②把握咨询项目的范围和质量要求；③了解客户企业进行变革和有效解决问题的潜力。

调研的目的并不是提出解决问题的方法，而是确定和规划咨询任务或项目，为顺利进行业务洽谈铺平道路。调研的结果是为拟定项目建议书提供充足的依据。

（二）调研的基本过程

1. 和客户企业的领导或主管领导见面

这次见面既是礼节性的拜访，又是极重要的面谈，涉及内容如下：

（1）咨询人员根据客户对管理咨询和本咨询公司的了解程度以及常出现的疑虑，适当介绍一些管理咨询的做法、咨询公司的业绩和承诺，让客户对管理咨询和本咨询公司有一个好印象。

（2）咨询人员要让客户简单介绍一下企业的概况、企业的发展、本次咨询的内容和要求，以及企业领导班子对本次咨询的意见。

（3）根据见面时的需要和气氛，可以适当地交流一些客户感兴趣的其他问题，包括该咨询项目国内外其他公司的成熟做法。

2. 参观现场

参观现场的目的如下：

（1）了解客户生产经营的过程，以便把握住企业存在的问题和改善的方向。

（2）了解企业管理状况。现场最能反映企业管理状况，包括一些基础管理现状、人员、机器设备、材料以及加工工艺、作业环境等能否满足产品生产需要。

（3）了解企业管理水平和管理中存在的问题。

3. 收集必要的资料

收集资料的目的如下：

（1）了解企业一般经营状况，对企业当前整体经营状况有一个基本的判断。例如，企业经营状况是亏损还是营利。

（2）判定企业存在的管理问题。针对初定的咨询题目，收集相关的数据，以便判定问题是否存在，以及问题的重要性、紧迫性，未来咨询的成效性和难易度。

（3）判断企业前景、营利能力如何，以及预估管理改进后效果如何等。

4. 询问调查

（1）询问调查的内容包括了解企业的组织机构、运营现状、员工感受、企业自身对问题的看法等。

（2）沟通与咨询内容相关的其他问题。

（3）如果咨询的题目比较窄，可以访问主管人员或领导，了解一下该项工作目前是如何开展的等有关问题。

5. 资料整理、汇总、分析

通过资料整理、汇总、分析，必须作出如下判断：

（1）客户要求咨询的课题存在吗？

（2）该课题的重要性、紧迫性、成效性和难易性何在？

（3）本咨询公司是否接受该咨询项目？

（4）如果接受该咨询项目，应该如何进行、如何安排、如何报价？在对上述问题作出判断的过程中，有些问题可能还不够清楚，此时可以进行补充调查。

（三）调研主要方法——现场参观

对于第一次接触的企业，为了解企业生产过程、生产能力和潜力，了解企业的管理水平，去现场参观是十分有必要的。一般来说，综合咨询可参观公司，对大型企业或跨区域的企业，可以选择有代表性的业务区域参观，专题咨询可适当取舍。参观时间一般在半天之内。参观方法是由企业派一名了解业务流程的人员陪同，咨询人员按顺序参观，并可适当询问。参观过程中注意观察以下内容：

①产品的名称、外形、特点、用途；②生产组织、物流线路是否合理；③设备、工装对产品的满足水平；④材料、零部件、产成品的堆放情况；⑤产品、产成品的传递手段；⑥作业现场环境、整理整顿、直观管理和工作秩序；⑦员工的工作情绪；⑧设备和劳动力的闲置状况；⑨生产定额水平和实际操作水平；⑩生产记录和交接班记录；⑪员工生活设施。

了解上述这些情况，可对资料分析和企业管理现状判断起到重要的作用。参观过程中需要特别注意：严格遵守作业现场的各项规定；不影响作业人员工作；在咨询参观时，不要录像或拍照；气氛融洽；必要时，可以简短地询问员工或浏览现场资料。

（四）调研中的注意事项

1. 咨询人员应具备较为全面的知识

从调研的过程和对问题分析的过程来看，参与调研的主要人员应具有管理领域的全面知识和丰富的管理咨询实践经验。因为，他不仅要根据短时间的调查资料，对企业管理中存在的问题作出准确的判断，而且还要和企业领导沟通交流。如果没有一定的功底，是难以做到的。

2. 咨询人员要验证客户对本企业的认识

咨询人员应该保持独立，依据自己调查得到的资料作出判断，而不要随意附和客户的意见。中国有句俗话"当局者迷"，所以客户对企业的认识不一定都正确。一般来讲，客户对企业存在问题的现象看得比较清楚；但是，现象并不等于问题。现象是客观存在的现状，而问题是对众多现象进行去伪存真、由表及里的比较分析后得出的认识。

同一个现象，站在不同的角度，就可能得出不同的认识，即不同的问题。咨询人员应运用系统的管理理论以及科学的分析方法，透过现象看本质，作出对问题的判断。企业管理者由于忙于业务，对管理知识方面的了解不一定有咨询人员广，所以对问题的判断可能存在偏颇。

3. 咨询人员要基于事实作出判断

咨询人员在调查中应注意收集事实，尽量不要收集观点，包括领导者、执行者和员工的观点。因为，观点属于认识范畴，不属于事实范畴。由于企业内部的各方利益的不同，他们所具有的知识和观点也不同，因此他们对同一个事实可能得出不同的观点。如果我们把这些不同的观点收集在一起，试图从中得出某一个正确的判断，几乎是不可能的。即便得出一个结论，也不能令人信服，其结果只能是"公说公有理，婆说婆有理"，甚至是谁权力大谁有理。只有在事实的基础上，运用系统的管理理论、观念和科学的分析方法得出的结论，才是可靠和令人信服的。

4. 应妥善保存预备调查的资料

预备调查得到的资料很宝贵，不宜交给客户，应将其系统地整理并保存在咨询公司。此外，在项目建议书中，相关内容不宜也没有必要全面展开。

三、拟定项目建议书

（一）项目建议书及其作用

项目建议书是咨询公司在对客户进行预备调查之后，向客户说明其存在的问题、咨询项目的内容、解决问题的思路和框架，说服客户向咨询公司委托这项咨询任务的书面材料。

项目建议书的主要作用：

（1）向客户展示咨询公司对其问题和需求的把握程度。

（2）向客户说明咨询公司将如何完成咨询任务。

（3）使客户相信本咨询公司有理由，也有能力完成任务。

（二）项目建议书的主要内容

项目建议书的内容通常包括如下七个方面。

1. 项目的背景和目的

项目的背景和目的是指客户体现咨询需求的内外环境和咨询要达到的目的。此部分是项目建议书的引言，具有确定基调的作用。

2. 客户面临的问题

第一，明确地表述客户存在问题并作必要的解释。对问题的表述和理解可能与客户原来的认识不完全一致。只要实事求是、有足够的理由说服客户，是会得到客户的认可和好感的。

第二，证明问题的存在。适当选用预备调查中的分析资料证明即可。证明资料不在多，重要的是要有力度、观点要鲜明。

第三，阐述问题的重要性、紧迫性、难易性和成效性。阐述的时候尽量用事实（最好是数据）支持，不要用一般推理。如果缺少事实（数据）根据，可不说或少说。

上述三点是预备调查的结果和精华，是反映咨询公司及咨询师水平的最有力的证据之一。

3. 解决客户问题的技术思路和方法

这一部分的重点是体现咨询公司的专业能力。解决问题的技术思路与方法必须结合企业的实际问题，有针对性地阐述，要简单明了、言简意赅。

4. 项目内容和成果描述

项目内容是指完成该项目所要做的工作。项目成果是指项目完成之后以何种方式体现咨询结果。

在项目建议书中，应明确指出项目所包括的具体内容和边界，这不仅要考虑技术因素，还要考虑商业因素。

项目内容的确定相对容易，但要想清晰地界定项目的边界不是一件轻松的事情。由于在业务洽谈阶段，咨询公司不可能对企业情况有非常深入的了解，因此，项目的边界往往不可能有非常准确的界定，而只能是尽量准确，以保证未来在项目运作时不会出现工作量或工作难度大幅增加的情况。

在项目建议书中应对项目的成果进行界定。项目成果一般包括三类：一是咨询方案，二是培训与沟通，三是指导实施。每一类的工作成果以何种方式体现和提交，应当有清晰的界定。

某些情况下，此部分可能还包括项目成果的验收标准。咨询成果的验收无法完全以量化的方式进行，只能是定性和定量相结合。

5. 项目时间进程和初步计划

在建议书中要界定项目的周期，同时，要对项目进行主要里程碑的划分，以使客户对项目如何进行有一个宏观的了解。项目初步计划一般包括主要工作步骤、工作先后顺序与衔接，以及每个步骤所需时间、项目主要里程碑等内容。

6. 项目小组活动方式和参与成员

项目小组活动方式是指一般情况下咨询公司成立项目小组，客户也成立相应的小组对接，由于客户方面人员还要忙于正常业务，所以在咨询的诊断阶段和拟订方案阶段，他们一般不参加具体工作，但要参加讨论，发表他们的意见。在方案输出阶段，他们则必须认真参加。

在项目建议书中一般不需要提供完整的项目小组成员名单，但项目总监（项目董事）、项目经理等核心成员则必须介入。当然也可以多提供几个备选人员，由客户最终确定。

7. 咨询公司简介

咨询公司简介一般包括以下内容：咨询公司资质（公司背景、专业强项和成功案例）、咨询团队简介（项目主管、项目成员组成和项目主要成员的简历）、采用的咨询方法和技术的详细说明（专有或专利方法的详细解释）。

咨询公司对曾经操作过的、与客户项目比较相近的项目进行详细描述往往大有裨益。当然，列出以前客户的资料，必须事先征得其同意，不可违背管理咨询为客户保密的原则。

（三）项目建议书编写的要求

1. 深度合适

项目建议书内容的阐述深度，应为客户理解和决策提供必需的细节，不应该故弄玄虚，让客户摸不着头脑。

2. 具有针对性

项目建议书应针对客户的特定问题"量身定做"而不能泛泛而谈。它的针对性主要体现在对客户问题的理解、解决方案和项目成果三个方面。

3. 具有可操作性

项目建议书的可操作性对项目的成功实施至关重要，是否具有操作性主要体现在解决方案和项目初步计划两个方面。

4. 具有体系性

即使在项目建议书阶段，咨询人员可能仍然没有见过客户中将影响购买决策的所有人。因此，即使对咨询项目的执行方式已经达成了口头一致意见，仍然应该将其详细地表达出来，以便客户中那些不太知道相应咨询项目，但具有购买决策权的人阅读。

四、项目建议书路演

早期国内咨询公司对实力的展示，更多是通过项目建议书展示的方式进行的。但随着国内管理咨询行业的不断发展，客户对咨询公司的实力展示提出了更高的要求，即采用招投标的方式。应该说，规范的招投标是对咨询公司实力展示得最全面、最严格的一种方式。以下介绍两种不同的展示做法。

（一）项目建议书的常规演示

1. 演示前的准备

在进行项目建议书演示前，应了解以下事项：①演示的时间与地点；②客户对演示说明的期望；③是否需要进行正式的演示说明；④正式演示说明和讨论所允许的时间；⑤参加和听取演示说明的客户人员有哪些、他们各自的兴趣何在；⑥客户还邀请了哪些咨询公司参加演示说明会；⑦演示说明会的目的是什么。

通过认真准备，咨询人员要把本咨询公司对客户企业问题的理解、解决方案以及质量保证等情况真实地展示出来，争取得到客户的认可。

2. 演示时要注意的问题

咨询公司在演示过程中还需注意以下问题：①逻辑清晰；②突出重点和特色；③给客户提问的机会。

（二）咨询项目的招投标展示

1. 咨询项目的招投标程序

咨询项目的招投标过程随着管理咨询行业的逐步成熟和客户内部管理的规范化而不断完善，招投标正在成为客户选择咨询公司的重要工具。

咨询项目的招投标是以订立咨询合同为目的的民事活动，属于订立合同的预备阶段。招标和投标是指交易活动中的两个主要步骤。

管理咨询行业的招投标程序包括招标、投标、开标、评标和中标五个阶段。投标文件一般包括：①与咨询公司资质相关的文件，如营业执照、财务咨询等专项咨询的资质等；②与项目本身相关的文件，主要是项目建议书；③与项目商务相关的文件，如报价、支付方式、项目的组织安排等；④与公司实力、经验相关的文件，如公司的规模、咨询人员的水平、类似项目的经验等；⑤与知识产权相关的文件，如知识产权归属的协定、保密协定等。

2. 管理咨询公司的实力展示

开标的过程实际就是咨询公司对自身实力的展示过程，评标过程则是客户企业对咨询公司实力的评价过程。在这个过程中需要展示多个方面的能力，一部分能力是通过现场来展示和评价的，另一部分能力则是在开标过程前后通过其他方式来展示并由客户进行评价的。具体来说，咨询公司需要向客户企业展示的内容主要包括以下几点：①咨询公司介绍；②咨询公司的规模和专长；③相关项目的案例经验；④知识储备与专业研究；⑤重点客户的评价反馈；⑥拟任项目经理的能力；⑦售后服务的承诺；⑧对项目的认识与理解；⑨招投标过程的现场表现。

五、商务洽谈

商务洽谈主要围绕管理咨询合同逐条具体化，形成规范的文字表述草案，以供双方领导确认并最后签字。

商务洽谈涉及的主要方面包括：管理咨询内容与细化的成果、咨询项目的周期、咨询项目组主要人员与结构、咨询过程中的合作方式、咨询费用和付款方式、培训内容以及客户关心的其他内容。

当双方通过洽谈在商务方面达成一致后，便开始起草管理咨询合同。一般合同由管理咨询公司起草，经客户修改确认后签署。

（一）管理咨询合同的主要内容

目前国内并没有法定的合同范本，但管理咨询合同一般应包括以下主要内容：

（1）订立合同的甲乙双方，即委托方与受理方。

（2）项目名称。

（3）项目涉及范围及主要内容。

（4）项目成果、成果提交与验收方式。

（5）项目总体时间、工作计划框架或项目里程碑。

（6）项目双方合作方式。

（7）项目双方项目组组成人员及主要职责。

（8）双方在管理咨询项目中各自承担的主要工作、权限和义务。

（9）保密与知识产权条款。

（10）总体费用、支付方式、需单独付费的项目以及付款条件和方式。

（11）项目中止、延期处理，其他争议处理与违约责任。

（12）合同附件。一般会将项目建议书作为管理咨询合同的附件。

在管理咨询过程中，由于咨询人员会接触到客户大量的商业机密，因此客户往往对保密条款非常重视，必要时还需要签订单独的保密协议。

同时，随着知识经济的兴起，知识产权也变得越来越重要。如何处理管理咨询中所涉及的知识产权，也需要做出明确的规定。

（二）管理咨询的报价方法

客户一旦认可咨询师的项目建议书，就会涉及下一个阶段的管理咨询项目报价。

管理咨询项目的费用是客户和咨询公司都非常关注的内容。管理咨询的报价通常有成本定价报价法、企业增益报价法、管理咨询人员工作时间报价法。

（1）成本定价报价法。

以管理咨询人员的人力资本投入为计算原则，即成本定价法，包括管理咨询人员人力投入报价加差旅费。这是最为传统，也是最常用的咨询项目报价方法。

（2）企业增益报价法。

对某些类型的咨询项目，可以采取企业增益报价的方法。即管理咨询机构收取的费用不是一个固定的数目，而是按照一定时间内（三年、五年等）企业年度销售收入或利润的增加值的固定百分比来收取，也可能是按照成本费用降低值的固定百分比收取。

（3）管理咨询人员工作时间报价法。

这种方式是以用于该咨询项目实际所花的时间为基数来计算咨询费用的，在项目开始之前，只能确定大概的范围。此种方式在成熟的市场比较流行。

这种报价方式能够使管理咨询人员将注意力完全集中于咨询项目，保证项目的质量。但是，这种方式要求双方对咨询的范围、工作方式以及所需要的时间与人员比较清楚，或企业对管理咨询机构的职业性服务有充分的信任。

六、签订咨询合同

合同签订的过程实际是履行法律手续的过程。签订前需要注意以下两点：

其一，由甲、乙双方的法律专家，从法律的角度对合同书草案文本，进行最后审核。其二，对双方单位名称和签字人的法人和法人代表资格进行确认。

咨询合同范例见附录一。

第二节　诊断阶段

诊断的主要任务是围绕咨询项目，找出客户存在的问题及其原因，提出有针对性、可操作的改善建议。为此，咨询公司就必须在做好咨询准备的基础上，进行问题和原因诊断、诊断报告的拟订、诊断结果确认等工作。

一、诊断准备

诊断的准备工作是在咨询人员正式开展调查之前，由咨询公司和客户双方所做的组织上、思想上、技术上和物质条件上的准备工作，以便咨询活动顺利开展。

咨询诊断前的准备工作涉及咨询公司和咨询客户两方面，准备的内容包括项目组的组建、项目工作计划的制订、项目调查提纲的准备、项目组内部启动会、资料收集、咨询组办公和生活条件准备、项目启动会等。

（1）咨询公司准备。

①项目组的组建，包括确定项目经理、项目总监，挑选项目组成员。②制订咨询项目工作计划，包括项目总体计划、项目阶段计划、项目周工作计划。③项目调查提纲的准备，即将项目调查的内容列出提纲。④项目组内部启动会，包括动员、培训项目组成员，确立项目运作的内部规则，讨论安排前期的准备工作、基本工作分工及初步计划。⑤资料收集。

（2）客户单位准备。

①办公和生活条件准备。客户单位组建相应的项目组，准备办公条件和生

活条件。②召开项目启动会。咨询项目组进入客户单位后，客户应迅速组织管理咨询项目启动会。参加启动会的人员包括双方高层领导、双方项目小组成员、客户企业中高层管理人员和方案实施中涉及的骨干员工。

二、诊断过程

（一）诊断过程的任务

诊断过程是运用多种调查分析的手段，围绕咨询项目，找出客户存在的问题及其问题产生的原因，为制订改善方案提出方向和要点的工作过程。

（二）诊断过程的要求

根据咨询项目的大小和范围，诊断过程一般分为两个环节：一是综合调查分析，主要是找出客户存在的问题及其对经营的影响；二是专题调查分析，主要是找出产生问题的原因。

1. 综合调查分析

围绕咨询项目充分地了解和掌握客户管理的现状，运用数据和资料证明这些问题确实存在和对经营的影响程度。在调查过程中，切忌简单地听取客户领导或职工的意见就臆断，一定要明确标准，搞清楚现状，进行比较分析。

（1）建立明确的判断管理问题的标准。

没有标准就无法判断是否有问题。例如，某一个人的血压，高压为 150 毫米汞柱（mmHg）。仅仅这个数字，很难判断血压高低。但是对特定的人群，血压有相对的标准范围，比如青少年一般高压不超过 120 毫米汞柱，老年人一般不超过 140 毫米汞柱。

咨询人员判断管理问题的标准有三个层次：第一个层次是"做错了没有"，做错了应该纠正，这属于纠偏型标准；第二个层次是"做优秀了没有"，应引入好的做法，这属于改进型标准；第三个层次是"满足企业要求了没有"，虽然做好了但与企业的目标或要求相比还不够，这就需要用新思路、新理念进行创新，创造出前人没有使用过的方法，这属于创新型标准。所以，采用不同的标准，判定的客户问题类型也不一样。在这三个标准中判断第一和第二个层次的标准是最基本的，即在咨询项目业务领域里，至少应该清楚做哪些工作，每项工作的正确做法是什么。这是咨询人员必须具备的基本功。如果这两个标准不清楚，就不知道咨询中应对现状调查些什么；即便得到了真实的现状，也不会进行比较分析；即便有比较分析，也难以作出正确的判断。

（2）认真查清现状。

查清现状是调查清楚客户实际存在的客观事实，包括各种现象、员工的行为、各种记录和统计汇总以及管理制度等。没有客观事实，谁都无法确认客户存在着什么问题。综合调查要求咨询人员得到的是客观事实，并以此得出初步判断。对于初步判断不足以说明问题的时候，需要做进一步的补充调查，直到问题清楚为止。

现状调查中只有在为了判别客户对本单位看法（观点）是否正确的时候，才去收集客户对本单位的看法（观点），除此之外没有必要收集客户的看法（观点）。因为客户的看法并不能帮助咨询人员作出正确的判断，甚至有可能使咨询陷入误区。

一个基本功扎实、咨询水平高的咨询人员，能够依据客户的概况和咨询项目范围，很快理出从哪里着手、调查什么内容，并根据调查的结果很快得出结论。

（3）采用正确的分析方法作出独立判断。

分析的过程是比较判断的过程。有些简单问题通过直接比较就可以得出判断。例如，某企业人均年销售额仅有 20 万元，而本地区同行一般为 50 万元，显然该企业劳动生产率过低，经营状况不理想。有些问题比较复杂，需要转换指标以后进行比较。例如，判断企业的赢利能力用边际利润率指标进行，某企业边际利润率为 40%，一般企业要求应在 25% 以上就可以，显然该企业的赢利能力很强。

对于需要转换的指标，要特别注意指标的使用范围。例如，求边际利润率时需要用变动费/销售额。这两个数值分别在生产环节和销售环节，如果直接代入公式计算，就会得到错误的计算结果。因为计算必须是同一个环节的数值才有意义。这就需要把变动费和销售额这两个数值，要么都变为生产环节的，要么都变为销售环节的。

（4）查清问题对客户经营的影响。

管理咨询是一场变革。变革往往要从改变客户各层次人员的观念入手，才能逐步改变行为。例如，一些企业要进行产权结构改革，有的从国有改变为民营，有的从家族式改为股份制形式。从普遍规律来讲，单一国有产权结构或家族式结构，都不是很好的产权结构。但对客户来讲，让他们了解现有的产权结构存在哪些问题，这些问题如何制约企业的发展，甚至威胁企业的生存，是非常重要的。如果不查清这个问题，并且以此统一客户各级员工的思想，特别是高中层领导的思想，并使其真正达成共识，那么再好的产权改革方案也难以被认可和实施。

（5）项目组每个咨询人员均应参加综合调查。

综合调查所进行的工作在业务洽谈阶段的预备调查时就已经做了不少，但预备调查的时间较短，而且只有少数人员参加。诊断阶段要继续进行综合调查，并应让项目组的每个咨询成员都参与调查：其一是为了让项目参加者都能了解客户的全局；其二是为了让项目参加者都能站在公司全局看问题；其三是为使得对问题和影响的把握能够更准确和完善。

2. 专题调查分析

（1）彻底查清问题产生的原因。

任何问题的产生总有原因，而且原因后面可能还有更深层次的原因，同样的问题出现在不同的客户单位，或出现在不同的时间，其原因可能是不一样的。

（2）明确解决问题的方向和重点。

把问题和原因查清楚了，就比较容易确定改善方案的方向和重点。

三、诊断过程的运作

由于项目的大小、涉及范围不同，诊断过程运作的难易程度也不相同，一般过程如下：

①和客户领导见面。咨询人员进入客户单位，应立即安排和客户领导见面，一是出于礼节性；二是要及时了解客户的基本情况。②了解客户的主要业务流程。③参观业务现场。参观客户业务现场，既是了解客户业务的需要，又是现状调查的方法之一。④对客户高中层部分领导进行访谈。⑤进行问卷调查。⑥收集和整理资料。⑦统计和分析数据。⑧在个人调查分析的基础上，项目组全体人员共同分析、归纳，最后形成问题及其对客户经营的影响。⑨分工进行专题调查，并拟定改善建议的方向和重点。⑩项目组汇总各个专题的结果，协商形成统一的诊断报告提纲，并分工撰写。⑪形成诊断报告。⑫发表和确认诊断报告。

四、常用调查方法

（一）访谈

访谈是管理咨询中最常用的调查方法之一。访谈是咨询人员就客户管理现状和问题与客户有关人员进行直接交谈的信息搜集方法。在访谈中，咨询人员以问为主。通过对被访谈者回答的分析总结，逐步明确客户的问题所在，并了解客户管理队伍。

1. 访谈对象

根据被访谈对象身份的不同分为内部访谈（访谈企业内部人员）与外部访谈（访谈企业外部人员），一般的咨询项目以内部访谈为主，但如果项目内容涉及消费者、供应商和合作伙伴时，则需要进行外部访谈。内部访谈可分别选择高层和中层与项目相关岗位的领导进行。

2. 访谈形式

访谈是一个被访谈者和全体咨询人员在一起单独进行的。访谈活动由项目组长主持和询问，其他人员以听为主，在时间允许的情况下，也可以适当提问。

3. 访谈提纲与访谈计划的准备

访谈应有提纲，提纲内容是根据项目内容、项目组预先对结果的假设以及调研目的而拟订的。为了保证良好的访谈效果，需要事先把访谈目的、日期、开始和结束时间、地点、内容和联系方式等告诉被访谈者，以便其做好准备。

4. 访谈实施

访谈实施中应注意以下几点：①访谈正式开始前，要向被访谈人说明访谈目的和保密原则，打消被访谈人的顾虑，从而能够得到更多的信息。②访谈过程中一定要做好记录，对重点问题要复述，确定双方理解无误。③一般情况不要打断被访谈人的谈话，不能够有过多诱导性的提问。④当被访谈者严重跑题时，要通过合适的方式引导其回到正题。⑤访谈过程中不要轻易发表对企业问题的看法，不要用自己的观点影响被访谈人的看法。⑥为避免影响被访谈者的工作，保证每次访谈的效果，访谈时间一般不要超过两小时。⑦访谈结束前，一定要向对方致谢，并约定如果有不明确的问题，可在其他时间另约。⑧访谈结束时，向被访谈人询问是否有相关书面资料可以提供，并约定提供的内容和时间。

5. 访谈总结

项目初期的访谈过程一般会持续数天，咨询人员白天的工作量很大，但是不能因为这个原因而放弃每天的访谈总结。

白天的访谈结束后，咨询人员应该完成以下几项工作：①对访谈记录进行整理，总结出当天访谈的发现、疑惑和不足之处。②项目组成员进行沟通，互相通报访谈情况，做到访谈信息共享。③确定需要在未来的访谈中进一步证实的信息，并调整访谈提纲。④根据访谈结果，对原先的假设进行修改完善。

（二）问卷调查

问卷调查是将所需要了解的问题设计成书面问卷，并要求被调查者以书面的形式做出答复，然后对答案进行统计、分析的信息搜集方法。

1. 问卷调查对象

根据项目的内容不同，问卷调查的范围可以是整个企业，也可以是相关部门的群体。问卷调查一般采用抽样调查法。

2. 问卷调查形式

根据问题的提问方式的不同，问卷调查分为封闭式问卷和开放式问卷两种。通常情况下采用封闭式问卷，即调查问卷设定了固定数目的答案选项。对于一问一答的题目，被调查者只要挑选一个最符合的答案选项即可；对于一问多答的题目，只要挑选规定数目内最符合的答案选项即可。开放式问卷由于会占用被调查者较多的时间，而且统计分析起来有一定难度，一般不被单独使用，而是作为封闭式问卷的辅助。

3. 问卷设计

问卷设计应该满足以下几点要求：①与调查目标一致，尽可能多地了解信息；②与调查内容相关；③内容要简明扼要，但从体系上不能有所遗漏；④无明显歧义、方便回答；⑤答题时间一般不宜超过30分钟；⑥便于汇总、整理和分析。

4. 问卷调查实施

在实施问卷调查时应注意以下几点：

（1）问卷的发放和回收要安排细致，尤其是问卷的回收，应该事先告诉被调查对象是由咨询项目小组回收，而不是让企业内部人员回收，从而使员工能够按照真实想法填写问卷。

（2）对员工填写完毕的问卷应该注意保密，不能让企业人员接触到原始问卷。

（3）对于较为复杂的问卷应该事先安排培训，以方便员工理解和填写。

（4）咨询项目小组应该根据问卷的内容事先确定相应的统计维度，设计完善的统计表。

（5）对于有条件进行网络调查的，可以使用网络调查。

（6）问卷使用完毕后，应该加以整理，在项目结束后带回咨询公司保存。

5. 问卷调查统计分析

统计不同类别的人员对同一问题的答案，并根据统计数字，分析员工的倾向性意见。统计分析一般是在问卷设计者的指导下完成的。

（三）现场参观

现场参观是参观客户的业务现场，这对于咨询人员了解企业经营活动和企业各种经营要素的运用、直接感受企业管理水平、发现企业管理中存在的问题非常重要；但由于时间比较短，所见所闻难以直接当作证明问题存在的依据，故还需要进行补充调查。

（四）资料收集

资料收集是收集客户单位内部和外部与咨询项目有关的资料，并进行整理、加工的过程。外部资料收集已经在咨询前准备环节介绍了，这里主要介绍内部资料收集。一是资料的内容。资料内容分为数据资料和文字资料两类。二是资料收集方法。比较成熟的客户，都有比较健全的企业内部和外部资料库。

（五）现场调查

现场调查比现场参观更深一步。现场调查是咨询人员深入到企业需要调查的工作环节，并通过一定时间的观察、收集和测定相关数据的工作。

五、常见的分析方法

对问题进行分析的方法有很多，以下仅列举一些常用的方法。

（1）模型分析法。

模型分析法就是依据各种成熟的、经过实践验证的管理模型对问题进行分析的方法。

（2）对比分析法。

对比分析法是把待研究的事件和一个已知的基准进行比较得出判断结果的分析方法。对比的内容可以是各种各样，可以是定量的，也可以是定性的。凡是通过对比能得出大小、好坏、优劣、是非等表明差异的结果，都可以运用对比分析。

（3）因果分析法。

因果分析法是找出事物之间的因果联系的分析方法。因果分析法中最简单的情形是单一原因对应单一结果，较为复杂的情形主要有多因一果、一因多果、多因多果以及因果循环等。

（4）相关分析法。

两个或多个事物之间有时会相互影响，呈现出某种共同的规律性变化，这时称它们之间有相关关系。例如，许多消费品销售随着人均收入的增长而增加。

相关关系有正相关，也有负相关；有线性相关，也有其他函数形式的相关。

（5）趋势分析法。

趋势分析法是运用数理的工具和方法，把历史数据放入坐标图内，坐标横轴为时间，纵轴为数据值，根据数据的历史变化规律预测未来的趋势。

（6）比例分析法。

比例分析法是先计算某项经济指标的各构成因素值占总体的比重，再分析这些构成比例的变化，从而观察构成要素变动趋势的方法。

六、诊断报告的拟定

诊断报告是管理咨询运作过程中给客户提交的第一份正式报告，对于确立咨询公司与企业良好的合作关系、确定解决方案都具有重要意义。

（一）诊断报告应达到的目的

诊断报告是咨询项目小组经过对企业的调研和分析后，对企业存在的问题、原因及解决思路的书面意见，在整个咨询活动中具有阶段性小结、启动后续工作的意义。一份合格的诊断报告应达到如下几个目的：

（1）对企业存在的问题和问题的根源有全面准确、清楚透彻的分析，并能得到客户的认可。

（2）能够对问题提出针对性的解决思路框架，并能得到客户的认可。

（3）以诊断报告为核心，咨询项目小组内部达成一致，成为对下一步工作开展的指导性文件。

（4）客户通过诊断报告能够充分感受到咨询人员的专业水平，对咨询项目小组产生高度的信任。

（5）能够作为咨询项目小组、企业高层和企业一般员工就企业问题进行沟通的平台，通过诊断报告的讲解使企业员工就企业存在的问题达成一致看法。

（6）对咨询公司而言，诊断报告经客户认可后，能够按时收回与该部分内容挂钩的项目咨询费用。

（二）诊断报告的框架

由于每个咨询项目的方向和内容不一样，因此诊断报告并没有一个一成不变的格式。但是，作为以说明问题为主的演示文件，还是有一个基本的框架可以参考的。

（1）对诊断阶段所做工作的说明。

（2）通过诊断得出的主要结论。

（3）对每个需要说明的专项问题加以论证。

（4）对行业或者其他企业先进经验的借鉴。

（5）提出针对问题的框架性解决思路。

（三）诊断报告的表达方式

目前，管理咨询公司的诊断报告多以 PPT 格式文件的形式提交。诊断报告也可以用 Word 格式文件，但要注意图文并茂。

诊断阶段的成果是弄清了客户存在的问题及其原因，这为提出进一步的改善建议提供了方向和思路。但是只有方向和思路并不能解决存在的问题，还必须设计与之配套的详细方案，并以此指导员工的行动，才能解决管理上存在的问题。

第三节 改善方案的设计阶段

改善方案的设计是依据诊断阶段提出的改善方向和重点，对业务流程、操作规程和管理制度进行重新建立或在原有基础上进行修改、补充和完善的过程。这个过程包括改善方案的构思、必要的验证、梳理归类和文本形成等环节。

一、改善方案的构思

任何一个设计在正式出方案之前，都有一个构思的过程，即把方案的框架结构和重要环节的操作要点逐一描绘出来，并且进行平衡、修改、补充使之逐步完善。

1. 改善设计方案的基本内容

由于客户情况不一样，咨询项目的内容不一样，改善方案所包括的内容也会不一样。但是，设计方案一般包括业务操作层面和管理活动层面的内容。这两个层面都涉及有关部门或岗位的权限与责任、质量要求、业务操作或工作流程、管理或操作方法、需要的条件等内容，以及阻碍方案执行的因素等内容。

2. 改善设计方案构思的来源

（1）在原有做法的基础上梳理和完善通过对客户内部已有的做法进行梳理和完善，形成新的解决方案。常用的分析方法有 ECRS［取消（eliminate）、合并（combine）、调整顺序（rearrange）、简化（simplify）］分析法和 5W1H1C［目的（why）、对象（what）、地点（where）、时间（when）、人员（who）、方法（how）、成本（cost）］分析法。

ECRS 是分析问题的方法，即对客户现有的做法逐一审查：有没有可以排除的、有没有可以合并的、有没有可以调整顺序的、有没有可以简化的。

5W1H1C 也是一种分析方法，即对客户现有的做法逐一提出问题：在做什么事？为什么要做这件事？应该由谁来做这件事？应该在什么时候做这件事？应该在哪里做这件事？应该怎样做这件事？做这件事的费用有多少（效率有多高）？

上述提问方式，将有助于把客户原有做法中不合适的内容进行调整，不足的内容进行补充，使之成为完整的方案。

（2）借鉴其他企业成功的做法。尽管不同的企业在企业管理上也有不同的特性，但仍有许多共同的做法，其不同点更多的是在细节上。所以根据管理理论的要求，吸收其他企业，特别是先进企业之有效的实际做法，是进行方案设计的又一重要思路。

（3）多种方案的整合对于解决企业在某个方面存在的管理问题有一定的效果。虽然企业本身并没有形成一套完整可行的解决方案，但是，许多员工对解决该问题都有自己的建议。这些单个的意见可能并不完整，但是能从某一方面解决一定的问题。此时，出于形成咨询建议的目的，需要在确立有效的解决思路的基础上对大家的建议进行取舍和整合。需要注意的是，整合并不是简单地叠加，而是围绕解决问题的核心思路进行的创造性工作。这样出来的方案，可能融合了很多人的建议和意见，但又不是任何个人的建议。在方案整合过程中，也可以采用前述的 ECRS 和 5W1H1C 分析方法。

（4）设计方案构思的创新。在企业管理咨询中，需要完全创新的解决方案并不多，但是针对企业一些非常棘手的管理难题，还是必须提出创新性的方案，才能解决实际问题。由于中国处在持续而深刻的变革之中，中国的国情又与西方发达国家有很大的差异，国内企业的管理问题也是多种多样的。这些问题在管理理论中没有现成的答案，没有其他企业现成的经验可以借鉴，企业员工也没有很好的思路可以整合。因此需要咨询人员以管理基本理论为依据，深入分析问题的本质，并通过各种方法创造性地提出解决思路。值得指出的是，一个高质量的咨询方案的形成往往需要综合运用上述几种方式。

构思解决方案的时候，应考虑如何用简单、方便、通俗的办法解决实际问题，而不是片面追求解决方案如何创新、如何深奥、如何前沿。

3. 构思多套方案

每个项目应构思三套左右的改善方案，并且注明每一套方案的限制条件、所需资源和优缺点。典型的三套方案主要指：第一种是最理想的方案，可能需要较多的资源和成本投入；第二种是最小化的方案，投入不多但是收效也不很明显；第三种则是两者之间的平衡，但无论任何一套方案，都必须具有可操作性。之所以要构思多个方案，主要是由于客户的资源状况和领导者个性特点等的不同，对方案的选择也可能不同，而改善方案的最终选择权在客户。

4. 方案构思时应让客户充分参与

方案构思的主角是咨询人员，但整个过程中应让客户充分参与。首先，客户有丰富的实践经验，能提出许多有益的参考意见；其次，方案的执行者是客户，他们对方案理解得越透，执行得就会越好，特别是如果方案是客户自己提出的，那么他们也就更容易接受。

二、改善方案构思的验证

咨询方案构思出来之后，还需要对其加以验证。这里主要是验证方案的有效性、可行性、实用性。

对验证中暴露出来的问题或不足，应该逐一加以修正和完善。

验证全过程主要包括：明确验证方法—确定验证过程—进行验证—验证结果分析。验证全过程应由咨询人员主持，同时邀请客户有关人员参加。

对于有可能影响正常生产经营活动的验证方法，或是需要花费资金、材料设备的验证方法，应请示客户高层主管领导批准，以防止产生负面后果。

三、改善方案文本草案的形成

这里的文本是指在改善方案的基础上所形成的完整的文字材料。在设计改善方案构思完成之后，由负责该部分的咨询人员进行整理、加工，形成设计方案文本草案。

1. 咨询项目组内部讨论设计方案的构思

在改善方案构思正式确立之前，应先在咨询项目组内部进行讨论。这样做既可以充分听取其他咨询人员的意见和建议，吸收他人的经验，发挥团队作用；又可在咨询团队内部实现资源共享。方案构思是否可行，最终由项目经理决定。

2. 设计方案文本的表现形式

（1）采用咨询建议的形式。咨询建议形式包括设计报告或者直接给出建议两种。这种方式的文本一般包括"怎样做""为什么这样做""需要一些什么样的条件"等内容。如果该方案被采纳，客户将在实施指导期间正式制定管理文件和业务操作规程，或者修改相关的管理文件和业务操作规程。

（2）采用管理文件或操作规程的形式。现在有许多客户要求咨询项目组把改善方案直接写成相应的管理文件（制度）或业务操作规程，或直接对客户原有的上述文件（制度）进行修改。可见，这也是一种重要的设计方案文本表现形式。

（3）设计方案文本草案的编写。负责该方案设计的咨询人员，根据内部讨论意见和方案文本表达形式，起草文本草案。各部分文本草案完成后，由项目经理进行审核。最终由项目经理或其他指定的人员完成方案文本的整合和统稿，并形成完整的改善方案文本草案。

四、改善方案的研讨

初步形成咨询建议方案之后，咨询团队应与客户进行深度的沟通交流和研讨，自下而上地对已经形成的咨询方案征求意见。

（一）方案的研讨内容

1. 方案的有效性

改善方案的有效性是指按此方案实施能否解决存在的问题。由于在诊断的时候，对存在的问题及其原因作了透彻的分析并提出了改善的方向和重点，因此，改善方案的构思如果能够紧扣诊断报告所规定的方向和重点，一般能够保证改善方案本身的有效性。

2. 方案的可行性

衡量咨询方案是否具有可操作性，应该考虑的主要因素有以下几点：

（1）客户是否具备实施这一解决方案所需的资源。

（2）客户能否接受方案实施的成本。

（3）客户是否具备解决这一方案所必需的技能。

（4）咨询方案同客户的文化和管理风格是否相适应。

（二）方案的研讨活动

方案研讨活动通常包括如下几个方面：

（1）确定参加研讨的人员。参加人员一般是客户单位相关业务和管理人员的代表。

（2）把文本草案发到参加讨论人员手中，请他们先作准备。

（3）召开会议，听取意见。会议期间认真听取客户代表发言，并做好记录。对与会者提出的疑问应当场解答，当场来不及解答的，会后一定要单独解答。

（4）根据会上的意见和建议，修改设计方案文本草案，形成设计方案文本的送审稿。

五、改善方案的汇报与确认

（一）汇报前的准备工作

汇报前需要准备的内容包括以下几点：

（1）详细设计报告并汇编成册。

（2）决定汇报方式。

（3）做好演示用的 PPT 文件。

（二）方案的演示和确认

1. 演示

详细设计报告的演示需要注意以下几个要点：

（1）做好汇报前的准备工作。

（2）叙述要清晰易懂。

（3）应根据听众的具体情况，平衡在分析、研究、解释推荐方案三大部分内容上所耗费的时间。

（4）报告要尽量使用表格、图表等视觉辅助工具进行说明，并通过具体、直观、生动的说明，增加感染力。

2. 确认

演示完毕后应认真听取客户领导的意见，并进一步完善详细设计方案。一般来说，改善方案在汇报以前是必须与客户中高层及相关人员进行过详细沟通，认真听取他们的意见与建议，并进行了适当改动的。因此，汇报时客户基本上都会认可改善方案。但也存在由于在之前的沟通中，客户高层可能没有充足的时间去了解所有内容，或者咨询人员没有充分表达改善方案的实质，或者企业内部存在尚未被了解的利益角逐，或者此时客户开始关注如何实施等问题，因此，在改善方案汇报完成后，就可能出现客户高层一人或多人对方案提出疑义的情况。

此时，咨询人员就必须根据现场的情况进行应对，并把握几个关键：一是必须坚持自己提出的核心结论，并有理、有利、有节地向客户阐述；二是对某些非原则性问题可以根据客户的意见进行修改；三是必须争取客户最高决策者的支持。

（三）详细设计报告书的完成

方案设计阶段的结果是出具详细设计报告书。整个咨询报告书由诊断阶段的诊断报告书和方案设计阶段的详细设计报告书两部分组成。详细设计报告书是在《管理咨询设计报告（送审稿）》的基础上，进一步修改后完成的。

（四）咨询报告的形式

咨询报告的艺术性主要涉及如何以客户"喜闻乐见""易于接受"的方式来表现咨询报告。

需要强调的是，咨询报告可能是咨询项目组呈现给客户的唯一可见的产品，报告内容的质量和业务的质量都能够对客户体验产生直接影响，因此咨询方案报告书的表现形式也是影响其效果的重要方面。

第四节　方案实施指导阶段

方案实施指导阶段是指咨询方案被客户认可后，咨询机构在一定时间段内指导、协助客户实施方案并最终结束咨询项目的过程。管理咨询方案只有靠正规的管理组织系统推进才能有效实施。实施工作只能由客户自身组织，咨询机构不能越俎代庖。但是由于咨询方案的实施是一场变革，变革中会遇到观念、技术等问题，因此，一般情况下，客户都要求咨询机构在实施期间给予指导，咨询机构也有义务帮助客户落实咨询方案。

方案实施指导阶段的工作包括以下内容：

（1）指导客户制订实施计划。

（2）对客户进行相关培训。

（3）对实施中的重点环节进行辅导。

（4）根据实施中出现的情况，对方案进行修改与完善。

（5）对实施效果进行评估。

在正式开展咨询方案实施指导之前，我们先来了解一下变革的类型与咨询方案的实施。

一、变革的类型与咨询方案的实施

咨询方案的实施意味着企业内部的一场变革，客户和咨询人员不仅需要具备咨询方案的实施技巧，还需要具备管理变革的技巧。因此，这二者也必须了解变革的类型及特点。

（一）变革的类型

根据变革的推进方式，组织变革可以划分为激进式变革和渐进式变革两种基本类型。

1. 激进式变革

激进式变革是指企业完全打破原来的管理体系，在一个较短的时间内完成管理体系的更新，由新的管理体系来取代原来的管理体系。企业采取激进式变革可能基于多种原因：一是由于外部环境的剧烈变化、动荡和不可预测，企业必须及时应对各种变化和要求；二是企业内部管理体系严重滞后于企业的发展，存在着系统性的问题，很难通过局部的调整发生根本性的改变。在这两种情况下，企业需要激进式变革。目前，人们对激进式变革的关注日益增长，一些专家认为，企业必须不断地变革其结构和管理流程等来适应变化。

2. 渐进式变革

渐进式变革是指组织变革表现为一系列持续的改进，它维持着组织活动的一般平衡。渐进式变革通常只影响组织的一部分，使变革过程比较好控制，不至于影响当期的经营活动，但变革所需的时间比较长。

3. 管理咨询中的激进与渐进

管理咨询中的激进式变革与渐进式变革有两层含义：一层是针对方案设计的，另一层是针对方案实施的。当然，这两种方式最终都表现为实施和变革过程的不同。

在方案设计的阶段，到底是为企业设计激进式变革的方案还是渐进式变革的方案，需要考虑企业的实施能力。虽然从理论上说，每一个企业视情况不同总会有一种最为适合的管理模式，当企业现行的管理模式与这种模式存在较大差异时，应该尽快实现过渡。但是，企业不是孤立的、机械的，其管理模式的形成必然有其历史的、社会的原因，企业内部也会形成与此种模式相一致的文化和利益分配格局。因此，方案的设计必须考虑方案的可操作性和员工的接受程度。

咨询方案开始实施时，需要考虑企业的管理体系是按照新方案一步到位还是以一种更为稳妥的方式逐步到位。一般而言，循序渐进的方式可能会取得更好的效果，风险也会小一些。但是这种变革方式必须能够保证是持续的，因为最终的目的是实现管理体系的脱胎换骨。

一般情况下，激进式变革往往是企业被迫选择的，是企业对外部环境变化的一种被动适应过程，在企业的变革过程中不会经常发生；而渐进式变革则是企业主动选择的，是由组织的不稳定和日常偶发事件驱动的，变革是不间断地、连续地通过大量较小的管理调整而逐步实现质变，应该成为企业管理变革的一种常态。激进式变革往往需要强有力的领导和相适应的企业文化突变，要求企业员工能够不断克服自己的惰性，改变自己的既有行为模式；而渐进式变革则要求企业管理层对外部细微的变化保持敏感，要求在企业内部建立持续变革的文化，要求员工不断调整自己的工作方式，最终达到理想的目标。

（二）不同变革类型下咨询方案的实施

1. 激进式变革的实施

激进式变革的实施会对企业产生巨大的影响，在实施过程中应该注意以下几个问题：

（1）企业主要负责人必须有魄力、有充分的信心和决心。企业高层领导班子必须就变革达成一致，必须充分认识到实施中可能出现的问题和带来的风险，并提前准备好应对方案。

（2）企业要制订严密的实施计划，尤其是针对实施情况制订奖惩措施。当变革开始之后，对于那些经过多次沟通仍然不积极参与变革，甚至通过各种方式抵制、破坏变革的中高层管理人员和员工，应该予以严厉的处罚。很多企业在激进式变革中"不换思想就换人"的做法被证明是行之有效的。

（3）企业必须要有充足的资源支持。变革实施过程中最重要的资源无疑是"人"，尤其是中高层管理人员和骨干员工。很多时候，变革的成功就取决于这些人员的素质、意识和参与程度。因此在激进式变革开始之前，要做好这些人的工作，要在相应的岗位配备支持变革、有能力推动变革的人员。如果企业内部缺乏某些关键岗位的人员，也可以考虑补充外部人员。此外，资金的充足性有时也会影响到变革的效果。经验告诉我们，激进式变革往往会造成短期的业绩下滑，如果客户没有充足的资金支出，可能无法取得变革的最后成功。

（4）加大培训的力度。通过大量的培训，让员工深入地了解和认可变革方案，并且不断改变员工的观念、培养新的工作习惯、提升员工的工作能力和素质，让他们看到变革的美好前景，以使他们更积极地参与变革。

（5）要充分发挥咨询机构的作用。咨询机构作为第三方，与企业没有复杂的内部利益关系，而且对变革方案的了解最为深刻。同时，咨询机构拥有丰富的变革管理经验，能够更好地推动方案的实施。某些时候，为了更好地推动方案的实施，可以让咨询公司成为矛盾的中心，让咨询机构去做某些企业内部人员很难完成的工作，为变革"扫清道路"。

2. 渐进式变革的实施

渐进式变革的实施对企业的影响相对较小，实施的难度和面临的阻力也没有激进式变革那么大，但这并不意味着渐进式变革就一定能够取得成功。

企业在进行渐进式变革时，关键是要把握持续改进的原则，由于渐进式变革是通过一系列小的变化而最终积累达到质变的，如果没有持续性的改进，则所有的工作都只能是半途而废、无功而返。

另外，在渐进式变革中，要有一个长期有效的变革管理机制。每一次小的变革，都需要经历计划、实施、检查反馈、调整优化等步骤，这就需要企业内部有完善的变革管理机制，能够对这些过程进行有效管理。

二、指导客户制订实施计划

咨询方案的实施是一个系统工程，涉及方方面面的内容，需要统筹安排，才能保证实施工作的顺利进行。此外，一项改革工作不能无限制地进行，那样难以形成一种良好的气氛，以至于咨询效果受到影响。

实施计划关注的要点是改革的顺序问题。因为在变革过程中，往往会出现几个因素在一起互为条件，此时就需要安排先后次序。例如，欲实施绩效考核，但是如果没有制订计划，或计划的制订极其不认真，那么考核工作就不可能顺利展开；而要把计划安排合适，没有各级一把手亲自出面布置、检查、决定是不行；没有领导的关注，对计划执行结果进行检查也将成为形式。为此，咨询人员在制订咨询方案实施计划安排时，一定要进行培训，提高各级人员对计划工作的认识、学会计划的编制方法并掌握记录计划执行情况的要领。然后，由相关部门组织编制和确定计划，计划期末按规定进行考核。

三、对客户进行相关培训

咨询方案实施过程的培训一定要注意培训的针对性和实用性，切忌泛泛而谈。培训的内容包括对方案实施的认识、对方案的理解、方案实施困难之处的认识、实施中各部门人员的协调等。

培训的方式要灵活多样，可以是大型培训班，也可以是小型研讨会，必要时还可以进行个别辅导，或者根据需要组织客户相关人员参观行内的标杆企业。总之，培训以达到促进方案的实施为目的。

四、对实施中的重点环节进行辅导

实施咨询方案的时候，有些重点环节需要咨询人员进行辅导。例如，指导各部门编制工作计划。可以先选出一两个具有代表性的部门，由咨询人员和客户计划管理部门人员直接帮助选出的部门编出计划并作为样板，依此指导其他部门。

对于某些实施起来比较重要而且技术性比较强的环节，咨询人员必须深入指导，直到教会为止。例如，生产能力的测定是管理中一项基础工作，但技术性很强，一般容易出错，这个数据一旦出错，对全局影响很大。为此，咨询人员应该深入到该岗位进行具体指导，直至岗位人员学会为止。

五、对方案进行修改与完善

咨询方案毕竟是方案，实施过程中还会遇到许多新问题。因此，咨询项目组必须依据实际情况对咨询方案做出必要的修改和调整。但是，咨询方案既要修订，又不能轻易修订。咨询人员既不能因为客户提出的修改意见与自己设想不同而去修改，那样可能会导致方案难以执行；也不能不加思考地附和客户的建议，做出影响全局的修改。因为这种修改从局部来看，也许是合理的，但从全局来看则可能是致命的。例如，在某个环节增加一道控制，可能给这一环节的工作带来了不便，但能够保证全局的利益。显然，这种控制就不能轻易去掉。

咨询人员对于修改意见一定要认真地调查，同时还要思考原方案存在的理由，再在此基础上做出是否修改的决定。对于不便修改的地方，咨询人员一定要和提议者认真沟通、听取意见，耐心地说服对方，让原来的方案得以实施。

第五节　实施效果评价阶段

一、评价的方法

建立变革的评价机制具有非常重要的意义。评价通常有两种方法：一是调查客户及员工在态度、想法和价值观上的转变。因为这种转变将有利于促进咨询方案实施。二是以项目结果的好坏来评价成功与否。这需要有长远眼光，因为组织变革的目标应当是整体绩效水平的持续提高，而不仅仅是财务绩效的短暂效果。

二、评价的一般步骤

组织变革的评价步骤一般分为以下八个方面：

1. 确定评价的目标

评价的具体目标，要根据咨询项目的性质、范围、类型和条件等确定。目标的确定要考虑项目本身的性质和决策的需要。

2. 制定评价指标的原则

这些原则包括：动态分析与静态分析相结合，以动态为主；定量分析与定性分析相结合，以定量分析为主；全过程分析与阶段分析相结合，以全过程分析为主；近期效益分析与远期效益分析相结合，以远期效益分析为主等。

3. 选择评价的方法

目前，在咨询工作过程中使用的技术与方法有几十种，而这些方法又可分为定量分析法和定性分析法，可以根据实际情况选择评价方法。

4. 制定评价指标体系和标准

根据评价目标和指标设定原则，在众多因素中找出能科学、客观、综合地反映该项目整体情况的指标及影响这些指标的因素。评价指标的设立，不仅与该项目的目标、特点、类型、规模等有关，而且与所处的层次有关。

选定评价指标后，应制定相应的评价标准。评价不能仅仅依靠主观直觉，还要有定量的评价标准。

5. 确定评价指标的权重

各个指标的重要性程度在评价中是不同的，需要通过加权给予修正，并对不同的指标赋予不同的权重。权重的确定还需要考虑企业的战略目标、项目的性质、对企业生存与发展的重要性等内容。

6. 确定评判依据

综合评价的评判依据可以是单一指标，也可以是若干个指标。以单一指标作为评判依据，该指标多为定性和定量相结合的评价值。以若干个指标作为评判依据，有时候更具有科学性，可以从多个角度更加真实地反映变革的实际情况，当然有时也可能会弱化核心指标。

7. 进行综合评价及分析

在明确的目标和范围内，根据确定的指标和评判依据，采用选择的方法进行综合评价，包括预测、分析、评定、协调、模拟、综合等工作，而且是交叉地反复进行。综合评价要进行各种方案的优劣对比，对存在缺陷的方案成果提出改进意见，供决策者参考。

8. 提出评价报告和建议

咨询评价的最后一个步骤是提出评价报告和建议。报告中要说明评价资料、数据来源与评价方法，特别应说明评价的结论与建议。

实施指导与项目总结阶段是指改善方案被客户认可后，咨询机构在一定时间内指导、协助客户实施方案并最终结束咨询项目的过程。一般情况下，客户都是要求咨询机构在实施期间给予指导，咨询机构也有义务帮助客户落实改善方案。

三、进行正式项目总结

在项目全部结束后，咨询机构应对项目进行正式总结。项目总结是咨询机构进行知识积累、提升咨询能力的重要手段，所以必须高度重视。一般来说，项目总结应该从以下几个方面进行。

（1）项目实施效果如何，客户对项目的整体评价如何。这是评价一个咨询项目是否成功的最关键因素，因为咨询机构只有不断为客户创造价值，使客户对每个咨询项目都满意，才能够真正得到发展。

（2）项目运作管理是否完善，在项目运作过程中是否有值得固化和推广的创新思路与方法。这方面的总结使咨询机构能够通过一个个项目的积累，逐步形成自己的咨询知识体系和项目运作管理体系，有效提升咨询机构的实力。

（3）咨询项目组搭配是否合理，各咨询人员是否有能力完成工作。一个咨询机构不论多么庞大，在某个具体项目上和客户深度接触的也只有小组成员。因此，保证合理搭配项目组、保证每个咨询人员都有充分的能力是项目能否成功的关键。

（4）项目具体咨询内容的总结，包括对咨询项目形成内部培训体系案例、提交完整的咨询报告和重要过程文件、形成某一领域的咨询指南等，这是一个咨询机构业务能力不断提升的前提。

（5）其他方面的总结，如项目财务方面、项目运作中存在的问题与建议等。

对于一个咨询机构而言，虽然对客户来说已经完成了项目，但只有认真完成以上项目总结工作之后，该咨询项目才算是正式结束。

第三章　人力资源管理咨询

第一节　人力资源管理概述

人力资源管理正面临新的环境。全球经济一体化趋势不断加强，跨国公司在全球经济生活中开始扮演重要角色，并在其管理中遇到了一系列涉及多元文化的管理问题；以计算机技术和现代通信技术为代表的信息技术正改变着我们的生活和工作方式；竞争激烈的市场促使新的管理概念和管理方法不断产生，给组织管理带来新的生机和活力。组织赖以生存的外部环境和组织的竞争方式正进行着悄无声息却深入持久的变革，组织的各种管理职能必须应潮流而变。

一、现代企业人力资源管理的重要意义

约·奈斯比特和帕·阿博顿妮曾在他们的著作《2000 年大趋势》中指出："在 20 世纪 90 年代的全球性经济繁荣中，人力资源，无论是对公司还是对国家而言，都是富有竞争性的优势。在信息经济时代的全球经济竞争中人力资源的质量和创新将成为一个分水岭或里程碑。"

随着高新技术的迅猛发展，互联网络的日益普及，信息技术的广泛运用，全球经济一体化的进程越来越快，人类社会已进入了继工业文明之后的又一崭新发展阶段——知识经济时代。人力资本已超越物质资本和货币资本成为最主要的生产要素和社会财富的重要组成部分。世界银行发表报告指出：当前世界财富的 64% 是由人力资本（知识资本）构成的；近十年，美国经济的稳步发展也是由人力资本推动的。美国前总统克林顿在归纳美国的"新经济"时曾提出美国经济的主流是知识经济的观点。1992 年诺贝尔经济学奖得主、美国经济学和社会学教授贝克尔则更加深刻地指出，发达国家资本的 75% 以上不再是实物资本，而是人力资本。人力资本已成为人类财富增长、经济进步的源泉。

二、人力资源管理过程

人力资源管理所包含的八项活动或步骤是不可或缺的。其中，前三项活动

可确保组织识别和甄选到有能力的员工；中间两项活动可使员工技能和知识不断得到提升和更新；最后三项活动则可保证组织能长期留下高绩效水平的杰出员工。

（一）人力资源规划

人力资源规划是管理者为确保在适当的时候，为适当的职位配备适当数量和类型的工作人员，并使他们能够有效地完成所分派任务的过程。人力资源规划过程可以归纳为两大步骤：一是评价现有的人力资源；二是预估将来需要的人力资源，并制订满足未来人力资源需要的行动方案。

（二）招聘与解聘

管理者一旦了解了现有的人力资源状况和未来的需要，就可以着手针对现状和未来需要的偏差做一些事。如果组织中存在一个或多个职位空缺，管理者可以根据职务分析得到的信息来指导招聘工作。所谓招聘，就是安置、确定和吸引有能力的申请者的活动过程。另外，如果在人力资源规划工作中发现存在超员，管理当局则要减少组织所配备的员工，这种变动称为解聘。

（三）甄选

甄选过程是对申请者进行甄别、筛选，以确保最合适的候选人得到这一职位。甄选是一种预测行为，它设法预见聘用哪一位申请者会确保工作成功。这里的成功意味着按照组织用以评价人员绩效的标准来衡量，能把工作做好。

（四）上岗引导

一个人得到了一项新工作，他也需要类似的对其工作岗位和组织的入门介绍，这种介绍的过程即上岗引导。上岗引导包括对工作单位的上岗引导和对组织的上岗引导两种类型。

（五）员工培训

员工需要何种类型的培训、何时需要培训、以何种方式进行培训，这些自然都是管理当局决定的。员工的技能包括技术的技能、人际关系的技能和解决问题的技能。绝大多数员工培训活动都着眼于改变其中一项或多项技能。员工培训的方法有在职培训和脱产培训两种。

（六）绩效管理

绩效管理系统，是指建立绩效标准，据以评价员工的绩效，以便形成客观公正的人力资源决策并提供支持这些决策的文件的过程。绩效评估的主要方法有书面描述法、关键事件法、评分表法、行为定位评分法、多人比较法、目标管理法、360度反馈法等。

（七）薪酬与福利

制定一个有效的、合适的薪酬制度，是人力资源管理过程的重要内容之一，它有助于吸引和保持有能力的员工，并使他们帮助组织实现使命和目标。管理者制定的薪酬制度，必须能反映工作性质的变化以及工作的环境，这样才能调动员工的积极性。组织给予员工的薪酬可以包括多种不同的薪酬与福利，如基本工资和年薪、工资和加薪、激励性薪酬，以及其他福利和服务。

（八）员工职业生涯规划

这里的职业定义为一个人在其一生中所承担职务的相继历程。它着眼于职业发展，可促使管理当局对组织的人力资源采取一种长远的眼光。一个有效的职业发展计划将确保组织拥有必要的人才，并使少数民族员工与女性员工获得成长与发展的机会。此外，它还能提高组织吸收和保留高素质人才的能力。

第二节 企业人力资源管理咨询

一、我国中小民营企业人力资源管理现状

人力资源管理的发展可分为传统人事管理、人力资源管理和战略性人力资源管理三个阶段。

在传统人事管理阶段，企业的人事管理职能主要是制度的执行，即按照国家劳动人事政策和上级主管部门发布的劳动人事管理规定、制度对职工进行管理，人事部门基本上没有对制度的制定调整权，难以根据实际情况对管理政策和制度进行及时调整。此时的人事部门地位不突出，趋同于一般行政管理部门。目前大多数国有企业的劳动人事管理基本就处于这个阶段。

人力资源管理阶段，大致可以看作人事管理向战略性人力资源管理的过渡阶段。处于这一阶段的人事管理部门有一定的管理自主权，可以根据企业的现状制定相应的人事管理制度并加以调整。该阶段的人事管理与传统的人事管理已经有了较大的不同，职务分析、人员测评、绩效评估等技术在实践中得到应用，薪资福利制度的设计灵活多样，科学的人事管理在整个企业管理中的作用和地位也日益凸显。企业的决策者开始认识到，"管人"的人事管理部门与"管钱"的财务部门一样，是现代企业中必不可少的职能部门。为了和传统的人事管理相区别，人事管理部门更名为"人力资源部"。现在我国少数大型民营企业的人事管理就开始进入这一阶段。

战略性人力资源管理阶段，其人力资源管理职能与以前的人事管理相比有了"质"的飞跃。此时的人力资源管理开始进入企业决策层，人力资源管理的规划和策略与企业的经营战略相契合。"人"作为一种资源，甚至作为核心资源，被纳入企业管理决策当中，这不仅使人力资源管理的优势得到充分发

挥，更给企业的整个管理注入生机和活力，"以人为本"的管理思想开始得以体现。实际上，该阶段的人力资源管理职能已经包含了前两个阶段的管理职能，即形成了完整统一的人力资源管理体系。

1. 我国中小民营企业多数处于传统人事管理阶段

从人力资源管理的三个阶段来看，我国企业的人力资源管理大多仍处于传统的人事管理阶段，没有从战略的高度看待人力资源问题。而人力资源管理还停留在简单的人事管理上，并或多或少地体现出从传统的人事管理到战略性人力资源管理的过渡，人力资源管理职能没有得到充分发挥。

2. 构建人力资源管理体系

市场经济中，激烈的竞争迫使企业不断提高管理水平以实现生存、赢利，全球化的发展趋势更让我国的企业体会到市场的无情。在改革开放中摸索了30余年后，我国企业从计划经济时期沿袭下来的人事管理办法已经无法适应当前的需要，当优秀人才先后离开，并投奔那些"更有发展前途"的企业时，当企业与企业之间的人力资源劳动效率产生鲜明对比的时候，我国的企业能够感受到因为人力资源不足而带来的落差。

后来战略性人力资源管理逐渐受到企业界的欢迎，企业家希望因此给企业注入永恒的发展动力。所谓现代人力资源管理，就是人力资源的获取、整合、保持激励、控制调整及开发的过程。通俗地说，现代人力资源管理主要包括求才、用才、育才、激才、留才等内容和工作任务。战略性人力资源管理主要体现在以下几个方面：

（1）在管理理念上，战略性人力资源开发视人力为资源，认为人力资源是一切资源中最宝贵的资源，经过开发的人力资源可以升值增值，能给企业带来巨大的利润。人力资源管理部门则逐步变为生产部门和效益部门，讲究投入和产出，生产的产品就是合格的人才、人与事的匹配度，追求的效益不仅包括人才的效益、经济效益和社会效益的统一，还包括近期效益和长期效益的统一。

（2）在管理内容上，战略性人力资源管理则以人为中心，将人作为一种重要资源加以开发、利用和管理，重点是开发人的潜能、激发人的活力，使员工能积极、主动、创造性地开展工作。

（3）在管理形式上，战略性人力资源管理属于动态管理，强调整体开发。也就是说，不仅要给员工安排工作，还要根据组织目标和个人状况，为其做好职业生涯设计，不断培训、不断进行横向或纵向的岗位或职位的调整，充分发挥个人才能，量才使用，人尽其才。

（4）在管理方式上，战略性人力资源管理采取人性化管理，考虑人的情感、自尊与价值，以人为本，多激励、少惩罚，多表扬、少批评，多授权、少命令，发挥每个人的特长，体现每个人的价值。

（5）在管理策略上，战略性人力资源管理，不仅注重近期或当前具体事宜的解决，更注重人力资源的整体开发、预测与规划。根据组织的长远目标，制定人力资源的开发战略措施，属于战术与战略相结合的管理。

（6）在管理技术上，战略性人力资源管理追求科学性和艺术性，不断采用新的技术和方法，完善考核系统、测评系统等科学手段。

（7）在管理体制上，战略性人力资源管理为主动开发型，根据组织的现状、未来，有计划有目标地开展工作，如制订人力资源规划、实施人才引进培养、决定薪资报酬等，工作的主动性较大。

（8）在管理手段上，战略性人力资源管理的软件系统、信息检索、报表制作、核算、测评、招聘等均由计算机自动生成结果，并及时准确地提供决策依据。

（9）在管理层次上，战略性人力资源管理部门则处于决策层，直接参与单位的计划与决策，是单位最重要的高层决策部门之一。目前，我国多数企业人力资源管理的重要任务是从传统的人事管理中迅速构建完整的人力资源管理体系，向战略性人力资源管理转变。

二、企业人力资源管理咨询的基本内容

人力资源管理诊断主要包括人力资源方针和人力资源管理组织诊断、人力资源考核诊断、能力开发和教育训练诊断、工资诊断、人际关系诊断、计划功能诊断等。

1. 人力资源方针和人力资源管理组织诊断

在生产力的组织管理中，人是居于主导地位的。因此，重视人的作用，加强人事管理，大力开发人才是企业提高劳动生产率和增加收益的重要途径。人力资源方针和人力资源管理组织诊断的要点如下：①对问题的认识是否敏感、正确、灵活；②对哪些方面的信息关心，其范围有多大；③企业掌握的现实情况和客观实际情况之间有无差异；④是否谋求加快事务处理的速度；⑤是否适当地使用机器、仪器来处理事务工作；⑥单据、转账、报表种类是否齐全；⑦文件整理工作是否顺利；⑧是否经常研究事务工作手续；⑨更正错误的工作情况是否居多；⑩是否进行了适当的检查；⑪有无消除违法行为的安排；⑫是否为减少需要熟练的工作量而推行了标准化；⑬是否对工作的简繁做了调整；⑭必要的资料、机器、仪器是否齐全；⑮环境是否良好；⑯有无提案制度；⑰对于采纳的建议是否发给奖金；⑱一年提出多少项建议，被采纳的有多少项；⑲

是否向建议者说明了不采纳其建议的理由；⑳有无职员入股制度；㉑对职员取得股份是否有限制。

2. 人力资源考核诊断

人力资源考核是企业对从业人员进行考察的重要手段，是进行人员安排、晋升、奖惩、能力开发的科学管理依据。考核的目的，主要是教育和培训，促进从业人员素质的提高。人力资源考核诊断是企业人力资源劳动管理诊断的主要内容之一。其诊断要点如下：①人力资源记录是否完整；②是否有成文的人力资源考核规程；③人力资源考核的方法是否适当；④对评定人员是否进行了教育；⑤人力资源考核的间隔时间是否适当。

3. 能力开发和教育训练诊断

能力开发和教育训练是现代企业经营的战略任务，企业人员能力不足是我国中小企业普遍存在的问题。为了不断提高企业的素质和增强竞争能力，企业经营者越来越重视对企业人员的能力开发和教育培训工作，能力开发和教育训练诊断成为企业人力资源劳动管理诊断的重要课题。其诊断要点如下：①能力开发是否在职务分析的基础上进行的；②有无教育训练计划，实施情况如何；③教育训练是否与能力开发和工作调动有机结合；④教育训练与人员晋升是否做到有机结合；⑤教育训练的方法、设施和时机是否合适；⑥培育部署态度诊断说明。

4. 工资诊断

工资诊断包括工资总额诊断、工资体系诊断、基本工资诊断和奖金诊断等。

（1）工资总额诊断。工资总额诊断是指对工资、津贴、奖金、各种福利费等伴随劳动力的使用支付的全部费用的管理，其中心课题是如何根据企业支付能力，判断工资总额规定是否适当。它是根据企业财务报表，对工资总额的管理状况进行诊断。其诊断要点是：①工资总额是如何确定的，即是参照同行业平均水平决定的，还是根据本企业平均水平决定的；②决定工资总额时是否与工会协商；③是否考虑了广大从业人员的意见；④是否考虑了工资费用的支付能力。

（2）工资体系诊断。工资体系是构成工资总额的各种工资支付项目的总括。其诊断要点是：①现行工资的作用如何，即与企业的经营方针是否一致，是否有利于生产效率、管理水平和技术水平的提高，是否有利于录用新人和保持现有人员的稳定，是否有利于调动从业人员的积极性；②企业经营者对工资问题的认识如何，有无改善工资管理的愿望；③现行工资体系存在哪些问题，从业人员对现行工资体系有哪些不满和意见。

（3）基本工资诊断。进行基本工资诊断的要点是：①基本工资由哪些要素构成，它在工资总额中所占比重如何；②工作业绩在基本工资中是如何体现的；③受诊企业有哪些津贴，与基本工资的关系如何；④基本工资的构成方法与企业性质是否相符合；⑤晋升、提薪的基准是否明确；⑥各种工资成分的比率是否恰当。

（4）奖金诊断。发放奖金具有对有功者进行奖励和生活补助的特点。发放奖金的目的是多种多样的，有的是对有功者的奖励，有的是变相的生活补助，有的是利润分配，有的是对全年工资总额的调节。与发放奖金的目的相对应，发奖的方法也多种多样，有的一律平等，有的强调考核，有的突出工作成绩，有的重视年功，有的重视全面考察。奖金诊断的要点是：①受诊企业的奖金与企业经营方针、人事方针的关系如何；②发放奖金的目的和发放奖金的方法与企业性质的特点是否相符；③奖金的固定部分和随企业盈利状况浮动部分构成比率是否适当；④奖金总额的决定方法和奖金的分配是否妥当。

5. 人际关系诊断

人际关系诊断包括对受诊企业的提案制度、情报交流制度、人力资源咨询制度以及小组参与制度的诊断。其诊断要点如下：①是否有明确的工作目标；②情报交流的状况如何；③人力资源咨询制度的执行情况如何。

6. 计划功能诊断

一个公司除了要编制长远计划，还要不断地对其计划功能进行诊断，使之能成功地适应变化情况，因此计划功能诊断是非常必要的。

第四章　中小民营企业人力资源管理咨询的方法

第一节　管理咨询信息获取的基本方法

一、三阶段访谈法

访谈是所有管理咨询工作中最基本、最基础、最重要的方法，同时也是一种技巧性很强的智力活动。它对于形成管理咨询分析框架和结论具有直接的影响。在人力资源管理咨询中，访谈法显得尤为重要，因为人力资源管理中的问题很难从企业的表象和特征数据中看到，人力资源管理的工作对象是人，许多方案或者决策的依据信息必须要从人力资源工作的对象中获得，这就注定了人力资源管理咨询要更多地依赖于访谈。在市场营销管理咨询、财务管理咨询中，诊断和最终方案的形成相对于人力资源管理咨询而言，对访谈的要求可能要相对低一些。

一般来说，访谈可以分为访谈准备、进行访谈和访谈总结三个阶段。第一访谈准备：①确定访谈目标；②了解访谈对象；③组建访谈小组；④确定访谈方式；⑤整理思路。第二进行访谈：①营造良好的访谈氛围；②对不同行为的反应；③访谈技巧；④结束访谈。第三访谈总结：咨询师或者访谈小组要仔细回顾访谈的成果。在总结时，首先要确保访谈记录数据和信息的真实性和客观性；其次要向项目小组介绍访谈情况，汇报的内容繁简适当，与项目小组共同从访谈中找出关键信息，并组织讨论，考虑哪些结论或观点是可行的；最后形成结论。

二、问卷调查与统计分析

问卷调查法是获取人力资源管理咨询信息的最常用方法。问卷调查法又称间接调查法，普遍被认为是最快捷、最有效的咨询信息获取方法之一。使用问卷调查法的关键在于问卷的结构性程度和问题设计。有些问卷是非常结构化的，例如"需要何种技术职称才足以担任本职务"。有些问卷的问题类型非常开放，例如"您认为目前公司存在哪些问题，其中最迫切需要解决的三项是什么"。最好的问卷是介于这两种极端情形之间，既有结构性问题，也有开放性的问题。

问卷调查方法的优势在于效率高、调查面广，可以在一个较短的时间内，以较低的成本获得大量与人力资源咨询诊断有关的信息，并可采取许多科学的、成形的分析方法对调查结果进行多方式、多用途的分析。问卷调查方法的主要缺点是对问卷设计的要求较高。问卷设计的好坏直接关系着问卷调查的成败，所以问卷一定要设计得完整、科学、合理，问题指出要明确，避免出现歧义。另外，被调查人一般不愿意花太多时间填写问卷表，并且可能产生理解上的不一致，从而出现问卷作废的情况。所以，相关咨询人员事前一定要防患于未然，做好问卷调查表填写培训和宣讲工作，并耐心接受被调查者的质疑与提问。

第二节　人力资源战略制定与实施的方法

一、稳定公司的人力资源战略

一般来说，对于一个相对稳定的公司，人力资源战略主要有吸引战略、投资战略和参与战略三种类型。

（一）吸引战略

吸引战略主要具有薪酬丰厚、富有市场竞争力、能吸引公司主营业务领域的尖端人才和已形成稳定的高素质团队等特点。与此相适应，在吸引战略的薪酬中绩效部分占很大比例，主要包括利润分享计划、奖励政策、绩效奖励、附加福利等。在招聘方面，吸引战略型企业会严格控制员工数量，多吸引技能高度的专业化、招聘和培训的费用相对较低的员工，以控制人工成本。劳资关系比较简单、直接，相互间以单纯的利益交换关系为主。

（二）投资战略

投资战略主要有以下特点：一是通过聘用数量较多的员工组成备用人才库，储备多种专业技能人才，虽然人员专业化程度相对较低，但注重员工的潜质和能力基础，以备未来培养；二是注重对员工培训和人力资源的开发，注重人力资源的投资；三是注重培育良好的劳动关系和宽松的工作环境；四是管理人员要负责员工所需的资源、培训和支持，承担了较重的责任；五是企业对贡献较少的员工存在短期行为要求，要注重员工的长期发展，为企业长期效力。

（三）参与战略

参与战略的特点主要有以下三点：一是企业鼓励员工参与企业的决策，员工有较多的决策参与机会和较大的决策参与权力，这种企业的管理人员更像教练，为员工提供必要的咨询和帮助；二是注重团队建设、自我管理和授权管理；三是注重培养员工的沟通技巧、解决问题的能力、团队工作精神等。

二、变革转型期公司的人力资源战略

对于处于变革或者转型、大举扩张等特殊时期的公司，人力资源战略会因企业变革的程度不同而采取四种非常规的人力资源战略：集权式战略、发展式战略、任务式战略和转型式战略。

（一）集权式战略

集权式战略一般发生在企业高层出现更迭的时期。集权式战略强调对公司人力资源的管理，尤其是对高层人事管理的集中控制，强调管理秩序和一致性，重视规范的组织结构与非常规的人力资源管理办法，一般会采用硬性的内部任免制度达到集权的目的。人力资源管理的基础是奖惩与协议，一个典型的案例：某世界软件巨人大中华区的首席执行官（Chief Executive Official，CEO）频繁更迭，而每次更迭，其最后一段时间内部都会发生原有高层纷纷变化情况。

（二）发展式战略

许多处于高速发展时期的家族企业，一般会采用发展式人力资源管理战略。企业处于上升时期，注重个人发展与创业型团队建设，强调企业的整体文化和整体意识；关键岗位尽量从内部招募，一般不采取甚至排斥外部招聘；而普通员工或者是操作工人，则采取低成本、大规模的发展和培训；激励方式一般运用"内在激励"多于"外在激励"，重视绩效管理。

（三）任务式战略

任务式战略一般应用于临时任务型组织。任务式人力资源管理战略非常注重绩效考核；强调人力资源规划，同时进行企业内部和外部的招聘，但强调以内部招聘为主，进行工作再设计和工作评估；注重阶段性物质奖励，短期激励幅度远远大于长期激励幅度，对短期激励设计的关注远远大于长期激励措施的设计；注重开展正规的技能培训和有针对性的人力资源开发。

（四）转型式战略

转型式战略一般应用于企业组织结构进行重大变革的情况，特别是企业被兼并或收购的情况。此时工作岗位进行全面调整，一般会大规模裁减原有事业员工，以调整员工队伍结构，适应组织结构的变化，缩减相应事业的开支；新的事业单元注重从外部招聘骨干人员；对管理人员进行团队训练，建立适应经营环境的新的人力资源系统和机制；建立新的"理念"和"文化"，力求打破传统习惯，摒弃旧的企业文化。

第三节　工作分析的方法

一、观察法

观察法是指在工作现场观察和记录员工的工作过程、行为、内容、工具等，并进行分析与归纳总结，这种方法适用于大量标准化的、周期较短的、以体力活为主的工作。

二、访谈法

访谈法又称面谈法，是一种应用最为广泛的工作分析方法，指工作分析者就某一个职务或职位，面对面地询问任职者、主管、专家等对工作的意见和看法。面谈的程序可以标准化也可以非标准化。一般情况下，应用访谈法时以标准化访谈格式记录，目的是便于控制访谈内容及对同一职务不同任职者的回答相互比较。

三、调查问卷法

调查问卷法是通过精心设计的问卷获取关于某岗位的工作内容、工作特征和人员要求等信息的方法。问卷调查法具体又可分为管理职位描述问卷法、职位分析问卷法、任务详细目录法、体能分析问卷法、调查表法等。

四、其他方法

其他适用于工作分析的方法。

第四节　人力资源需求预测与职业生涯管理的方法

一、人力资源需求预测方法

人力资源需求预测是人力资源规划的基础，它是指为实现公司既定的经营目标，根据公司层面的发展战略和发展规划，以及职能层面的人力资源战略，对预测期内所需员工数量和种类进行估算。人力资源需求预测分为当前人力资源需求预测、未来人力资源需求预测和未来人力资源流失预测。

人力资源需求预测是一项系统工作，职能部门和各业务单位必须在人力资源部的组织下积极参与。人力资源需求预测涉及多种因素，各部门在预测中应灵活采用定性方法和定量方法，并在实际执行中对预测结果不断进行修正。人力资源需求预测的方法和技术手段同样重要，两者都对最终人力资源规划的准确性和可行性产生直接影响。

（一）当前人力资源需求预测

当前人力资源需求预测是指根据企业目前的职务编制水平，对人力资源现状和人员配置情况进行盘点和评估，并在此基础上确定现实的人力资源需求。具体可分为以下四步：第一，根据工作分析的结果，确定目前的职务编制水平和人员配置；第二，进行人力资源盘点，统计是否存在人员超编、缺编的情况，并确认是否符合职务资格要求；第三，人力资源部门将上述统计结论与各部门管理者进行讨论，对统计结果进行修正；第四，对该统计结论进行局部调整，最终得出现实的人力资源需求。

（二）未来人力资源需求预测

未来人力资源需求预测是指根据公司的发展战略和业务发展规划对预测期内公司所需人员数量、种类和条件作出的预测。具体分为以下五步：第一，对可能影响人力资源需求的管理和技术因素进行预测；第二，根据企业的发展战略和业务发展规划，确定预测期内每年的投资水平、产量、销售额等因素；第三，根据历史数据，初步确定预测期内总体人员需求以及职能部门、事业部门、业务部门人员需求；第四，各部门根据增加的工作量并综合考虑管理和技术等因素的变化，确定需要增加的岗位及人数；第五，将上述两个步骤所得的统计结论进行平衡和修正，即得到未来人力资源需求预测结果。

（三）未来人力资源流失预测

未来人力资源流失预测是在综合考虑公司人员退休和人员离职情况的基础上对预测期内的人员流失情况做出的预测。具体分为以下三步：第一，根据现有人员的统计数据，对预测期内退休的人员进行统计；第二，根据历史数据，对未来可能发生的离职情况进行预测；第三，将上述两项预测数据进行汇总，即得出未来流失人力资源预测结果。

二、职业生涯设计和管理方法

（一）"十字路口"职业生涯模型

职业生涯即事业生涯，是指员工在企业中连续担负的工作职责和工作职务的发展道路。员工职业生涯规划的本质就是基于企业价值的个人价值实现，我们在操作的时候一般都要调查和分析两个重要因素，即公司价值基础和个人价值追求。

企业的每一个员工都是一个生动的个体，每一个员工都有自己的个性和不同的经历。职业生涯设计的目的绝不只是协助个人达到和实现个人目标，更重要的是帮助个人与企业同步发展，因此在进行职业生涯设计时，必须动态兼顾个人的特点与企业的发展。"十字路口"职业生涯模型为达到这种理想状态提供了一种思路和办法。

"十字路口"职业生涯模型，首先需要员工和企业共同深入了解员工，对员工进行优势、劣势的分析，然后企业要进行与员工职业发展相关的企业内部分析、职业交往关系分析等。这种分析是企业为个人设定职业发展方向的基础。其次，企业的人力资源部门和员工所在的业务部门的各位主管要与员工共同探讨，提出每一个"十字路口"职业发展绩效目标。最后，当员工达成这一目标时，企业的人力资源部门和员工所在的业务部门的主管们要同员工再次研究探讨，对员工进行新一轮的了解，并对员工下一步的职业生涯做出规划。

（二）公司职业生涯管理"九格图"

前面讲述的"十字路口"职业生涯模型是员工个体如何进行职业生涯规划与设计的方法，但是在公司层面，人力资源管理者，包括职能部门和直线管理者，如何对员工整体职业生涯进行管理呢？

公司职业生涯管理"九格图"（见图4.1）是基于公司绩效评估的结果。一般来说，企业管理者需要在每一次绩效评估后反思企业内部员工职业发展的问题。"九格图"的第一个维度是员工的业绩表现：优秀者、达标者和不足者。优秀者，意味着该员工能够持续性地超出操作任务上、专业技能上的绩效要求，持续性地超过工作任务的要求，能够建立和不断优化周边的人际关系，在关键绩效指标以及目标设定指标方面都能够达标，甚至超标。达标者，意味着该员工能够持续性地达到操作任务上、专业技能上的绩效要求，持续性地达到工作任务的要求，能够妥善处理周边的人际关系，在关键绩效指标以及目标设定指标方面都能够基本达标，偶尔超标。不足者，意味着该员工没有达到大部分操作任务上、专业技能上的绩效要求，不能胜任工作任务的要求，失误较多，而且未能妥善处理周边的人际关系，甚至产生员工冲突等。

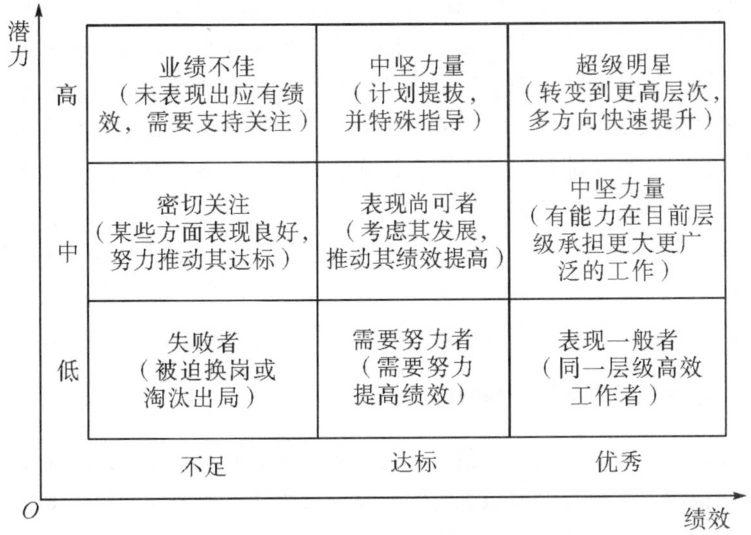

潜力

	不足	达标	优秀
高	业绩不佳（未表现出应有绩效，需要支持关注）	中坚力量（计划提拔，并特殊指导）	超级明星（转变到更高层次，多方向快速提升）
中	密切关注（某些方面表现良好，努力推动其达标）	表现尚可者（考虑其发展，推动其绩效提高）	中坚力量（有能力在目前层级承担更大更广泛的工作）
低	失败者（被迫换岗或淘汰出局）	需要努力者（需要努力提高绩效）	表现一般者（同一层级高效工作者）

绩效

图 4.1　公司职业生涯管理"九格图"

在关键绩效指标以及目标设定指标方面都需要管理者花费很大的精力进行关注，否则很可能无法完成。"九格图"的第二个维度是员工的潜力水平，分为高、中、低三个等级。

第五节　员工职业发展多元化通道

企业的管理职务毕竟是有限的，这是由企业组织行为决定的。但是职业发展是激励员工发展，实现员工与企业同步发展的重要手段之一。那么，如何解决这一矛盾呢？下面就介绍两种职业发展的具体方法。

一、建立多元化职业发展通道

现代企业通常会采取针对不同职系的人员建立多种职业发展通道的办法，来解决企业的管理职务有限与员工职业发展的矛盾，即按照企业中重点的几类人员，包括技术人员、财务人员、行政人员和市场营销人员等，结合公司需要、员工个人实际情况及职业兴趣，考虑使员工在不同通道之间有转换的机会。

企业应该根据自身规模、人员特点和所处的行业环境等具体情况，来决定企业内部分为几个职系，以及哪几个职系。不同职业通道人员职责划分清晰，不能有明显的交叉和重复，以免出现员工职业发展的困惑。几种专门职务晋升通道应有相同和平等的晋升机会，不能只是注重部分职系的发展通道，而忽略另外的职系，这样会造成职系发展的非均衡性，甚至最终导致员工通道多元化设计不能达到预期的效果。各类通道中的同一级别享受同等的基本待遇，不能有明显的差异，更不能悬殊，否则会造成职系发展的不平衡。另外，薪酬应该随着职称的晋升而相应地提高。

管理职系，适用于公司正式任命的各职能部门，如技术、营销等部门的管理岗位员工。一般来说，可将所有没有管理职务的人员按照工作性质分成五个职系，即工程技术职系、财会职系、营销职系、行政职系、工勤职系。

二、建立职系内部的导师制度

导师是员工职业发展的领路人，为了促进员工的职业发展，现代企业，尤其是大型企业越来越意识到职业发展导师的重要性。很多大型的跨国集团，如壳牌石油公司，甚至建立了国际性的员工职业发展的导师体系。建立导师制度必须要从关键岗位的员工开始，明确指导人和被指导人之间的责任，并逐步推广到所有岗位。

建立导师制度，主要包括三个步骤：一是被指导人职业发展潜力评估，二是提出个人发展计划和培训需求，三是指导人填写工作记录。

第六节　人力资源招聘与素质测评方法

一、管理评价中心法

管理评价中心法于 20 世纪 50 年代由美国电话电报公司（AT&T）开始采用，现在国外各大公司中已十分普及。管理评价中心法是用于评价、考核和选拔管理人员的方法，其目标是为企业招聘最合适的领导者。该方法的核心手段是情景模拟测验，即把应试者置于模拟的工作情景中，让他们进行某些规定的工作或活动，考官再对他们的行为表现做出观察和评价，并以此作为鉴定、选拔管理人员的依据。

（一）文件篓测试

文件篓测试，即在文件篓中放置信件、备忘录和电话记录等文件。应先向应试者介绍企业的背景资料，告诉应试者他就是管理者，可让他根据自己的经验、知识和性格全权负责处理文件篓中的所有文件；也可让他与业绩不佳的员工面谈，会见对公司产品或服务不满的顾客，分析公司的财务状况等。在测试结束时，每位应试者都会留下一些笔记、备忘录和信件。考官通过"文件篓测试"，对应试者在工作条理性、计划能力、预测能力、决策能力和沟通能力五个方面的表现进行评价。

（二）无领导小组讨论

主持人给一组应试者一个与工作有关的题目，让他们开展讨论。需要注意的是，这种小组讨论不要指定负责人，大家地位平等，可采用圆形的桌子，使每一个位置都具有相同的重要性，也不告诉任何人他应该坐哪个位置上。讨论结束后要形成一致意见，并以书面形式汇报。几位考官通过观察应试者的表现进行评分。无领导小组讨论是评价中心最具特点、最典型的测评技术，也是一种常用的评估手段，常用于选拔企业中的优秀人才。

（三）管理竞赛

管理竞赛（商业游戏），即把候选人分组，但不为应试者分派角色，每组代表一家公司在模拟市场上开展业务竞争。各个"公司"必须在一定时间内提交有关生产、广告或存货量方面的决策。最后，考官根据每个应试者在小组中的表现进行评价。

（四）案例分析报告会

案例分析报告会是指通过让被测试人员阅读一些关于组织的问题材料，然后让他准备一系列的建议，以递交给更高一级的管理部门来考察被测试者的综合能力和判断决策的能力。这种方法既可以考察测试者的一般技能，也可以考察测试者的特殊技能。通过报告会和公开答辩，了解候选人的沟通能力和说服他人的能力。

二、管理者胜任特征模型

管理者胜任特征模型是一种主要用于高层管理者的选拔评价的方法。

如何鉴别公司管理人员对企业未来绩效的贡献？众所周知，企业高层管理人员对企业发展的影响程度远远大于一般员工，因此对其进行测评和遴选是一件需要慎重考虑的事情。

为了解决这一问题，人力资源学界的专家学者进行了很多卓有成效的努力。其中非常著名的是管理胜任特征模型。胜任特征是指"能将某一工作中表现优异者与表现平平者区分开来的个人潜在的、深层次的特征，它可以是动机、特质、自我形象、态度或价值观、某领域的知识、认知或行为技能"。推而广之，也有学者认为胜任特征是企业管理者身上的与企业管理绩效相关的任何可以被可靠测量或计数的，并且能显著区分优秀绩效和一般绩效的个体特征；而胜任特征模型则是指担任某一特定的企业高层管理任务角色，所需要具备的胜任特征的总和结构性权重。建立胜任特征模型有多种工作方式，包括专家小组、问卷调查、观察法等。所有方法的最终目标是要建立起企业特定高层管理岗位的胜任特征模型。

第七节　人力资源开发与培训的方法

一、三维立方体培训模型

三维立方体培训模型是在三维立方体模型的基础上转化而来的，三维立方体培训模型通过对员工学习特点的分析，来设计培训的模式。在三维立方体培训模型中，八个顶点分别代表一种典型的员工培训方式。其中，最典型的是原点 1 和位于立方体对角线另一端的顶点，这一模式（1 模式）是典型的"一人堂"式培训，即培训者按照既定的教学程序，进行结构式的课堂讲授，学生只是听和记忆，相互之间没有交流，更没有对课堂讲授内容的实践。与 1 模式相对的另一顶点是 8 模式，在该模式下，培训者不参与，只靠学生自己通过实践去建构知识体系和实践技巧，由学生之间进行相互切磋和讨论。介 1 模式和 8 模式之间，因实践性、交往性和自主性的不同，企业就有可能应用各种不同的培训方式，如案例研究、讨论交流、现场培训、模拟练习、角色扮演、游戏竞争和小组活动等。

三维立方体培训模型为企业员工培训模式的研究开拓了广阔的思维空间，强调了培训方式的多元化。三维立方体培训模型要根据培训目的、培训内容和培训对象的不同进行改变，才能达到培训员工的效果，但这需要人力资源管理部门进行具体、细致的研究，来选择最有效的企业员工培训模式。

二、"精英"培训计划

（一）企业领导人成长培训

当前在世界各国管理心理学界中，对未来企业领导人素质的研究仍是一个热门课题。在日趋激烈的市场竞争中，企业之间的竞争日益转化为企业人才之间的竞争，企业领导人的素质决定了企业整体的人才体系组成和企业内部人员协作的有效性。可以说，企业之间的竞争归根结底是企业领导人素质的竞争。

企业领导人素质通常可以认为由三个维度组成，这便是企业领导人素质三维模型。这三个维度分别是：态度维度、情商维度和有效性维度。分别从这三个维度对企业领导人的候选人进行着重培训，便可形成一套体系性的企业领导人成长培训。

（二）企业职能领域的骨干人员培训

企业职能领域的骨干人员担负相应专业范畴的企业发展的重任。企业不要求他们具有企业领导人那样强的战略管理能力，但是首先，他们应是忠诚者，要忠诚于企业的文化理念和行为规则；其次，他们是专业者，他们对所主管的业务领域理解深厚、深谙其道；最后，他们还是全能者，有全面的素质和良好的全局观念。企业职能领域的骨干人员培训计划包括三项基本内容，即专业技能培训、综合能力培训和职业道德培训。企业可以根据对象的不同和对象所处阶段的不同，施以或者加强某一方面或者某几方面的培训，最终使员工成长为企业职能领域的骨干人员。

三、岗位轮换制

岗位轮换制，是企业按照大体确定的期限，有计划地让员工轮换担任若干种不同工作的做法，从而达到开发员工多种潜在能力、促进部门或员工换位思考与合作、培养未来主管的目的。现代企业岗位轮换，主要出于以下目的：

（1）加强新员工入职前对企业的了解。

（2）培养中层管理人员和后备管理人员。

（3）克服疲顿倾向，提高企业整体效率，发挥创新精神。

四、绩效考评的工具

（一）关键绩效指标方法

关键绩效指标（key performance indicator，KPI）方法，是用于沟通和评估被评价者绩效的定量化或行为化的标准体系，定量化和行为化是 KPI 的两个基本特征。KPI 的建立要点在于流程性、计划性和系统性，KPI 包括企业级关键绩效指标、部门级关键绩效指标和每个岗位的业绩指标。绩效管理是管理双方就目标及如何实现目标达成共识的过程，也是增强员工成功地达到目标的管理方法。管理者给下属订立工作目标的依据来自部门的 KPI，部门的 KPI 来自上级部门的 KPI，上级部门的 KPI 来自企业级 KPI。只有这样，才能保证每个职位都能按照企业要求的方向去努力。

（二）平衡计分卡方法

平衡计分卡（balanced score card，BSC）是 20 世纪 90 年代全球最著名的战略管理会计专家卡普兰和诺顿研究开发的绩效管理的新工具，它一般适用于企业以及其所属业务单元的绩效考核管理。BSC 从财务、客户、内部经营过程、学习与成长四个视角审查企业，并就这四个方面内容的关键因素建立目标和指标，这些目标和指标间又通过因果关系、财务结果和业绩驱动等紧密结合在一起，指引企业全体部门、员工共同朝企业争取未来竞争优势的方向努力。

平衡计分卡方法既强调了绩效管理与企业战略之间的紧密关系，又提出了一套具体的、可操作的指标框架体系。平衡计分卡的框架体系包括四部分：财务层面、客户层面、内部营运层面、学习与成长层面。平衡计分卡将关键性衡量指标分为两类：结果型指标和驱动型指标。结果型衡量指标说明了组织执行战略的实际成果，如质量提升、收入增加等。结果型衡量指标例如利润，是衡量组织有效执行战略的程度的，因此是"滞后指标"。驱动型衡量指标则是"领先指标"，它显示了过程中的改变并最终影响了产出。平衡计分卡更注重驱动型指标。

平衡计分卡的核心思想就是通过财务、客户、内部经营过程、学习与成长四个方面指标之间相互驱动的因果关系展现组织的战略轨迹，实现绩效考核—绩效改进和战略实施—战略修正的目标。平衡计分卡的指标体系不但具有很强的操作指导意义，同时内在的四个方面也存在深层次关系：学习与成长解决企业长期生命力的问题，是提高企业内部战略管理的素质与能力的基础；企业通过管理能力的提高为客户提供更大的价值；客户的满意带来企业良好的财务效益。

（三）图尺度评价方法

图尺度评价（graphic rating scale，GRS）方法是 Paterson 于 1922 年提出的。图尺度评价方法的量表包括特征标签、特征的简单定义和两个极端的范围之间的离散的尺度。首先，在一张图表中列举出一系列绩效评价要素并为每一要素列出几个备选的工作绩效等级，一般采用一个渐升或是渐降的量表。然后，主管人员从每一要素的备选等级中分别选出最能够反映下属雇员实际工作绩效状况的工作绩效等级或者是分值，并按照相应的等级确定或选定其各个要素所得的分数。图尺度评价法要求评估人根据很多工作特征（完成工作的数量和质量、设备的保管和使用等），或者与成功的工作绩效相关的特征（可靠性、领导力、创造性、沟通技巧、团队合作能力等）给员工打分。

（四）目标管理方法

目标管理（management by objective，MBO）方法是先与雇员共同确定下某种便于衡量的工作目标，然后定期与雇员就工作目标的达成进度进行讨论的工作绩效评价方法。具体操作过程是：建立考核指标体系，并确定各个指标的考核目标值；将考核指标按重要程度的不同划分出不同的权重；将各个指标的实际值与目标值进行比较，计算出目标完成率；目标完成率乘以 100，再乘以权重得到考核指标的实得分数；各指标的实得分数相加所得分数，就是对该员工的业绩考核得分。

目标管理方法在绩效考核中的实施步骤，必须根据目标管理的循环实行。

（五）关键事件法

关键事件法（critical incident method，CIM）属于工作绩效评价方法中的一种。具体使用方法如下：首先将下属雇员在平时的工作中表现出来的特别不寻常的优秀绩效或者特别突出的恶劣绩效记录下来，然后再在一个预先确定下来的时间与雇员进行讨论和审查。

1979 年，莱瑟姆（Latham）等人采用"关键事件法"分别与 20 位经理、20 位领班和 20 位小时工进行了面谈，请他们列举出领班的行为中 5 个有效的行为事件和 5 个无效的行为事件。他们的研究发现，用关键事件法进行绩效评估有以下四个方面的优点：一是通过使用者提供的数据建立起来的，并用于使用者；二是从内容上看，关键事件法是有效的；三是关键事件法明确指出了一项特定的工作所要求的全部的工作行为，可以据此建立工作说明书，或对工作说明书进行很好的补充；四是关键事件法鼓励主管和员工针对员工的长处和缺点进行有意义的讨论，因此对企业建立明确的绩效反馈系统很有帮助。被评估人对评估方法的满意度是绩效评估根据实用性的一个重要元素，它决定了评估结果的发展性效用，因为绩效评估和反馈的有效性在很大程度上取决于被评估人对评估系统的接受程度。关键事件法适用聚焦于具体行为的评估方法，可以使评估人和被评估人更舒服，也更愿意接受评估和反馈结果。按照被评估人愿意接受的程序排序，首先就是关键事件法，其次是行为锚定法，最后是图尺度评价法。相对于图尺度评价法来说，关键事件法使目标更清晰，更可直接观察，更容易被评价人接受，可提高被评估人对目标的认同度，具体、清晰的绩效目标，也能让评估人认为这是合理的、可达到的、有用的。

2010 年，Tziner 等人研究了当把绩效评估用作发展性工具时，不同的评估方法对一些重要变量的影响，尤其是对"被评估人的满意度"和"在绩效评估和反馈过程中发展出的目标的性质"的影响。他们将 96 位警官随机分成三组，分别用图尺度评价法、行为锚定法、关键事件法评估其绩效。结果显示，使用关键事件法时，被评估人对绩效评估的满意度最高，对绩效目标的认知程度也最高；使用关键事件法时，根据结果建立的绩效改进结果也更具体、更易观察；而在衡量被评估人态度和目标特征时，图尺度评价法和关键事件法难分优劣，但它们都比行为锚定法要强。还有大量学者研究表示，不同的绩效评估方法对评估的信度和效度的影响不大，但是使用不同的方法获取和记录关于工作绩效的信息，可能对绩效评估的发展性用途的影响也不同。

（六）行为锚定等级评定法

行为锚定等级评定（behaviorally anchored rating scale，BARS）法是最简

单，也是运用最普遍的绩效考核方法之一，它建立在关键事件法基础上，主要目的是通过建立与不同绩效水平相联系的行为锚定来对绩效加以具体的界定。该方法试图将关键事件描述法和量化评价技术结合在一起，将定量评价尺度与关于特定的优良绩效或劣等绩效的实例描写结合在一起。行为锚定等级评定方法首先是做工作分析，收集大量可以代表工作中的优秀和无效绩效的关键事件；其次，将这些关键事件划分成不同的绩效等级，并在考核表中列举出这些关键事件、绩效等级；最后在考核时，对被考核者的行为给出最合适的分数，再将所有分值相加，即得出最终的绩效考核结果。行为锚定法与图尺度评价法的不同之处在于，其出现在量表分段处的不再是数字或对特征的形容词，而是实际的行为事件。

（七）强制分布法

强制分布法是指在年度考核时，将员工按一定比例归到事先定好的不同种类中。例如，某公司按照绩效将全体员工划分为五个档次，每个档次员工数目比例一定，即 A 杰出（5%）、B 优秀（20%）、C 良好（40%）、D 及格（30%）、E 较差（5%）。对于不同档次的员工，公司会采用不同的人事处理方式。

第五章 企业人力资源管理咨询项目的运作过程与成果

第一节 企业人力资源管理咨询项目的运作过程

一、项目营销阶段

（一）项目营销人员主动接触

一般来讲，项目营销人员很少以销售的形式主动和客户接触。麦肯锡公司的高层负责人曾经在半公开的场合说过："管理咨询不需要销售。"事实上，管理咨询是一种很难用简单的推销形式就能销售出去的产品，它的营销活动更依赖于品牌厚积薄发的市场培育行动。只有一种特殊的情况例外，就是客户公司或组织公开宣布他们即将开展的咨询项目或者管理咨询方面的需求，并以公开招标的形式寻求咨询顾问的帮助。

（二）潜在客户主动接触

在大多数情况下，都是由客户主动接触咨询顾问或者管理咨询公司，这意味着客户遇到了经营管理方面的某些问题。客户可以从多种渠道得知该公司的信息，包括相关的行业出版物、商业黄页或者是互联网。对一个管理咨询公司而言，没有什么比抓住一个主动接触的客户更重要的了。

（三）项目商务谈判

和所有的约会一样，初次见面留下的印象永远是最重要的。因此必须强调咨询顾问在初次会见客户时的行为和表现的重要性。咨询顾问希望会见到决策性的人物，因为管理咨询是一把手工程。这样说不仅是因为一把手对企业里最急迫的问题有全局的考虑，还因为咨询方案需要一把手来推动。如果客户公司的关键人员参与会见咨询顾问，咨询公司方面应派出同样高级别的代表。在中国，小公司通常由公司的总经理出面，而大公司也至少由副总一级出面。

（四）初期会见的准备

初期会见要求咨询顾问收集有关客户的基本情况、周围环境，以及有关行业业务的特点。项目建议书是赢得咨询合同的关键要素之一，而撰写具有说服力的项目建议书是一门艺术。项目建议书的文笔水平和技术质量往往会给客户留下深刻的印象，一份好的项目建议书可以起到事半功倍的效果。咨询顾问向客户提交的报告应包括以下三个方面：

（1）技术部分。此部分描述的是咨询顾问对问题的初步评价、咨询要达到的目的、使用的方法和需要遵循的工作计划等。值得注意的是，由于咨询顾问和客户对技术部分详细和具体到什么程度有不同的认识，所以过于笼统或过于详细，都是不稳妥的行为。

（2）人员部分。此部分列出将要执行咨询任务的咨询顾问的姓名和简历。这部分还应描述咨询公司在与特定客户需求有关领域的经验和业绩。可以先概述给所有客户提供的标准信息，然后以特定的小节用于说明咨询顾问以前承担类似委托任务的背景，以此向客户证明他是最合适的人选。

（3）财务和其他部分。这部分通常通过考虑项目难度、给客户创造的价值、咨询公司投入的相关成本，提出费用总额和阶段付款的方式与时间，有些客户愿意单独承担交通、食宿等费用，而有些客户则希望将交通、食宿等费用合并在总咨询费用中。

（五）签订管理咨询合同

项目营销阶段结束的标志是签订人力资源管理合同。这时候，客户已经对自身的需求有了清晰的了解和判断，咨询公司也对提供咨询服务的内容和方式有了比较清晰的安排，双方在项目的进度、价格和预期目标方面达成了一致。在成熟而规范的管理咨询公司中，所谓正式达成工作协议是从合同正式签订并且收到第一笔预付款开始的。在合同正式签订后，双方都应该清楚，此时管理咨询公司的顾问小组和客户公司相应的人员已经成为一个团队，共同为一个目的而工作。

二、项目准备、深入诊断与方案设计阶段

（一）人力资源管理咨询项目准备

项目准备阶段是人力资源管理咨询执行层面工作的开始，它是指与客户签订人力资源管理合同后到项目组进驻客户公司现场的这一阶段。"好的开始是成功的一半"，项目准备的主要内容包括人员准备、资料准备以及与客户进行充分的项目前期沟通三个方面。具体工作包括项目组组建、内部启动会、资料准备与初步消化、客户初步联系和项目组进场。

1. 项目组组建

和其他所有的项目一样，一个管理咨询项目组的灵魂和核心人员是所谓的项目经理。项目经理要具有极强的整体把握能力，沟通能力，适应和改变环境、获得各种资源的能力，以及专业的知识和技能。项目组成员的选择需要考虑到客户的需求、咨询顾问对业内知识的了解程度、咨询顾问过去的经历和个人意愿。

2. 内部启动会

项目组成员选定以后，项目经理应组织召开一个小型会议，参加人员一般包括事业部总监、项目主要营销经理、咨询项目经理和全体咨询顾问。项目内部启动会宣告了项目组的正式成立。

3. 资料准备与初步消化

资料准备包括收集行业相关资料、人力资源管理资料、客户资料、标杆企业资料等，这些资料的来源有互联网、咨询公司内部数据库等。在进入客户公司之前，项目组必须要对收集的资料进行快速消化，并且项目组成员之间应该及时就有关问题进行沟通。一般要求项目组成员分头收集资料，然后交给项目组的资料负责人进行编号管理，以供在项目进行时查阅。

4. 客户初步联系

项目经理在项目准备阶段，要通过电话和电子邮件等方式，提前同客户的决策层进行沟通，详细介绍按照客户要求选定的咨询项目组成员，并落实初步的项目进场后的工作计划和工作思路。在征得客户同意之后，再确定项目整体的工作计划，但并不排除项目运作过程中，在与客户协商的基础上，调整工作计划的可能。

5. 项目组进场

客户项目启动会是项目组到达客户公司后的首次公开亮相，因此要求全体咨询顾问体现出良好的精神风貌，要尤其注意自己的着装、举止、谈吐。项目启动会需要客户方的高层，甚至全体中层都参加，这个会议对于整个项目的开展乃至最后的成功具有十分重要的意义。

（二）深入诊断人力资源管理咨询问题

1. 重要人物访谈

为了深入了解企业决策层的需求和潜在需求，能够在项目一开始就把握住项目运作的整体准确思路，在进行大规模访谈前，项目组要借着项目启动会的契机，联系公司关键的决策人物，如董事长或者总经理进行非公开性的单独访谈。一般安排在项目组进场后的 1~2 天内进行，可以提前为客户介绍访谈的内容提纲，同时要准备好具体的、详细的问题，对有疑问的地方进行提问，以获得更本质的理解。

2. 客户资料收集与消化

项目组应该及时将内部资料收集清单提交给客户的项目负责人，请求客户在给定时间内提供原始资料。资料收集后由项目内部做好登记、整理，供项目组成员借阅，一般应在两天之内完成对这些资料的消化吸收，再由项目组讨论在消化资料时所发现的问题等。同时，根据所了解的情况做好访谈提纲，准备访谈。项目经理则准备好访谈计划，与客户确定好访谈安排，客户协调人负责联系被访谈员工及时参加访谈。

3. 大面积的访谈

客户内部大量的信息不是以书面的形式存在的，因此需要进行针对性的访谈与调研。一般来说，人力资源咨询项目的大部分模块都涉及企业成员的切身利益和现实要求，而这些内容在企业内部十分敏感，因此需要全面了解企业不同层次的人员对人力资源改革的看法。

4. 组织问卷调查与分析

问卷调查要注意发放范围的问题，一般地，要根据客户方的项目联络小组提供的公司成员情况设立标准，确保问卷的调查对象有足够认识能力和判断能力来回答问卷中提出的问题。

5. 提交人力资源管理诊断与建议报告

人力资源管理诊断与建议报告是人力资源管理咨询项目的核心内容之一，报告主要是通过发现问题和分析问题，提出解决问题的建议方案。

（三）咨询与诊断方案设计

人力资源管理咨询方案设计的本质是咨询项目小组将人力资源理论同企业的实际情况结合起来，提出对企业人力资源管理问题的解决方案的过程。它是人力资源管理咨询工作的重心。这一阶段需要更多的创新和创造，并且需要客户企业内部创人员更多介入，因为解决方案必须适应客户企业的独特环境。客户的参与和配合，不仅能够有效地帮助咨询顾问准确地把握企业人力资源管理咨询过程中的细节信息，更重要的是，客户项目小组参与此过程也是给客户企业的员工提供一次好的培训机会，以便咨询师撤出客户的企业以后，客户的员工可以更容易地实施设计方案。方案的设计主要有以下内容：

（1）形成初步的人力资源管理咨询方案。

（2）与客户就初步人力资源管理咨询方案和制度进行全方位沟通。

（3）项目组内部研讨与方案修正。

（4）精心准备咨询方案的汇报会。

（5）调整并最终确定人力资源管理咨询方案。

三、辅助实施与后续服务阶段

（一）人力资源管理变革

人力资源管理咨询方案的实施过程是一个典型的公司职能层面变革过程，而如何管理变革过程是公司在实施新的方案时人力资源管理方面普遍遇到的挑战。变革要提前考虑到方案实施过程中可能遇到的阻碍，并准备好应对方案，其中首要的一点是解决认识上的问题。人力资源管理方案实施中存在较多的问题是员工对变革的意义有疑问，这需要公司领导层进行自上而下的积极而有效的沟通，需要领导大力支持并积极宣传。沟通是至关重要的，甚至可以说，人力资源管理变革的过程就是沟通的过程，沟通贯穿于变革的全过程。并不是所有的员工都能意识到变革的重要性，在这个阶段，企业的高层要把变革的心理预期推销给员工，通过种种手段，在组织内部造成一种变革势在必行的危机意识。

（二）方案实施准备

周密的准备工作是方案有效实施的保证，准备工作包括以下内容：

（1）成立方案实施小组。

（2）制订方案实施计划。

（3）召开实施动员大会，做好实施宣传。

（4）培训人力资源管理制度。

（三）方案实施中的指导

确定方案后，企业一般就会按照方案实施计划。刚开始还有一个阶段为方案试行期，这是调整和熟悉方案阶段，尤其是员工绩效考核方案，一般与薪酬的联系比较密切。因此，一旦绩效考核没有成功落实，薪酬就应该沿用以前的方案，以免员工对薪酬以及新的人力资源管理方案产生怀疑，增加实施的难度。

（四）后续服务阶段

后续服务阶段主要包括以下内容：

（1）项目团队总结。

（2）建立客户随访制度。

（3）保持畅通的沟通渠道，处理后续服务问题。

（4）建立与客户的友谊。

第二节　企业人力资源管理咨询与诊断的成果

一、企业内部管理环境呈现

咨询小组应深入企业内部，获取一手资料和信息。这些资料和信息直接揭示了企业客户内部的管理环境，如企业的人力资源管理问题，以及公司治理结构、市场营销职能、研究与开发职能等其他方面的问题。这些宝贵的资料系统地反映了企业内部管理的概貌，勾勒出了企业内部管理环境，多角度呈现了被咨询的人力资源管理问题，它们是企业管理当局了解企业自身问题、倾听基层心声的重要渠道，也是咨询项目小组进行问题剖析、制订管理制度和实施方案的重要证据。

（一）访谈与问题呈现

访谈关键的企业管理人员，是获得关于企业人力资源管理问题的第一手资料，准确了解企业咨询需求的重要途径之一，包括对高层的访谈与对中层管理人员的访谈。

（二）调查问卷统计与分析

（1）问卷调查目的。相对于访谈法，调查问卷法是一种成本较低、效率较高、覆盖面相对广泛的办法，但这种方法了解信息的深度和详细程度有限。一般地，为了全面了解企业的内部管理环境，需要综合两种办法的优势，即将其结合起来使用。

（2）问卷分析方法。对调查问卷的统计分析主要采用频率或频数分析、描述统计分析和交叉分析等方法。收集好数据后，我们一般采用 SPSS、SASS 或 Excel 等统计分析软件进行数据处理，使调查问卷的统计结果以比较直观或直接的方式反映给企业决策者。要解决企业人力资源管理问题就需要对企业内部管理环境进行全面深入的了解，在此基础上，咨询小组可应用现代人力资源管理科学的有关理论和丰富的咨询服务经验，不断推导、验证已有的一些假设。最后结合企业的实际情况，全面、系统地归纳出客户企业现有的和潜在的人力资源管理的问题，并甄别主要问题，提出创造性的改进和变革的建议。

企业人力资源管理问题的呈现往往是多方面的，如何系统地甄别、归纳企业人力资源管理问题，分清主次，抓住主要问题，需要系统的人力资源管理理论和丰富的人力资源管理咨询经验。对人力资源管理问题的诊断，一般分为两个部分：一是对企业人力资源管理问题的归纳和综述；二是有针对性地提出人力资源管理改进的建议和措施。

二、人力资源管理问题

一般来说，人力资源管理问题主要有以下九种。

第一，人力资源管理战略。人力资源管理理念严重滞后，没有从战略的高度看待人力资源问题，人力资源管理还停留在简单的人事管理上。

第二，人力资源管理组织职能保障。人力资源管理组织缺位导致人力资源管理的效用不能充分发挥。人力资源各项管理职能不足，难以形成一个良性循环，无法为公司发展提供有力的支持。

第三，人力资源规划。企业不能根据外部环境和发展战略的变化制定相应的人力资源规划，人员需求和供给凭感觉，缺乏整体布局。

第四，工作分析。企业忽视了针对各岗位的工作分析，无法为有效的人力资源管理创造基础条件。

第五，招聘管理。招聘中的问题导致公司无法通过招聘满足企业的用人需求。

第六，培训管理。培训不足使得企业不能整体提升员工的知识和技能，无法起到增强企业竞争力和凝聚力的作用。

第七，绩效考核管理。目前公司虽然有基础的考核管理，但是实施考核时的一些问题仍影响着考核效果的有效发挥。考核的参加者单一，不利于员工绩效的公正。

第八，人力资源激励。企业的激励手段单一，无法对员工形成有针对性的激励。企业薪酬制度不合理导致员工产生不公平心理。

第九，职业生涯管理。公司没有对员工进行职业生涯指导，员工个人发展方向不明。企业为员工设计的晋升通道，往往只有提职一条途径。

三、人力资源管理改进工作

（一）人力资源管理组织职能保障
人力资源部门和各直线部门要共同承担人力资源管理的工作。
（二）人力资源规划
企业应该根据发展战略和组织目标进行人力资源的系统规划。
（三）工作分析与岗位评价
做好工作分析和岗位评价工作，为建立合理的薪酬体系奠定基础。
（四）培训管理绩效
现代企业系统培训的模式是公司未来培训模式的必然选择。公司未来的培训要将专业素质培训和人格素质培训结合起来，要体现多样性、多元化的原则，综合提高培训的效益。

（五）考核管理

人力资源管理理论认为，在企业不同的发展阶段，应侧重不同的考核目的。企业考核系统结构一般包括四个方面：一是考核要素子系统，二是业绩考核指标子系统，三是考核计量子系统，四是考核评价子系统。考核要素包括工作业绩、工作态度和工作能力。业绩考核指标要根据各个岗位的工作特点来确定。业绩考核指标子系统可设计成两个部分：一是态度指标；二是能力考核指标，具体指标要根据具体的岗位来设定。考核计量子系统是实现考核目的的重要制度性设计。考核评价子系统主要包括评价者与评价内容两个角度。考核评价子系统主要包括评价周期与评价管理两个重要方面。

（六）薪酬体系设计

设计薪酬体系要遵循公平性、竞争性、激励性和适应性的原则。薪酬的各组成部分体现出不同的刚性和差异性特点，企业可以根据不同的职系采取相应的薪酬模式。薪酬模式也要与企业发展阶段特点相匹配。建立基本薪资制度的流程如下：依据企业战略与企业文化确定本企业的付酬原则与策略，根据组织结构设计编写职务说明，确定付酬因素选择评价方法，确定和绘制工资结构线，工资状况调查及数据收集，工资分级与定薪，工资制度的执行控制与调整。一般认为，确立基本工资的方式有岗位技能薪酬制、职务职能薪酬制和市场定价工资制三种。

（七）职业生涯管理

职业生涯开发与管理应立足于员工潜能开发，并以满足员工需求与发展为目标。职业生涯管理要突出员工职业发展与内在价值满足的统一，按照员工职业生涯发展指导员工培训。

四、人力资源管理制度体系

人力资源管理制度体系由人力资源规划管理制度、招聘管理制度、培训管理制度、绩效考核管理制度、薪酬管理制度和职业生涯管理制度组成。

制度是凸显管理价值的重要方面。咨询小组将根据企业的实际问题和现代人力资源管理客观规律，重构企业人力资源管理的制度体系，并反复论证其可行性和适用性，最终向客户提交符合企业实际和发展需要的新的人力资源管理制度体系。人力资源管理咨询的项目非常重视为企业设计人力资源管理的制度，咨询小组会对制度设计的各方面、各环节进行深入的论证和研讨。因为管理的价值体现主要通过制度或者体制得以体现。大到一个国家，小至一个团队，制度的力量和重要性不言而喻。制度的比较优势是企业核心竞争力的重要组成部分。解决人力资源管理的问题，实现企业人力资源管理水平的提升，最终要落实到制度上。符合企业发展实际，符合现代人力资源管理理论和经验的人力资源管理制度对于企业发展与进步具有突出重要的意义。

事实上，企业的人力资源管理制度是一个多角度、多层次的制度体系。大到企业的人力资源管理的战略选择，小到部门的考勤制度，都是企业人力资源管理制度体系的组成部分。在这里，限于篇幅，笔者仅仅对在企业人力资源管理中起到关键作用的制度加以讨论，主要包括人力资源规划管理制度、招聘管理制度、培训管理制度、绩效考核管理制度、薪酬管理制度以及职业生涯管理制度。希望读者能结合本书前面各章的内容，在阅读这些制度的同时主动追溯到制度设计的层次，主动了解、体会这些制度安排的原因。

五、人力资源管理流程体系

人力资源管理流程是实施人力资源管理制度体系变革、固化人力资源管理变革成果的基本举措。咨询小组按照企业人力资源管理制度体系的要求，重新梳理企业原来的人力资源管理流程体系，通过人力资源管理流程再造，固化人力资源变革的成果，达到长久、持续提升企业人力资源管理能力的目的。

制度如何执行？制度执行的过程如何不变形、不衰减？人力资源管理制度体系变革是一个持续较长时间的目标，而再造企业人力资源管理流程体系则是达到这个目标的重要手段和执行新的人力资源管理制度的基本保障。企业不可能一蹴而就达到人力资源管理制度的理想状态，而是需要人力资源管理流程再造，需要通过流程来固化各个部门、人员和其他管理要素之间的关系，最终达到推进人力资源管理制度落实、实现人力资源制度变革和人力资源管理水平提升的目的。

人力资源管理流程是按先后排列或并行的一整套与人力资源管理相关的活动或任务，它们基于特定指令完成特定的工作。这些人力资源管理的相关工作将输入的指令转变为一个或多个输出的结果，从而达到人力资源管理的最终目的。

第六章　中小民营企业人力资源管理咨询的主要内容

第一节　项目调研

项目调研是开启中小民营企业人力资源管理咨询的第一步，是展示咨询机构与咨询师实力的机会，也是取得客户信任的基础，更是双方达成合作意向的首要环节。因此，无论是咨询方还是客户方都应非常重视这一环节。

项目调研一般用时为 3 天，主要包括资料收集、行业分析、现场走访、人员访谈、问卷调查及出具调研报告并路演等环节。

项目调研的过程其实也是对企业问题进行诊断的过程，能否诊断出企业存在的问题，并给予客户方大概的解决思路，是能否征服企业的重要因素。

实例：某企业的人力资源管理咨询调研分析

企业背景：×××企业的业绩及利润于 2014 年达到顶峰，属行业前列，但随后业绩及利润逐年下降，2020 年业绩及利润降到冰点（业绩为 6 693.7 万元，利润为 133.6 万元，利润点仅为 2%），公司已处于警示亏损边缘。究其原因，主要有二：一是外部，即行业市场跨国公司、上市公司竞争对手挤压等；二是内部，即管理系统不健全。

时代在进步，国家在发展。企业必须认真总结、对症下药。而当下，则必须及时引入管理系统，苦练内功，夯实基础，开源节流。

找准方向后，销售主导冲锋陷阵，开拓新市场及客户，内部管理紧随公司目标，将成本管控做到位，公司上下一心，只有力出一孔，才能"利出一孔"。公司全体同仁一起拿出当年创业精神，共同努力重拾昔日辉煌。

企业当前的状况：公司员工 80 多人，大多为跟随董事长从老家一起创业的人员，且绝大多数员工是董事长的亲属，各管理岗位人员基本是董事长近亲，家族企业化严重。又逢董事长交班给儿子的重要转折点，总经理（董事长儿子）大学毕业不久，无法掌控公司局面，加上公司管理层多数为总经理的长辈，总经理在公司的话语权较弱。公司业绩连续下滑几年，基本处于亏损边缘，公司士气低落，董事长也比较泄气，甚至有放弃企业的打算，但又因公司买地盖厂房及大型机械设备占用了几个亿的资金，以及董事长对员工（亲属）的不忍，毕竟一旦转行或放弃企业，这些员工（跟随董事长创业 20 余年）缺乏新的谋生手段，未来的生活一定会受到极大影响。在这种情况下，董事长积极寻求外部咨询机构来为企业把脉问诊，希望可以解决企业面临的问题，也为儿子接班传承企业做好前期铺垫。

经过项目组的 3 天调研与诊断发现企业存在如下系统性的人力资源管理问题：①组织架构不科学；②目标规划维度欠缺；③薪酬激励差；④无绩效考核与晋升标准；⑤制度不健全；⑥无培训体系，即员工胜任力不足；⑦经验式管理；⑧人效较低；⑨企业营销体系弱；⑩企业人才出现断层。

针对上述调研发现的问题，项目组提出如下解决思路：①提升效率；②制定目标要简单能够落地，做到聚焦；③薪酬公平化，将收益与成果挂钩；④薪酬有效化，注重成果，有效减少人才流失问题；⑤优化组织架构，让责权利对等，员工各司其职；⑥提高效率，如提高自身水平或延长工作时间；⑦设计简单有效的机制，让员工自己计算个人收益，增强自我激励；⑧设计一套能让员工兴奋的制度，让员工感到公司是安全的，且员工收入的计算、发放都有保障；⑨设计具有吸引力的机制，能够吸引优秀人才；⑩改变目前销售人员的销售模式，让销售人员从坐商变行商，积极开拓市场；⑪通过人才整合，业绩提升，解决企业发展问题。

在对企业流程进行改革时，首先要绘制企业流程，主要可从以下几点进行：①对企业流程进行审计，删除不必要的环节；②对应流程的各个节点，找到相应的关键考核指标；③找到流程各节点对应的责任人，实现"责任归位"；④测算流程各个点的客单。

企业流程中的关键指标有六个：

（1）拓客成本及拓客量。

拓客成本是开发一个新客户所需要花费的成本。

（2）客单价。

客单价是一个客户在本企业累计平均消费的金额。

（3）复购率。

复购率是重复消费的客户数与总客户数的比率。

（4）业绩增量。

基于复利法则，如果企业业绩一直按比例增长，会呈现滚雪球式增长效应。

（5）竞争产品。

竞争产品是客户记忆中最好的产品，最好是不二选择。

（6）业绩利润率。

业绩利润率是业绩与利润的比率。

本次改革设立的核心考核指标有如下六个：①利润；②业绩；③增长量；④客户总数；⑤交付数；⑥产品业绩比例。

通过以上改革思路，打通企业的各环节，让各环节产生联动效益，以人力资源管理提升为抓手，打破目前的僵局，最终达到解决企业当前面临的问题的效果。

第二节　组织架构

一般来说，组织架构有三个作用，分别是：让每个员工都知道自己在工作中的位置和承担的责任；让人力资源得到更好的配置；促进上下级、平级之间更加协调。

一、组织管理理论的发展

组织管理理论产生于 19 世纪末 20 世纪初，至今经历了四个发展阶段。

（一）古典管理理论

古典管理理论形成于 19 世纪末 20 世纪初，代表人物有美国的 E. W. 泰勒、法国的 H. 法约尔和德国的 M. 韦伯等人。这一阶段的前期，泰勒等重点探讨了组织内的企业管理理论。后期，以韦伯为代表的管理理论重点探讨了组织内部的行政管理。这一阶段的理论基础是"经济人"理论，他们认为人们工作是为了追求最大的经济利益以满足自己的基本需求。为了满足人们工作的经济利益，他们提出科学管理方法以追求组织的生产效率和合理化，并因此建立一套标准化的原则来指导和控制组织及成员的活动。

（二）行为科学管理理论

行为科学管理理论产生于 20 世纪 20 年代初，其代表人物有美国的 G. E. 梅奥和 F. 赫茨伯格等人。他们认为人是有多种需要的"社会人"，满足人的多种需要，并在组织内建立良好的人际关系是提高组织效率的根本手段。这一阶段的理论重点研究了组织中的非正式组织、人际关系、人的个性和需要等。

（三）现代组织管理理论

现代组织管理理论产生于 20 世纪中叶，学派甚多，主要有以美国 C. I.

巴纳德为代表的社会系统论、以 HA. 西蒙为代表的决策理论、以 FE. 卡斯特为代表的系统与权变理论和以 E. S. 巴法为代表的管理科学理论等。该理论的特点是吸收了古典管理理论和行为科学管理理论的精华，并且在现代系统论的影响下有了新的发展。他们把组织看成一个系统，而实现组织目标和提高组织效率则取决于组织系统内各子系统及各部门之间的有机联系。

（四）C 管理模式理论

C 管理模式就是构建一个以人为核心，遵循宇宙和自然组织普遍法则，能够不断修正、自我调节、随机应变的智慧型组织，并将中国人文国学（为人处世之道）与西方现代管理学（做事高效高量之法）相互融合，进行企业人性化管理的新型企业组织管理运营模式。这种以人为运营核心的、具有更大的能动性和更强的应变能力的企业组织，简称为"智慧型组织"，由它是继金字塔形机械式组织（A 管理模式）、学习型扁平式组织（B 管理模式）之后出现的第三种组织模式，并且是在西方先进的现代管理学的基础上，融入了中国国学之大智慧的组织类型，因而取"CHINA"的第一个字母"C"，为这个智慧型组织命名为"企业 C 管理模式"。"以人为核心"是构建智慧性组织的基本，是 C 管理模式的关键。"以人为本"运营智慧性组织，是 C 管理模式的原则。"道法自然"，遵循自然组织的普遍规律和基本法则，是 C 管理模式的特征。

二、组织的结构类型

（一）直线型组织结构

直线型组织结构（见图 6.1）又称垂直式或军队式结构，它是指组织没有职能机构，从最高管理层到最基层实行直线垂直领导，是最早、最简单的一种组织结构形式。

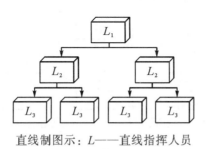

直线制图示：L——直线指挥人员

图 6.1　直线型组织结构

特点：不设职能结构，由直线指挥人员全权负责。
优点：沟通迅速，统一指挥，垂直领导，责任明确。

缺点：对最高领导要求高，管理者负担过重。

适用范围：小型企业组织，技术、产品单一。

（二）职能型组织结构

职能型组织结构（见图 6.2）是指在组织内设置若干职能部门，并都有权在各自业务范围内向下级下达命令，也就是各基层组织都接受各职能部门的领导，又称为多线型组织结构，它是采用按职能分工实行专业化的管理办法来代替直线型的全能管理者。

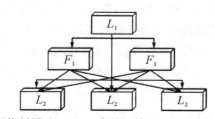

职能制图示：L——直线机构；F——职能机构

图 6.2 职能型组织结构

特点：设立职能机构，而且职能机构有指挥权。

优点：适应组织规模扩大、管理复杂的要求，形成了独立的管理层，有利于业管理职能的充分发挥。

缺点：多头领导，管理层与职能层协调困难，破坏统一指挥原则。

适用范围：大型企业，多品种生产。

（三）直线-职能型组织结构

直线-职能型组织结构（见图 6.3）建立在直线型和职能型基础上，是指在组织内部既设置纵向的直线指挥系统，又设置横向的职能管理系统，以直线指挥系统为主体建立的两维的管理组织。

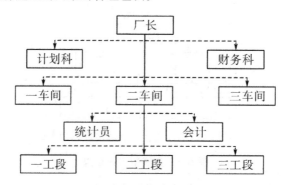

图 6.3 直线-职能型组织结构

特点：设立职能机构，但职能机构无指挥权。

优点：保留了职能层，克服了职能制多头领导的缺陷，既保证组织的统一指挥，又加强了专业化管理。

缺点：职能层与管理层协调有难度。

适用范围：大、中型企业，目前绝大多数组织均采用这种组织模式。

（四）事业部制组织结构

事业部制组织结构（见图6.4）是在直线职能制框架的基础上，设置独立核算、自主经营的事业部。事业部在总公司领导下，统一政策，分散经营，是一种分权化体制。它主要按产品、项目或地域划分事业部。

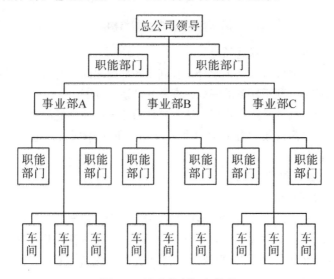

图6.4　事业部制组织结构

特点：集中决策，分散经营。

优点：便于组织专业化生产，有利于发挥事业部的积极主动性，更好地适应市场，有利于组织高层领导摆脱日常事务，集中思考战略问题，有利于培养高级管理人才。

缺点：指挥不灵，机构重叠，管理效率较差，存在分权带来的不足，事业部易滋长本位主义倾向。

适用范围：规模较大，且经营领域分散的企业集团。

（五）矩阵型组织结构

矩阵型组织结构（见图6.5）是由纵横两套系统组合而成的矩形组织结构，一套是按职能划分的纵向指挥系统，另一套是按项目组成划分的横向系统。

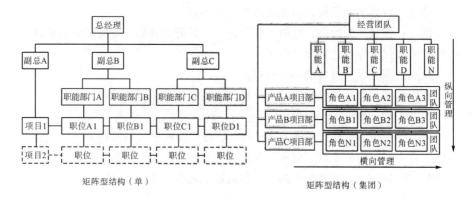

矩阵型结构（单）　　　　　　　　矩阵型结构（集团）

图 6.5　矩阵制组织结构

特点：双重机构，双重领导。

优点；纵横结合，有利于配合，有利于各部门之间的沟通，人员组合富有弹性、组织结构有利于任务的完成，有较好的适应性。

缺点：双重结构易产生责任不清、破坏命令统一原则的问题。

适用范围：需要集中各方面专业人员完成的工作项目，主要适用于突击性、临时性任务。

（六）新型组织结构形式

（1）三叶草形组织。

三叶草形组织是由英国的管理作家查尔斯·汉迪提出的。他用三叶草的三片叶子比喻现代企业所应具备的组织结构形式。这是一种以基本管理人员和员工为核心、以外部合同工人和兼职工人为补充的组织结构形式。

（2）扁平化组织。

扁平化组织的出现是近一二十年来西方经济发达国家大型企业为了降低生产经营成本，致力于组织结构缩编的结果。这种组织结构有更少的中间管理层和更宽的控制幅度，采用自我管理小组或团队，团队能够被分布在不同的地方，授权熟练员工管理他们自己的工作并承担责任，这些员工可通过计算机化的知识、决策支持系统、专家系统等获得他们需要的信息。为了废除滋生官僚主义的等级制度，赋予一线管理人员更多参与决策的权力，从而提高管理效率，很多企业在这些年中，围绕着削减"肥胖"的中间管理层数量、创建"精瘦"的管理结构进行了一系列结构性调整。

（3）网络型组织。

网络型组织是一种以项目为中心，通过与其他组织建立研发、生产制造、营销等业务合同网，有效发挥核心业务专长的协作型组织结构形式。网络型组织的优点在于有更大的灵活性和应变能力；缺点是不利于控制和技术保密。

三、组织结构设计

（一）组织结构设计的内容

组织结构设计不仅仅是描绘一张正式的企业组织结构图表，也不仅仅是根据企业的人员配备和职能管理需要增设或减少几个职能部门。它的目的是帮助企业围绕其核心业务建立强有力的组织管理体系。这种组织管理体系是企业核心能力的一个重要组成部分。

组织结构设计是指为了有效地实现组织目的而形成工作分工与协作关系的策划和安排过程，即对帮助达到组织目的的有关角色、职务、权力、责任、流程、信息沟通、利益等的正式安排。

组织结构设计的主要任务是在分析确立企业的基本目标和宗旨的基础上，明确企业的基本战略和核心能力，明确部门使命与职责、岗位设置和职责及人员编制，建立清晰的权力体系，明确组织决策和冲突解决的规则或制度，建立各部门、各关键责任人的考核与激励机制，梳理公司基本业务流程和管理流程，并建立公司的内部协调和控制体系。

（二）组织结构设计的重要性

搞好组织结构设计与组织再造工作的意义非同一般。"三个和尚没水喝"的典故已是众所周知，类似"三个臭皮匠，胜过诸葛亮"的故事也时有耳闻，其实这就是组织结构设计的效果。从现代管理研究的最新成果看，决定一个企业是否优秀、能否长寿，不是看企业的领导人伟不伟大，而是看企业的组织结构是否能让平凡的员工通过努力，创造伟大的业绩。那么，是什么导致了这两种截然不同的组合效果呢？或者说，为什么"整体可能大于各部分总和"，也可能相反呢？其根本原因就在于组织结构不同，要素组合在一起的方式不同，从而造成了要素间配合或协同关系的差异。

组织结构设计得好，可以形成整体力量的汇聚和放大效应。否则，就容易出现"一盘散沙"，甚至造成力量相互抵消的"窝里斗"局面，也许正是基于这种效果，人们常将"组织"誉为与人、财、物三大生产要素并重的"第四大要素"，也正是在这一意义上，美国钢铁大王卡内基这样说道："将我所有的工厂、设备、市场、资金夺去，但只要公司的人还在、组织还在，那么，四年之后我仍会是个钢铁大王。"由此，不难看出组织及组织工作的重要性。

（三）组织结构设计的原则

组织结构的设计应遵循以下原则：①系统性原则；②目标一致性原则；③精干高效原则；④专业分工与协作原则；⑤统一指挥原则；⑥合理管理幅度原则；⑦集权与分权相结合的原则；⑧职、责、权三等价原则；⑨基于流程的原则；⑩稳定与适合相结合原则；⑪执行与监督分设原则。

(四) 组织设计的权变因素

在现实生活中，组织结构是千姿百态的，普遍适用的唯一、最好的组织结构是不存在的。管理者必须根据所面临的特定情况，选用一种最适合于本组织的结构设计方案。"应条件而变""随机制宜""量体裁衣"，是指导组织设计工作的一条基本原则。现代管理学者提出的权变理论，就是强调不同的企业以及同一企业在不同发展阶段上，都应当根据特定的具体条件来选择和设计相适应的组织结构。影响组织模式选择的主要权变因素包括环境、战略、技术、人员素质、规模等。

实例：组织架构设计（见图6.6）。

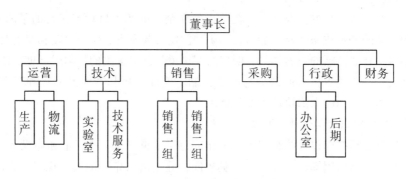

图6.6 ××公司原组织架构

××公司当前组织架构的现状及改善分析。

1. 现状

当前架构岗位职能不健全；当前架构仅为工作岗位现状图；当前组织架构岗位职能不健全。

图6.7为咨询方案提供的组织架构，根据图6.7可以看出该企业的组织架构有明显的改善。

2. 改善分析

①应该科学建立管理层级关系；②建议成立专业招投标部；③建议由部门制向中心制发展；④建议成立资产管理部，资产理财可创投。

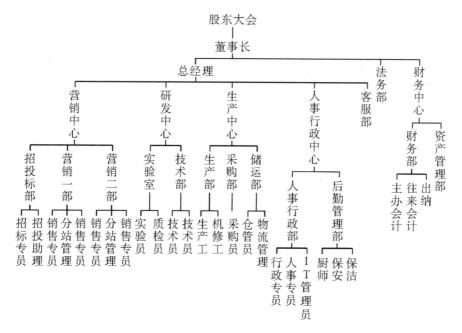

图 6.7 咨询方案提供的组织架构

第三节 目标规划

目标规划是一种用来进行含有单目标和多目标的决策分析的数学规划方法。它是在线性规划基础上发展起来的，多用来解决线性规划所解决不了的经济、军事等实际问题。它的基本原理、数学模型结构与线性规划相同，也使用线性规划的单纯形法作为计算的基础。

企业管理中经常碰到多目标决策的问题。例如，企业拟订生产计划时，不仅要考虑总产值，而且要考虑利润、产品质量和设备利用率等。有些目标之间往往互相矛盾。例如，企业利润可能同环境保护目标相矛盾。如何统筹兼顾多种目标、选择合理方案，是十分复杂的问题。应用目标规划能较好地解决这类问题。目标规划的应用范围很广，包括生产计划、投资计划、市场战略、人事管理、环境保护、土地利用等。

一、企业目标规划的分类

按照时间分类，可将企业目标规划分为年初目标规划、一季度目标规划、二季度目标规划、三季度目标规划和四季度目标规划。

按照节点分类，可将企业目标规划分为制定目标、提出目标考核、提出目标考核、提出目标考核、提出目标考核。

二、目标制定的维度

目标制定的维度主要有三类：挣钱的目标、成长的目标、发展的目标。其中，挣钱的目标主要指业绩、成本、利润、融资、新产品业绩、预收款、市场扩张；成长的目标主要指建立系统、开发新市场、专利、提高财务能力、建立销售流程；发展的目标主要指增长率、竞争产品、行业排名、客户满意度、市值。

不同的阶段，考核标准会有不同，但目标考核、目标修正、目标执行是不断循环的。

三、企业目标规划及制定流程

企业的使命是根据企业的五年目标规划来决定，主要是指企业存在的行业价值。企业的年度目标是挣钱目标和改变目标。企业的任务是月度目标责任。目标制订的流程从召开企业经营分析会（12月10日左右）进行。

企业应依据财务数据进行企业经营业绩分析，确定目标责任人和目标时间，然后明确任务内容，最终签订目标责任书。

责任人一般由股东、董事、CEO、负责人、关键高管、财务、HR等人员构成。

各负责人制定企业目标的流程：要数据—盘点团队—做市场分析—评效率—与总部确认战略与新产品—新资源—定目标—上交目标—参加会议并修订—签订目标责任书。

企业可根据这些内容完成企业年度目标的制度。

四、企业目标规划工具

企业目标规划的工具一般有季度复盘图、目标规划图、关键责任人分配、责任经营流程图、组织架构图、利益图、目标责任书等。表6.1为企业年度目标规划（指标数据版）、图6.8为企业经营流程示例、图6.9为企业目标分解示例，相关内容会在后续的企业案例中详细述说。

表 6.1　企业年度目标规划（指标数据版）

数据类指标	质量类指标	经营核算类指标（企业必须由感觉型经营走向核算型经营）	
销售额：指到达公司账号上的总现金额，包含预收款、销售额、销售增长额，不含应收款。例如，要求销售额达到4.1亿元	售制比：指销售额与制造成本占采购成本的比例。快速消费品行业多在2.5以上、服务业在5以上、工业品在1.7/1.8以上；售制比越大、企业毛利润率越低；售制比低的企业，需增加客户流量。例如，要求售制比在4以上	企业核算（企业无处不核算）	满意度指标
利润：指经核算后的可支配现金总利润，包含项目利润、投资公司利润、集团总部利润、利润增长。例如，要求利润达到5 500万元	拓客成本：指开发一个新客户所需要的所有成本，包含人工成本、管理费用、公摊及分摊成本、销售费用等。例如，要求拓客成本从6 000元/人降到5 000元/人	人力资源效率：对人力资源部进行考核，由人工成本、补偿成本、培训成本、人均创值、新增人力资源增长业绩与传统业绩比重等组成	客户评价及满意度：指互联网平台上对本公司产品进行优质评价的总单量或五星评分客户占总客户数的比重。例如，要求优质评价数占总单量20%以上
竞争产品数量：指可创造持续利润的竞争力产品数量，通常要求"一大三竞"，即一个排他性产品+三个竞争力产品。例如，要求超过10种竞争产品	人均效率：用公司总业绩÷员工总人数÷12个月即可得到月度人均效率。例如，要求4万元/人/月	资金投资回报率：对财务部进行考核，包含对项目投资、对外投资、合伙公司投资的总回报率	爆款产品数量及满意度：指客户对爆款产品的评价

表6.1(续)

数据类指标	质量类指标	经营核算类指标（企业必须由感觉型经营走向核算型经营）	
关键人才数量：指引擎岗位的人才数量及关键管理干部的人才数量达标。例如，要求分公司具有总经理40名、技术专家10+40人、销售技术专家40人	资金有效利用率：指年度总投资额（本年度现金投资+已存原料+往年投资折旧），所创造的利润。资金有效利润率=年度总投资额创造利润÷年度总投资额，用于投融资、并购。例如，要求资金有效利用率达到100%	各小组织核算利润：指对各小组织按照公司文件要求进行核算而得的利润额，由财务部完成	优秀链接、营销方案及满意度：指互联网平台上排名前三的优秀链接评价
达标子公司/事业部数量：指按公司业绩要求达标的子公司和事业部数量。例如，达标SBU10个、达标分子公司25家	新员工效率增长：指新招聘员工较原有员工的业绩效率比。例如，要求新增员工效率增长在20%以上	企业内部定价与结算：指按照公司文件要求进行内部定价，由财务部进行日常结算	优秀项目投资及回报率满意度：指因为投资所创造的利润与管理成熟度、企业品牌提升，通常为内部评价。例如，要求100%满意
专利与著作权数：指本年度以公司名义申请的专利和著作权数。例如，每年要求新增专利20个、著作权10个	业绩增幅：指本年度业绩较上年度业绩增幅。例如，要求业绩增长达到24%以上		
总资金量：指总资金量减去负债后的可调动资金总额。例如，要求保有资金量1亿元	企业流量：代表客户关注度与客户消费量。例如，要求客户关注度在行业前五、每年新增消费客户500家		

数据类指标	质量类指标	经营核算类指标（企业必须由感觉型经营走向核算型经营）	
管理系统导入：指组织系统、营销系统、财务系统等。例如，要求2022年度全面导入组织系统、财务合规	竞争产品排名：指在行业排名前三的产品总数量。例如，要求至少有两个第一名产品，十个行业前三名产品		
客户流量与新客户数量：指已产生消费的客户总量和新增客户数量要求。例如，要求客户总量80 000人、新增客户500家	市值及股价：通常由第三方评估的公司市值、股价。例如，按公司五年规划的市值路径图要求		
竞争产品利润百分比：指竞争产品所产生利润占总利润比。例如，要求占总利润20%	获利项目持续性：指获利项目的周期长短。例如，按公司项目IPD规划生命周期进行		

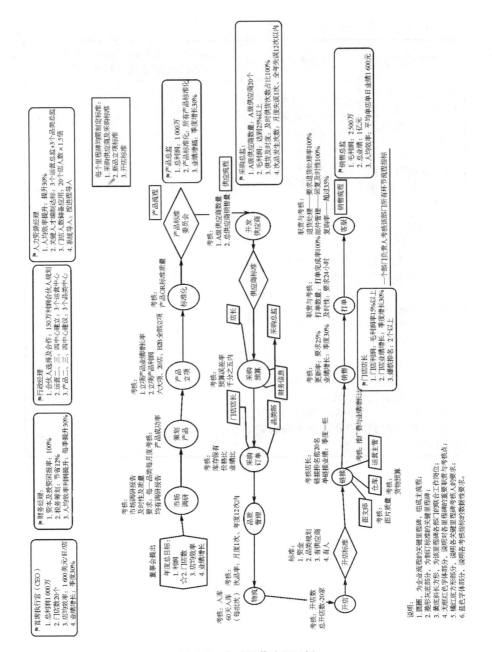

图 6.8　企业经营流程示例

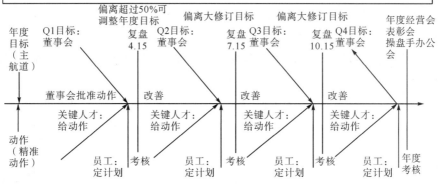

图 6.9　企业目标分解示例

××公司 202×年工作目标责任协议书示例如下：

甲方：
乙方：

　　为加强公司人力资源管理，提高公司高管人员积极性，明确甲、乙双方劳动关系，经甲、乙双方友好协商，特签订本目标责任协议书。
　　一、聘用岗位和时间
　　甲方聘用乙方担任甲方＿＿＿＿＿＿职务，全面负责＿＿＿＿＿＿的工作，聘任、考核时间为 202×年 1 月 1 日至 202×年 12 月 31 日，考核结束后，双方根据实际情况，签订下年度目标责任协议书。
　　二、乙方的主要岗位职责
　　1.（略）
　　2.（略）
　　3.（略）
　　三、乙方的薪酬结构及收益说明
　　1. 乙方工资结构为"固定工资＋绩效工资＋年终奖金"（参考）。其中，固定工资为＿＿＿＿＿＿；绩效工资为＿＿＿＿＿＿；年终奖金为＿＿＿＿＿＿。
　　2. 收益说明
　　（1）固定工资：与日常职责履行挂钩，具体参照《岗位工作分析表》。

（2）绩效工资：与月度绩效考核挂钩，具体参照《岗位月度绩效考核表》。

（3）年终奖金：为公司利润增长部分的＿＿＿％。

四、乙方全年绩效考核指标与方法

乙方绩效考核分别按表6.2考核评分表和表6.3考核成绩与奖金系数对应表。

表6.2 考核评分表（月度）

考核期间： 年 月

姓名						岗位				
任务绩效	序号	考核项目	权重	指标要求		评分等级		得分		
								自评	上级	结果
	1									
	2									
	加权合计									
行为考核	序号	行为指标	权重	指标说明			考核评分	自评	上级	结果
	1									
	2									
	加权合计									
总分										
绩效沟通记录								签字： 年 月 日		
绩效改进计划								签字： 年 月 日		
上月绩效改进结果								签字： 年 月 日		
被考核人								签字： 年 月 日		

表 6.3　考核成绩与奖金系数对应表

考核分数	绩效工资系数（K）
95 分以上	1.2
90~94	1.0
85~89	0.9
80~84	0.8
75~79	0.7
70~74	0.6
65~69	0.5
60~64	0.4
60 分以下	0

注：考核奖金总额＝考核奖金基数×K

五、乙方义务

1. 乙方必须保守甲方的商业信息，如有泄漏商业信息要追究乙方的法律责任。

2. 乙方在工作期间，不得利用职权进行违规作业。

3. 乙方若工作非常突出，贡献较大，甲方可适当对乙方进行额外嘉奖。

4. 若乙方在不满服务期主动离开公司，则取消服务期满后的绩效奖励资格；若乙方在不满服务期被动离开公司，则按服务的期限考核兑现。

六、电网指标

1. 公物私用

2. 不按标准用人

3. 回扣

4. 非公司行为行贿

5. 泄露机密

6. 公款私用

7. 虚报假账

8. 旷工

9. 煽动虚假消息

10. 利用信息获得私人利益

11. 销毁证据

12. 虚假预算获得物质开支

13. 违反品行指标

14. 利用职务之便制造假数据获得利益

15. 违法

乙方触及电网指标，甲方有权对乙方进行停职、降职、降薪、换岗、调离或解约。

七、其他

1. 本责任书一式二份，甲乙双方各执一份。

2. 如果中间有变化，经双方友好协商调整。

3. 如岗位变更，工资也随之变化。

4. 未尽事宜双方协商确定。

甲方：　　　　　　　　　　乙方：　　（签字盖章）

签名（第一负责人）：

年　月　日　　　　　　　　年　月　日

第四节　岗位分析

一、岗位分析概述

任何组织都是由许多岗位构成的，组织战略目标的实现需要所有员工的共同努力，想靠一个人单独完成组织的目标是不现实的。

每个人在组织中的主要职责是什么、同其他的员工之间的关系怎样、任务完成的衡量标准是什么、对不同的员工采取何种方式激励……这些问题都是组织目标实现过程中会遇到的，为了避免被这些问题困扰，我们必须从最基本的岗位分析做起。

（一）岗位分析的概念

岗位分析，又称工作分析、职位分析或者职务分析，它是指对企业各类岗位的标识、职责、劳动条件和环境，以及员工承担本岗位任务应具备的资格条件等信息进行的系统分析和研究。

如图6.10所示，岗位分析的内容主要包括两个部分：一是岗位描述，即岗位的内涵，也就是要系统地表述岗位自身的特点，它包括岗位的标识、目的、职责、衡量标准、本岗位与相关岗位之间的关系、劳动条件与环境、劳动资料与对象等方面。二是任职资格，是指为了保证工作目标的实现，任职者必须具备的知识、技能与能力要求。

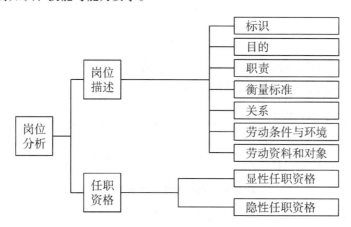

图6.10 岗位分析的主要内容及关系

1. 岗位标识

岗位标识是关于岗位的基本信息，是一个岗位区别于其他岗位的基本标志。岗位标识主要包括岗位名称、岗位编号、所属单位、所属部门、工作地点、岗位等级、拟定人签字、审核人签字等内容。

岗位名称是岗位的一个代号。它需要反映出该岗位的任职部门、岗位种类和职务等基本信息。如财务部经理，从这个名称可以得出以下信息：①该岗位人员在财务部工作；②这个岗位主管财务工作；③职务是经理；④如果存在行政划分，这个岗位属于中层管理岗位。

岗位等级需要通过岗位评估确定。

拟定人签字、审核人签字、评审代表签字、岗位说明书的有效期及所属部门、所属班组和工作地点，应根据各部门的实际情况填写。

2. 岗位目的

岗位目的，又称为岗位概要，是指用简洁和明确的语言来表述该岗位存在的价值和理由。撰写目的时，通常始于一个动词，以此动词继续陈述这一动词起着什么样的作用、要达到什么样的目的。岗位目标撰写要点见图6.11。

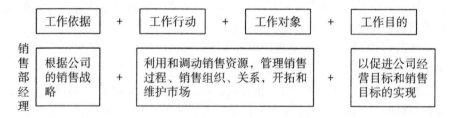

图 6.11 岗位目标撰写要点范例

3. 岗位职责

岗位职责是指为了在某个关键成果领域取得成果而完成的一系列任务的集合。它说明了该岗位需要通过一系列什么样的活动来实现组织的目标，并取得什么样的工作成果。岗位职责的撰写格式见图 6.12。

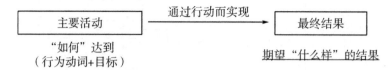

图 6.12 岗位职责的主要格式

人力资源部的培训发展岗位的岗位职责描述示例见图 6.13。

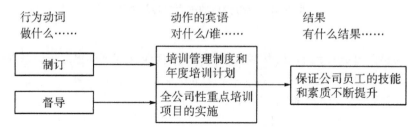

图 6.13 岗位职责描述示例

例如，项目工程师的岗位职责的表述为：设计工程项目所需的认可图，确保在不影响生产周期的情况下，一次性通过用户或设计院的认可。

4. 衡量标准

衡量标准，即业绩标准，是在明确界定工作职责的基础上，对如何衡量每项职责完成情况的规定。它是提取岗位绩效考核指标的重要基础和依据。

业绩标准仅仅表示业绩评价的变量，而不是业绩评价的具体的、可以直接操作的指标，更不是业绩的衡量目标。因此，岗位描述中的业绩标准，只是告诉我们应该从哪些方面和角度去构建岗位的考核指标体系，但是从业绩标准到考核，还存在一个复杂的分析过程。

业绩标准的分类见表6.4。

表6.4 业绩标准的分类

正向的业绩标准	反向的业绩标准
1. 从正面的角度考察该项职责是否完成,以及完成的效果。如目标达成率、计划执行质量、准确性、及时性等 2. 适用于那些从正面角度易于衡量的工作职责	1. 从反面的角度考察职责的完成效果。如差错率、失误率等 2. 适用于那些从正面角度不易衡量工作效果和质量的工作职责

5. 岗位关系

虽然企业中每个岗位都具有独特的功能,但各岗位之间又有着不可分割的联系。一个岗位与另一个岗位有何种协作关系;协作的内容是什么;它受谁的监督、指挥,它又去监督、指挥谁;这个岗位的上下左右关系如何;本岗位职工的升降方向、平调的路线如何等等都是岗位关系分析的主要内容。

例如,人力资源部门培训经理的岗位关系见图6.14。

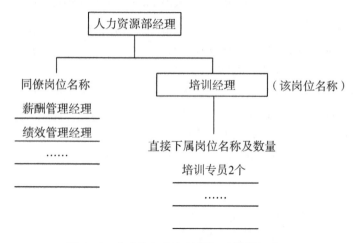

图6.14 人力资源部门培训经理的岗位关系

6. 岗位劳动条件和环境

岗位劳动条件和环境主要包括噪声污染、温度、湿度、空气中含尘量、工作环境的危险性等因素。对上述因素的定性、定量分析应结合国家各主管行业公布的各项标准进行。

7. 岗位劳动资料和对象

岗位劳动资料和对象是指从事本岗位工作需要利用或使用的资金、设备、仪器仪表、工具器、原材料等。

8. 任职资格

任职资格，是指为了保证工作目标的实现，任职者必须具备的知识、技能与能力要求。任职资格可以分为显性任职资格与隐性任职资格。

任职资格的主要组成部分及其与工作的内在关系见图 6.15。

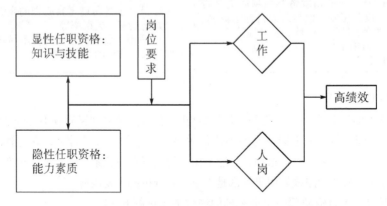

图 6.15　任职资格的主要组成部分及其与工作的内在关系

（1）显性任职资格。显性任职资格指可通过背景审查、资格证书等方法来进行证明或衡量，具有很高的准确性的人员特征。它主要包括教育程度、工作经验、工作知识、工作技能等方面。

教育程度是指岗位所需的人员必须具备的接受教育的程度。最常见的是通过任职者完成正规教育的年限与专业来表述。比如，对工程设计人员的教育程度的要求：大学本科毕业，电力系统自动化相关专业。

工作经验是指任职者所需的工作经历，它可以通过工作年限和所从事的具体工作来表述。比如，对于工程设计人员的工作经验要求是：1 年以上工程调试经验。

工作知识是指任职者在其关键工作领域拥有的事实型与经验型信息，它包括任职者通过学习或根据以往的经验所掌握的事实、信息和对事物的看法。比如，对工程设计人员的工作知识的要求有：了解电站的一次、二次设备及运行方式；熟悉继电保护及变电站微机监控系统的构成、原理、应用及二次设计方面的知识等。

工作技能是指任职者运用知识完成某项具体工作的能力，这可以通过重复性的培训或其他形式的体验来逐步建立。在实际运用中，岗位所要求的工作技能会随着岗位的不同存在很大的差异，但在岗位说明书中，为了便于对不同岗位的技能要求进行比较，我们往往只关注对所有岗位均通用的技能，这主要包括外语技能、计算机技能与文字处理技能（见表 6.5）。

表 6.5　三项技能的等级划分

技能模块	主要项目要求或等级
外语技能	1. 不需要具备 2. 国家英语四级，简单读写 3. 国家英语六级，具备一定听说读写能力 4. 英语专业，能熟练使用英语表达
计算机技能	1. 办公软件 2. 办公系统自动化系统（管理信息系统、财务软件系统等） 3. 专业软件、系统
文字处理技能	1. 仅需要看懂一般公文 2. 熟悉一般公文写作格式，能够起草基本的公文，且行文符合要求 3. 能抓住公文要点，并加以归纳整理 4. 具有较强的文字表达能力，言简意赅，行文流畅

（2）隐性任职资格。隐性任职资格指难以测量或者测量的准确性较低，但与工作绩效相关性更高的任职要求，主要指任职者胜任素质要求。

胜任素质是指一个人的潜在特质，与生俱来，一般不宜改变。素质要求是指该岗位对任职者最需要的个性或特质的要求。对于不同岗位的同一种胜任素质的要求等级也不尽相同。胜任素质要求一般不宜多，常见的素质见表 6.6。

表 6.6　胜任素质要求

成就导向	培养人才	影响能力	人际理解能力
思维能力	监控能力	收集信息	组织意识
服务精神	灵活性	主动性	献身组织精神
关系建立	自信	领导能力	合作精神
坚韧性			

二、岗位分析的作用

1. 人力资源规划

岗位分析是企业制订有效的人力资源计划、进行人才预测的重要前提。每个企业对于岗位的人员安排和配备，都要制订有效的计划，并且要根据生产任务和岗位发展变化的趋势，进行人才需求的中、长期预测。岗位分析所形成的岗位说明书，为企业有效地进行人才预测、编制人力资源计划提供了重要依据。

2. 招聘筛选

岗位分析为企业选拔、任用合格的员工奠定了基础。通过岗位分析，可以掌握岗位的静态与动态特点，能够系统地提出有关人员的生理、心理、技能、文化、思想等方面的具体要求，并可对本岗位的用人标准做出具体而详尽的规定。这就使企业在选人用人方面有了客观的依据，经过人事考核、员工素质测评，为企业选拔和配备符合岗位数量和质量要求的合格人才。

3. 培训开发

根据岗位分析的结果，可以判断员工所具备的知识、技能和能力与岗位要求的差距，从而有助于企业确定培训计划。同时，岗位分析也表明了岗位对员工的期望，这样的信息可以为员工自我提升指明方向。

4. 绩效评估

员工考核和晋升制度如果缺乏科学的依据，将会挫伤员工的积极性，使企业的生产以及各项工作受到严重影响。根据岗位分析的结果，企业可制定出各类人员的评估指标和标准，以及晋升的具体条件，为员工的考核、晋升提供科学的依据。

5. 薪酬管理

通过岗位分析可以明确本岗位的主要职责和满足本岗位所需要的任职资格要求。根据这些基本的信息就可以确定岗位的等级，岗位的等级决定本岗位任职人员的基本薪酬水平，同时根据完成岗位主要职责的绩效来确定员工的浮动薪酬。

6. 流程优化

通过岗位分析，可以揭示企业生产中的不增值环节，反映岗位设计、配置中不合理的地方，有利于企业改善岗位设计和优化流程，以便充分发挥员工的潜能，调动员工的劳动积极性和主动性，进而提高工作的效率。

第五节　岗位分析的过程与方法

本部分将采用案例的形式，介绍岗位分析的操作流程与方法，以便各单位在实施岗位分析的过程中参考借鉴。同时，在案例的分析过程中，我们将逐步引入岗位分析的相关概念，以帮助各单位岗位分析人员系统地掌握岗位分析的基本知识。

一、公司背景介绍

ABC 电力系统自动化有限公司（以下简称"ABC 公司"）隶属于×××集团，是一家专业从事电力系统自动化保护及自动化领域，即电力系统微机保护监控、综合自动化、调度自动化等高新技术产品的研究、开发、市场技术支持、工程设计、生产、销售以及服务工作于一体的高新技术型企业。

ABC 公司成立于 1997 年，现有员工 280 人，其中本科及以上学历者占员工总数的 40%，大专及以上学历者占 80%。公司自成立以来，在公司领导的带领下，在全体员工的努力下，业绩逐渐成长。

ABC 公司的组织结构见图 6.16。

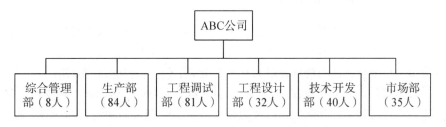

图 6.16　ABC 公司的组织机构

但随着公司的发展和壮大，员工的数量不断增加，众多的人力资源管理问题逐步显示出来。

（1）组织上的问题。

随着业务的不断扩张，组织与业务上的矛盾也逐步凸显。例如，部门之间、岗位之间的职责缺乏明确界定，推诿扯皮现象时有发生；有的部门抱怨事情太多、人员不够，任务不能按时、保质保量完成；有的部门，则又人员冗杂、人浮于事，办事效率低下。这种状况严重制约了公司业务发展，并在客户中造成不良影响。

（2）招聘中的问题。

公司的人员招聘，主要由各部门提出人员需求和任职条件作为录用的标准，然后交由公司办负责人力资源管理的人员组织招聘和面试。但是用人部门给出的招聘标准往往笼统含糊，招聘主管无法准确地加以理解，使得招来的人大多差强人意。许多岗位不能做到人岗匹配，员工的能力不能得以充分发挥，严重挫伤了员工士气，影响了工作效率。

（3）激励中的问题。

公司缺乏科学的绩效管理和薪酬制度，考核中的主观性和随意性比较严重，员工的报酬也不能充分体现其价值与能力，公司管理人员常常听到对薪酬的抱怨和不满，这也是人才流失的重要原因之一。

面对这样的情况，公司负责人力资源管理人员尝试了许多的解决办法，如制定了员工的薪酬制度、进行绩效考核、结构化面试等，但效果都不尽如人意。近一年来，人力资源管理人员深入思考其中的问题，通过与咨询公司接触、与公司领导深入探讨，最后发现岗位分析是系统开展人力资源管理的基础，公司现在出现的问题几乎都与岗位职责不清与岗位要求不明有关。因此，在和公司总经理商议后，人力资源管理人员决定以岗位分析为切入点，解决当前人力资源管理中存在的突出问题，并为下一步系统开展人力资源管理工作奠定基础。

二、岗位分析目的与流程

岗位分析是一项系统化的人力资源管理活动，也是整个人力资源管理的基础，这便对于岗位分析的科学性、合理性、操作性提出了很高的要求。如何合理安排岗位分析方法与流程，很大程度上决定了公司岗位分析的效果。

公司目前在人力资源管理方面处于引入新的人力资源管理理念和技术、构建人力资源管理基础和框架，以及规范人力资源管理行为和流程的初级阶段。而在这一阶段对岗位分析的要求是：为人力资源管理奠定基础，并提供相应的信息支持。为此，在结合人力资源管理最佳实践的基础上，人力资源管理人员根据目前的情况，公司制定岗位分析流程（见图6.17）。

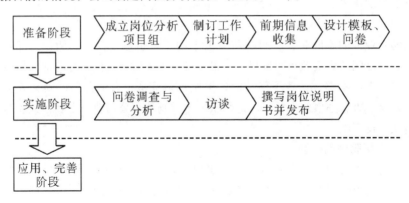

图6.17 岗位分析流程

（一）岗位分析的准备阶段

岗位分析准备阶段是岗位分析的起始阶段，该阶段的主要任务是确认岗位分析需求，确定岗位分析的目的，以及由什么人来负责或参加分析工作，为岗位分析的正式开展做好人力、物力、财力和信息方面的准备工作。

1. 成立岗位分析项目组

在岗位分析开始前，最重要的一项工作就是成立项目小组，即确定谁对岗位分析的结果最终负责，谁来制订岗位分析的计划，谁来管理执行。因此，在确定项目小组的构成要考虑到现有的岗位任职者及其上级最了解现有岗位的情况、各部门对岗位分析结果的运用，以及岗位分析可能会对公司内现有的部门有影响。

一般而言，对岗位分析的最终结果负责人通常是公司最高层。因为没有公司最高领导的有力支持，要完成岗位分析工作是非常困难的。具体执行岗位分析工作的人由负责人力资源管理工作的人员来承担，主要包括制订工作计划，提供指导与培训等工作。

ABC 公司岗位分析小组的成员与职责分工如下：

（1）项目小组的主要职责。①制订计划，并组织实施岗位分析计划；②提供岗位分析所需的工具、方法；③指导各部门完成岗位分析工作；④撰写岗位说明书，并汇总编辑成册。

（2）项目小组成员及分工。

①项目组长：ABC 公司总经理。

职责：把握工作目标，全面负责本单位岗位分析工作，督导项目组工作开展，保证成果输出的有效性。

②项目执行组长：ABC 公司综合管理部经理。

职责：负责编写并执行岗位分析的工作计划，指导项目小组组员工作，保证项目顺利开展。

③组员：ABC 公司各部门经理。

职责：①收集各项资料；②确认岗位数量、名称、类别；③和岗位分析对象及其上级的联络及确认工作；④资料回收后的汇总工作；⑤岗位说明书的撰写工作。

2. 制订岗位分析工作计划

项目组成立后，ABC 公司进行相应的培训以统一对岗位分析重要性认识，了解岗位分析的作用，清楚岗位分析的过程、方法和目的。培训后，项目小组通过讨论制订详细的岗位分析工作计划，指导岗位分析工作的开展。岗位分析工作计划应详细规定以下内容。

（1）目标要求：岗位分析工作的总体目标、分阶段的工作目标和要求。

（2）时间安排：岗位分析工作的进度要求，里程碑计划（在什么时间完成分阶段目标），以及具体在什么时间对本单位的哪一个部门进行问卷调查、访谈、调查访谈结果分析，岗位说明书的撰写等。

（3）地点安排：相关工作开展所需要的场地条件，如问卷测试地点、访谈地点等。

（4）人员安排：项目小组人员分工，访谈对象确定等。

（5）资源支持：保证项目开展所需的人员、相关培训、所需工具等等支持。

ABC公司正式进行岗位分析前，综合管理部经理组织召开项目启动会议，提出了岗位分析的流程、时间安排及配合事项，获得了项目组成员的认同与支持，并报经总经理批准（见表6.7）。

表6.7　ABC公司岗位分析项目计划

时间	部门/岗位	工作内容	参加人员
20××-03-10—20××-03-20	项目小组	前期信息准备	项目小组成员
20××-03-21—20××-03-25	项目小组	设计岗位说明书模板	项目小组成员
20××-03-28—20××-03-31	项目小组	设计调查问卷	项目小组成员
20××-04-01—20××-04-03	各部门全体人员	填写岗位分析问卷	任职者
20××-04-04—20××-04-10	项目小组	整理分析问卷信息	项目小组成员
20××-04-11—20××-04-24	项目小组	拟定岗位说明书	项目小组成员
20××-04-25—20××-05-15	问卷分析后确定	访谈	项目小组成员
20××-05-16—20××-06-28	问卷分析后确定	修订讨论岗位说明书	项目小组成员

3. 前期信息准备

制订项目计划后，项目组成员积极收集岗位分析的相关信息。这里主要是收集现存的与工作相关的文档资料、原始信息，并进行系统性分析来获取工作信息，为编制岗位任务清单初稿做准备。

（1）信息来源。信息来源主要有原有的岗位说明书、工作流程、作业指导书和工作计划及工作总结。

①原有的岗位说明书。提供原岗位的基本信息，可以在此基础上进行修改、完善，也可以与其他的资料进行对比查看原信息与现岗位的情况一致。

②工作流程。查看工作流程中的每一个节点的工作内容，确认输入、输出是否都有相应的岗位负责，清楚地了解部门与部门、岗位与岗位之间的关系，确定不同岗位之间的输入与输出，以及与岗位说明书的情况是否一致。

③作业指导书。查看岗位所遵循的操作规范、设计规范是否与作业指导书一致，作业指导书中对完成某项工作的人的要求与岗位说明书中的是否一致。

④工作计划及工作总结。查看每一年的工作计划、工作总结是否与岗位的主要职责相吻合，如果出现偏差，是不是因为岗位职责发生了变化。

（2）把握信息点的要求。项目组要在大量的文档中搜寻有用信息，因此采用浏览的方式快速阅读资料，寻找有效信息点。这是降低工作量、提高信息收集效率的有效方法。当发现有效信息后，应使用各种不同的符号标出，以便以后快速查找。在对原始资料进行分析时，应重点标示以下与岗位相关的信息点：

①总结并标示出各项工作活动与任务；②各项工作活动与任务的细节，特别是各项活动、任务的主动词，对于动作出现的先后可用数字加以区分；③原始资料中不明确的地方；④资料中提及的与工作相关的其他资料；⑤对任职者知识、技能、能力的要求；⑥特殊环境要求（如工作危险、警告等）；⑦工作中使用的设备；⑧绩效考核标准；⑨工作成果。

4. 设计模板、问卷

岗位说明书模板与调查问卷的设计应围绕岗位自身的特点及其对任职者的要求展开，主要包括岗位的标识、目的、职责、工作关系、任职资格等方面。

岗位分析调查问卷的编制应对岗位分析用途有准确地把握，并应在对相关资料分析的基础之上，具有个性化的特点。问卷设计时需要从不同的角度对容易含糊不清的地方设计问题，比如在岗位的信息输入、职责等方面。问卷的编制力求完整、具体、逻辑严密。

ABC 公司的岗位分析调查问卷如下：

ABC 公司岗位分析调查问卷

岗位名称		部门	

答题须知：

➤请您按照工作岗位的实际要求答题，请不要以任何个人的因素来衡量。

➤选择题类，请于选定项字母前或□中打✓。

1. 本岗位所需教育程度（　　）。

    A. 初中（含）以下　　　　　B. 高中、技校

    C. 大专　　　　　　　　　　D. 本科

    E. 研究生及以上

2. 本岗位对外语程度的要求（　　）。

    A. 不需要　　　　　　　　　B. 书面通

    C. 书面及口语略通　　　　　D. 精通

3. 本岗位所需的计算机水平（　　）。

    A. 不需要

    B. 办公软件（office）

    C. 办公系统自动化系统（管理信息系统、财务软件系统等）

    D. 专业软件、系统（UNIX、VISIO C++、AUTOCAD 等）

---

4. 本岗位所需汉语表达能力（　　　　）。

  A. 不限

  B. 普通话口头能力强

  C. 书面能力强

  D. 表达能力强、并有极强的文字功底

5. 本岗位所需其专业的工作经验（　　　　）。

  A. 6 个月以下　　　　　　　B. 6 个月—2 年

  C. 2 年—5 年　　　　　　　D. 5 年以上

6. 请描述您的工作地点（　　　　）。

  A. 办公室　　　　　　　　　B. 80%室内

  C. 60%室外　　　　　　　　D. 60%出差

  E. 80%以上出差

7. 本岗位直接下属人数：_____人。（无直接下属员工，填写 0）

8. 本岗位管理工作中的责任及能达到的程度。（无直接下属员工不答此题）（　　　　）

  A. 要负责分派工作，按规定检查工作成果，达成目标

  B. 要能很快熟悉新接受的工作，制定计划

  C. 要能解决工作中的矛盾，协调不同部门间的活动，达成目标

  D. 要能有效分配组织资源，制定最佳激励政策，确保员工与公司的利益最大化

9. 本工作的责任（　　　　）。

  A. 按上级指示工作，上级对结果负责

  B. 根据计划进度，安排自己工作

  C. 安排计划，分析结果，决策需要与上级协商

  D. 有下属部门，需要制定公司目标和政策

10. 本工作职能对公司的影响范围（　　　　）。

  A. 例行性工作，如果出错容易发现；难以辨别对完成单位目标达成的影响

  B. 有限范围内协调工作，错误不易发现；对单位目标的达成有间接的影响

  C. 对部门任务目标达成有较大影响；指引行动路线，导致结果的取得

  D. 部门最高主管不在时，负责本部门；对单位目标的达成有显著影响

  E. 对单位目标达成起着决定性权威作用

11. 本工作所需的能力及程度。 ［如果本岗位需要下面的素质（见表6.8）请在相对应的素质前面打✓，并在相应的等级上打✓］

表6.8 素质能力

是否需要	素质能力及说明	等级		
		一般	较强	极强
	成就导向——要把工作做得更好的企图和行为	☐	☐	☐
	思维能力——明确事物之间的关系，用新方法/新角度看待事物	☐	☐	☐
	服务精神——能设身处地为顾客着想、行事	☐	☐	☐
	培养人才——具有长期培养人才的特点，动机是对"人"	☐	☐	☐
	监控能力——设立严格的行为标准并指派人去完成之，动机是对"工作"	☐	☐	☐
	灵活性——在需要的时候改变策略或放弃原定目标，最终是为达到公司大目标	☐	☐	☐
	影响能力——为特定目的，特意采用影响策略或战术，有具体行动	☐	☐	☐
	收集信息——用特殊的方式、方法搜集信息	☐	☐	☐
	主动性——有前瞻性，能对未来的需求和机会作出反应	☐	☐	☐
	人际理解能力——在别人没有直接用语言的情况下，能知道别人在想什么，感受怎样	☐	☐	☐
	组织意识——对组织的政治和结构非常敏感，理解组织中的非成文约定	☐	☐	☐
	献身组织精神——能与组织标准、需要及目标保持一致	☐	☐	☐
	关系建立——工作中能主动建立人际关系	☐	☐	☐
	自信——对象是自己。敢冒险接受任务或敢于提出与上级有权势的人不同的意见	☐	☐	☐
	领导能力——能领导人们有效在一起工作，主要目的是促进团队的运作	☐	☐	☐
	合作精神——强调融入团队，作为团队的一员	☐	☐	☐
	坚韧性——在艰苦条件下表现出乐观的态度	☐	☐	☐

12. 用一句话说明您所从事的岗位的主要目的是什么。（它为什么存在，该岗位在公司起什么作用，表达方式为：行为动词+行为对象+所要达到的目标）

13. 列出您的主要工作责任（见表6.9），需列出4~8条（请按照主次顺序说明，用词要精确、不要模棱两可，不要官话套话），及每项责任的重要程度（%）和所用时间（%）。

表 6.9　主要工作责任

工作职责	重要程度	所用时间

14. 举例说明您的工作中常发生的工作内容（需要解决的重要问题）、发生频率，及每次的持续时间（见表6.10）。

表 6.10　工作中常发生的工作内容

工作/任务内容	发生频率（日/月/季/年）	持续时间/次	从谁/哪里（岗位名称而非人名）获得工作任务	工作任务产出

15. 说明您的服务对象或客户是谁（包括内部和外部），工作中需要和哪些部门、哪些人合作，频率怎样如何（见表6.11）。

表 6.11　服务对象或客户/需合作部门或岗位/频率表

服务对象/客户	需合作部门/岗位	频率

16. 您的工作还需要哪些特长？

17. 您觉得本调查表的内容涵盖了您实际工作职责的多大比例？
☐0~20% ☐21%~40% ☐41%~60% ☐61%~80%
☐81%~100%

18. 如果您还有其他需要表达的，可以写在此处。

员工签名＿＿＿＿＿＿＿＿＿　时间＿＿＿＿＿＿＿

直接上级签名＿＿＿＿＿＿　时间＿＿＿＿＿＿＿

重要事项：检查一下您的岗位信息问卷，以便确认没有忽略重要的信息。当您完成以后，请将岗位信息问卷送到您的直接上级那里。他/她将会与您讨论任何可能需要做的变动。最后，您确认上面的信息代表了所描述的岗位。在相应的位置上签名。

感谢您认真填写本问卷！祝您工作顺利！

（二）岗位分析的实施阶段

人力、物力、财力和信息方面的准备工作完成以后，就进入正式的岗位分析实施阶段了。在实施前，综合管理部经理应对项目组成员进行问卷调查、访谈技巧的培训，以提高项目成员的岗位信息收集、整理与系统分析能力；项目组成员则分别对全体员工进行问卷填写的辅导。在培训后，项目小组即可系统地开展问卷调查与分析、访谈及岗位说明书的撰写工作。

1. 问卷调查与分析

ABC 公司于 202×年 4 月 1 日由项目成员进行了问卷发放，要求任职者在 4 月 3 日前将填写完毕的问卷交给直接上级，检查是否填写完整、准确，双方确认后，由项目小组统一回收问卷。

对回收的岗位分析问卷，项目小组查看是否有不清楚、重叠或冲突之处，若有，由项目小组进行讨论，判断是否需要对任职者或其直接上级进行面谈。

利用问卷进行分析，可以得到如下信息：

（1）岗位名称、所属部门、岗位类型、工作地点、工作关系这些信息可以根据问卷答案直接获得。

（2）岗位目的。在结合所收集的资料，通过综合分析问卷中第 8、9、10、12、13、14、15 题的答案，初步得出岗位的目的。

（3）主要职责。在结合所收集的资料，通过综合分析问卷中第 8、9、10、12、13、14、15 题的答案，罗列岗位的主要职责。

（4）任职要求。综合分析问卷的第 1、2、3、4、5、7、8、9、10、11、12、13 题及岗位职责可以分析出该岗位的任职资格。

2. 访谈

在问卷分析的基础上编写访谈提纲，访谈的重点是问卷中模糊的信息，访谈提纲应力求完整，对于问卷调查已经明确的信息也应通过实地访谈加以确认。

访谈主要有以下几个阶段：

（1）访谈准备。明确访谈目标，约定访谈时间、地点，准备相关材料、访谈提纲。

（2）访谈开始。采用较友好的方式，解释访谈的目的、营造一个较为轻松的气氛。

（3）访谈中。引导整个访谈过程，跑题时，须及时带回主题；为了提高访谈质量，要让对方有时间思考；切忌获得似是而非的观点或偏见。

（4）结束访谈。检查一下是否已获得了所有的信息，询问对方是否还有什么需要补充的，总结关键信息并告知下一步行动，感谢对方所投入的时间和努力。

（5）后续工作。及时整理访谈信息，如果有不够清楚的地方应及时询问，由访谈对象或直接上级复审。

3. 撰写岗位说明书并发布

通过对信息的收集、分析与整理，最终形成岗位分析的成果——岗位说明书。在岗位说明书中，主要包括两部分核心内容：一是岗位描述，二是任职资格。岗位说明书可反映出在岗位的工作环境下的投入、过程与产出，体现岗位的价值（见图 6.18）。

（1）岗位标识。

岗位标识是关于岗位的基本信息，是一个岗位区别于其他岗位的基本标志。

ABC 公司的工程设计部的设计工程师的岗位标识如表 6.12 所示。

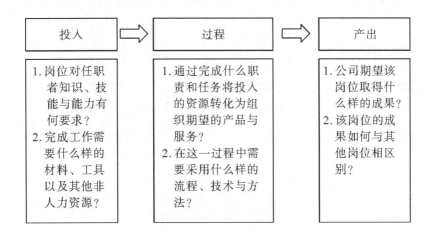

图 6.18　岗位的投入产出模型

表 6.12　ABC 公司的工程设计部的设计工程师的岗位标识

岗位基本信息	岗位分析的基本信息
岗位名称：设计工程师 所属单位：ABC 公司 所属部门：工程设计部 工作地点：贵阳 岗位等级：24	拟定人签字：×× 审核人签字：×××

（2）岗位目的。

对岗位目的的获取一般通过战略分解的方式获得，在这一目标分解的过程中，通过对以下问题的回答来完成：

·组织整体目标的哪一部分与该岗位高度相关？

·该岗位如何对这部分组织目标做出贡献？

·如果该岗位不存在，组织目标的实现将会发生什么问题？

·我们究竟为什么需要该岗位的存在？

示例：薪酬主管、高级招聘主管岗位目的的获取。具体见图 6.19。

| 组织目标 | ⇒ | 部门1目标
部门2目标
...... | ⇒ | 岗位1目标
岗位2目标
岗位3目标
...... |

| 组织目标：
1~2年内成为本地区最大的房地产开发商
3~5年内成为本省西部地区具有很强竞争力的房地产开发商 | 人力资源部部门目标：
吸引、保留、激励与优化配置公司的人力资源，确保人力资源能支持组织目标
进行组织优化和管理变革，以提升竞争力，并满足公司上市要求；帮助公司建立董事会并优化治理结构，以提升竞争力并满足上市要求 | 薪酬主管的岗位目标：
建立并管理科学的薪酬体系，以确保公司对于核心人才的吸引、保留和激励
招聘高级主管的岗位目标：
搜寻并招募服务公司战略要求的中高层人才，确保公司的核心能满足战略发展的需要 |

图 6.19   组织目标分解到岗位目标过程

通过上面的分析，ABC 公司工程设计部的设计工程师的岗位目的是：设计工程项目所需图纸，确保工程图纸按照工程项目要求，保质保量、及时完成，满足生产和调试需要。

（3）主要职责。

岗位职责的特点：

①成果导向。以成果为导向，而非以过程为导向，即它要表达的是该岗位要完成什么工作，以及为什么要完成这些工作，而非如何完成这些工作。

②完备性。它表达了该岗位所要取得的所有关键成果。

③稳定性。岗位职责仅仅包含该岗位的稳定性的工作内容，而不包含上级那些临时授权的、动态的工作内容。

④独立性。每一项岗位职责都直接指向唯一的工作成果，不允许职责与职责之间的交叉与重叠。

⑤系统性。同一岗位的若干项工作职责之间必然存在着某种逻辑关系，而非任务的简单拼凑与组合。

岗位职责的确定并非简单地来自于对岗位任职者的现行工作活动的归纳和概括，而是基于对组织目标的岗位目的的界定，如通过问卷、访谈所收集到的关于工作活动的信息，再经过深入分析与判别后才能形成看似简单的若干条岗位职责。岗位职责的确定可以通过流程分析，界定在这些职责中该岗位应该扮演什么的角色，拥有什么样的权限。

通过对流程的分析实现两个目的：一是要厘清该岗位与其他的相关岗位之间的职责边界；二是要界定该岗位在各项职责中所扮演的角色，进一步增强职责描述的准确性和规范性。

岗位职责确定的步骤：

第一，理清内部流程。进行岗位职责确定的首要工作就是明确部门内部的流程，理顺各岗位之间的衔接关系。具体来说，就是首先确定部门内部最主要的业务流程，再进一步根据具体的职能确定下面细分的流程，层层细分、逐级确定，直到将流程定位于单独岗位的任务单元。通过在岗位内部的流程分析，可以理顺岗位的各项职责之间的逻辑关系；通过岗位之间的流程分析，可以找到岗位的流程入口与出口。

例如，图 6.20 描述了岗位与岗位，岗位与流程之间的关系。

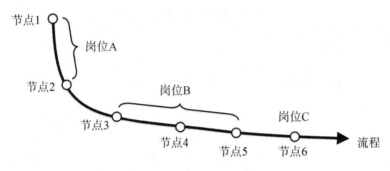

图 6.20　岗位与流程的关系

如图 6.20 所示，我们对流程中节点 1 和节点 2 进行分析：首先，我们可以获取岗位 A 的各项主要职责之间的逻辑关系；其次，通过对节点 3 和节点 4 的分析，得出岗位 A 与岗位 B 之间的输入输出关系；最后找到岗位的流程入口与出口。

第二，岗位任务汇总。根据流程分析的结果，将涉及该岗位的所有任务单元汇总，初步形成该岗位的任务信息。在汇总完成所有的任务信息后，将本岗位的任务信息与相关岗位的信息进行比较分析，去除岗位之间重叠的信息，同时将流程中出现的遗漏信息填补到相关的岗位中，从而整理形成岗位任务信息汇总。

第三，规范性描述。就是将目前的岗位任务汇总逐条用规范化的语言进行描述。岗位职责的规范表述包括：行动或角色（动词）、具体对象、职责目标（成果）主要分为三个部分（见表 6.13）。

表 6.13　岗位职责规范

行动或角色	具体对象	职责目标（成果）
组织拟订、修改和实施	公司的人力资源管理政策、制度	以提高公司的人力资源管理水平
审核	控股子公司的人员编制、机构设置和人员招聘情况	以控制公司系统员工总量和素质结构

职责描述常用动词汇总表（主要词汇解释见附录二岗位描述词典）见表 6.14。

表 6.14　职责描述常用动词汇总

序号	描述对象	常用动词
1	计划、制度、方案和文件等	编制、制定、制订、拟定、起草、审定、审核、审查、转呈、转交、提交、呈报、下达、备案、存档、提出意见
2	信息、资料	调查、研究、收集、整理、分析、归纳、总结、提供、汇报、反馈、转达、通知、发布、维护管理
3	某项工作（上级）	主持、组织、指导、安排、协调、指示、监督、分配、控制、牵头负责、审批、审定、签发、批准、评估
4	思考行为	研究、分析、评估、发展、建议、倡议、参与、推荐、计划
5	直接行动	组织、实行、执行、指导、带领、控制、监管、采用、生产、参加、阐明、解释
6	上级行为	许可、批准、定义、确定、指导、确立、规划、监督、决定
7	管理行为	达到、评估、控制、协调、确保、鉴定、保持、监督
8	专家行为	分析、协助、促使、联络、建议、推荐、支持、评估、评价
9	下级行为	检查、核对、收集、获得、提交、制作
10	其他	维持、保持、建立、处理、监控、汇报、经营、确认、概念化、合作、联络、设计、测试、建造、修改、执笔、起草、引导、翻译、操作、保证、预防、解决、介绍、支付、计算、承担、否决、预测、比较、删除、运用

职责描述还必须要注意下面的几个问题：

①必须尽量避免使用模糊性的数量词，如许多、一些等。

②必须尽量避免使用任职者或其上级不熟悉的专业化术语。

③当存在多个行动或对象时，对可能引起歧义的一定要分别表述。

最后将规范化的职责按照职责的重要程度排列，形成岗位职责的汇总。ABC公司的工程设计部的设计工程师的主要岗位职责见表6.15。

表6.15　ABC公司的工程设计部的设计工程师的主要岗位职责

重要性	应负责任	衡量标准
1	负责一般工程项目的技术协议内容设计，保证工程技术协议符合用户需要及设计规范	客户满意度
2	组织工程合同评审，设计整体工程项目方案，保证整体设计方案的正确性和经济性	客户满意度、成本
3	设计一般工程项目的认可图，确保客户或设计院一次性通过图纸认可	图纸设计的规范性、完整性和保证程度、出错数量
4	校核工程项目的生产图、原理配线图的图纸，保证图纸的设计正确无误	图纸设计的规范性，完整性和保证程度、按期完成率、出错数量
5	沟通落实与其他供应商的设备通信配合问题、技术协议遗留问题及设计过程中需要解决的细节问题，确保工程图纸设计工作按时、保质保量完成	图纸设计的规范性，完整性和保证程度、按期完成率、出错数量
6	按工程设计部管理制度的要求及文档模板编制设计文档，保证文档的完整性和规范性	文档的完整性和规范性

（4）衡量标准。

衡量标准的提取方法有两种，分别是正向业绩标准的提取和反向业绩的提取。

其中，正向业绩标准的提取的方法如下：

一是直接以结果为导向，将职责所要达成的目标的完成情况作为业绩标准。该方法适用于职责目标十分清晰，并且易于衡量的职责。

二是通过分析在职责完成的整个流程中存在着哪些关键点，从这些关键点中找到对整个职责的完成效果影响最大、最为重要的关键点，来作为业绩标准。该方法适用于职责目标难以界定、难以衡量或者不能完全为任职者本人所控制的情况。

需要注意的是，这两种方法可以结合使用。

反向业绩标准的提取的方法如下：

对反向标准的提取，要回答一个问题，即该项职责如果完成得不好，可以表现在哪些方面。反向业绩标准通常从以下几类中挑选：差错率、失误率、时间延误、违纪次数、投诉次数（率）。

衡量标准的选择主要有以下四种：

①关键性，即业绩标准对该职责的最终完成效果的影响程度。影响程度越大，该标准越可取。因此，最终结果标准比从关键控制点中寻找出来的过程性标准更好。

②可操作性，即业绩标准是否可以转化为实际能够衡量的指标。它包括是否可以收集到准确的数据或者事实来作为考核该标准的依据；是否可以量化，如果不能量化，是否可以细化，以避免出现单纯凭感觉打分的现象。

③可控性，即该业绩标准受到任职者的工作行为的影响有多大，是更多受到任职者的控制，还是受到外部环境的控制。一般而言，如果任职者对该业绩标准的控制程度小于70%，则认为该标准必须舍弃。

④上级岗位的认可，即业绩标准的选取必须得到该岗位的上级的认可。

本案例中的 ABC 公司的设计工程师的主要职责的衡量标准，主要有客户满意度、设计方案正确性、图纸设计的规范性，完整性和保证程度、按期完成率、出错数量，按期完成率、文档的完整性和规范性等。

三、工作关系

岗位描述中所提到的工作关系包括两个部分：一部分是该岗位在组织中的位置，一般用组织图反映；另一部分是该岗位任职者在工作过程中，与组织内部和外部各单位之间的工作联系，包括联系的对象、联系的内容。ABC 公司的工程设计部的设计工程师的工作关系见图 6.21。

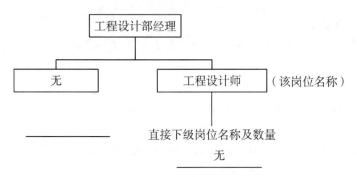

图 6.21　ABC 公司的工程设计部的设计工程师的工作关系

四、任职资格要求

任职资格要求我们在前面已经提到分为显性任职资格和隐性任职资格，我们可据此得到 ABC 公司的工程设计部的设计工程师的任职资格表（见表 6.16）。

表 6.16　ABC 公司的工程设计部的设计工程师的任职资格

任职要求： 学历：大专及以上学历 专业：电气及相关专业 工作经验：1 年以上调试工作经验及 2 年以上设计工作经验 　　必备的知识与技能： 　　英语水平：国家英语四级，简单读写 　　计算机水平：专业软件（AUTOCAD）、系统 　　文字处理能力：熟悉一般写作格式，能够起草基本的会议纪要，且行文符合 　　　　　　　　要求 　　专业知识：了解中型电站一、二次设备及运行方式；熟悉继电保护及中型电站 微机监控系统构成，原理，应用及二次设计工作；掌握本部门产品原理、方案配置 及设计规范；了解业界动态及主要竞争对手相关产品信息 　　素质要求：一定的管理能力；较强的工程协调组织能力；较强的人际理解能力； 很强的主动性和服务精神

五、岗位说明书的发布

岗位说明书定稿以后，应将岗位说明书发给任职者，这种做的主要目的如下：

第一，广泛收集员工意见，为岗位说明书的完善奠定基础。对组织运行以及组织中的岗位最为了解的是组织的全体成员，因此公开发布岗位说明书有助于大家集思广益，弥补岗位分析中的过程缺陷、结构缺陷以及人为缺陷，逐步完善岗位说明书。

第二，公开发布岗位说明书可以广泛征询组织成员的意见、建议，为后期的岗位分析成果的运用获取广泛的群众支持，同时，也有效建立了本部门人力资源管理工作的群众监督机制，更好地促进人力资源管理工作的提升。

第三，岗位说明书中主要职责、衡量标准、资格要求等内容为任职者提供了科学的工作指导，以及培训发展参考，有助于任职者根据岗位说明书，逐步改善工作业绩，提升工作能力。

在岗位说明书形成定稿并发布后，岗位分析工作已大体完成，开始进入岗位分析结果运用、修订阶段。

岗位分析对于企业的价值，主要体现在两个方面：一是过程价值，即通过岗位分析，帮助企业提高对自身状况的把握，从而发现企业经营管理中存在的问题，帮助任职者形成对岗位的系统理解；二是成果价值，即通过岗位分析所获得的信息为组织与人力资源体系的设计提供基础性的信息，为其他人力资源管理工作的开展奠定基础。过程价值在岗位分析工作过程中体现出来，岗位分析工作结束以后，我们将进一步总结挖掘，形成组织现状的诊断报告。

岗位分析工作并非以岗位说明书的形成为终结，岗位说明书只有在实际运用中才能发挥出价值。如果将岗位说明书束之高阁，就成了一堆废纸，岗位分析工作投入的人力、物力、财力也将付诸东流。所以，岗位说明书形成并发布后，我们要将其运用到人力资源规划、招聘筛选、评估、薪酬管理、绩效管理、流程优化等人力资源管理的各项工作中。

一般来说，在稳定的组织中，岗位说明书具有相对稳定性，但由于岗位分析是在相对集中的时间内完成，对于各信息板块的分析整理难免会有疏漏之处，因此对于岗位说明书的管理和使用是一个动态的过程。岗位分析员应在实践过程中，建立岗位说明书反馈渠道，不断收集反馈信息，对岗位说明书加以完善，同时总结岗位分析过程中的缺陷和漏洞，为以后新的岗位分析工作积累经验。当组织重组或岗位发生重大变动的时候，我们需要重新修订岗位说明书，具体见表6.17中的各表。

表6.17　工作分析

表一：			
从事岗位名称		有无兼职	
我的上级岗位名字		我的部门名字	
下级的岗位			
岗位任职资格要求	◆年龄： ◆性别： ◆籍贯： ◆学历： ◆婚姻状况： ◆经验要求： ◆知识要求： ◆能力要求： ◆其他要求：		

表二：

序号	具体工作
1	
2	

表三：

岗位责任

表四：

岗位权限

第六节　岗位类别

本部分主要是给各单位在岗位分析中可能会涉及人员分类时提供的参考资料，在岗位类别中共分了四个层次，第三个层次目前尚未明确，仅供各个单位进行参考。

一、概述

岗位类别分为四个层次，第一层次称为族，第二层次称为类，第三层次称为子类，第四层次是为各部门工作需要所做的一些岗位罗列。

二、岗位类别划分的作用

（1）作为制定岗位说明书的基础，岗位说明书中的岗位类别必须和第二层次的类保持一致。

（2）作为人力资源调配的依据。

（3）工作性质相似的岗位归为一类，为人事评价奠定基础。

（4）为人力资源的其他工作服务，如人力资源统计等。

三、岗位类别划分

1. 管理族

（1）公司管理类：①副总经理；②董事会秘书；③总工程师；④总经理助理。

（2）单位管理类：①各职能处（室）处长；②各公司经理；③各公司书记；④各产品线经理；⑤各事业部总工程师；⑥各事业部副总工程师。

（3）部门管理类：①各公司副经理；②各公司副书记；③各产品线、公司总工程师；④各产品线、公司副总工程师。

（4）基层管理类：①各单位的部门经理；②工段长；③组长。

2. 管理专业族

（1）财经类。

（2）人力资源类。

（3）生产管理类。

（4）质量管理类。

（5）科研管理类。

（6）IT 类。

（7）证券投资类。

3. 专业技术族

（1）系统类：①系统设计；②软件平台设计；③硬件平台设计；④项目经理；⑤系统集成。

（2）保护技术类：①高压保护；②发变组保护；③低压保护；④母线保护；⑤其他。

（3）软件设计类：①监控软件；②远方转发软件；③保护软件；④数据采集软件；⑤网络通信软件；⑥嵌入式软件；⑦协议软件；⑧数据库软件；⑨测控软件；⑩测试软件设计；⑪程序员。

（4）硬件设计类：①单板软件；②单板硬件；③装置硬件；④嵌入式硬件；⑤测试硬件。

（5）测试类：①软件测试；②硬件测试；③系统测试。

（6）结构设计类：结构设计。

（7）技术支援类：①技术支持；②工程项目管理；③工程设计；④生产调试；⑤工程调试；⑥售后服务。

（8）专项技术类（基础研究）：保护算法。

（9）制造类：①中试工艺；②高新产品工艺；③制造工艺。

4. 操作族

（1）事务类：事务员。

（2）技术员类：技术员。主要有以下几种：软件编程员（数控设备）、SMT编程员、设备技术员、焊接技术员、品管技术员、调测技术员、工艺技术员。

（3）装配类：

①装配Ⅰ：包装工、送料工、母板装配、接收部拆卸工、压件、拉手条装配、压接及铆接、成型、插件。

②装配Ⅱ：焊工、装配工、电缆加工、部件装配、老化、外观修理、叉车工。

③装配Ⅲ：整机装配。

（4）数控设备操作类：①SMT 设备操作；②波峰焊设备操作；③数控设备操作；④自动铆接机设备操作。

（5）传统机械加工类：①钳工；②车工；③铣工；④热处理工；⑤电镀工；⑥喷涂工。

四、对岗位的描述

岗位描述辞典见附录二。

第七节　薪酬管理

一、薪酬管理的基本问题

薪酬是指员工通过从事企业所需要的劳动，得到的以货币形式和非货币形式为表现的补偿，是企业支付给员工的劳动报酬。薪酬管理是企业人力资源管理的核心内容，薪酬管理成功与否直接关系到一个企业人力资源管理活动的成败。薪酬管理的基本问题主要包括以下四个点。

第一，从薪酬的价值或意义来看，包括两个方面：

一方面，从员工的角度而言，薪酬代表的意义与价值有：①经济的意义与价值（economical value）；②社会的意义与价值（sociological value）；③心理的意义与价值（psychological value）。

另一方面，从企业的角度而言，薪酬的目的有：①吸引符合企业需求条件的员工；②留住符合企业需求条件的员工；③激励员工达到高工作绩效或高生产力；④让企业能生存、成长和获利。

第二，薪酬管理涉及薪酬结构问题，这包括两个方面：一方面是薪酬由工资、福利、津贴组成，这三者的比例关系应该是什么；另一方面是工资通常由四部分组成，即基本工资、职务工资、工龄工资和浮动工资，进一步又可以分为固定和浮动两部分，它们之间应该是一种什么样的比例关系。

而薪酬管理又有三种模式：一是高弹性薪酬模式，二是高稳定薪酬模式，三是调和型薪酬模式。

第三，在薪酬的分配上，应该坚持以下几个原则：

①成本补偿原则：付给员工的报酬要能够维持员工的劳动能力的再生产，也就是付给的报酬要满足员工的生理需求和学习需求；能够补偿劳动能力形成过程中的消耗以及其家人的基本生活。②效率优先、兼顾公平的原则相结合。③短期利益与长期利用相结合的原则。④工资的增长与生产率增长相协调的原则。⑤货币工资与实际工资相符合的原则。

第四，在工资制度上，一方面是传统的工作形式，它有以下几种：①职务工资制，它是首先对职务本身的价值做出客观的评估，然后根据评估结果赋予担任这一职务的从业人员与其职务价值相当的工资的一种工资制度。②职能工资制，它是指基于员工能力发放工资，它发放的对象是员工能力，能力工资占整个工资中65%以上。职能工资制的重点在于职业化任职资格体系和职业化素质与能力评价体系的建立。③绩效工资制。④经理人员可采用年薪制。

另一方面是现代薪酬管理，它的发展呈现出一些新的趋势：①全面薪酬制度；②薪酬与团队绩效挂钩；③宽带型薪酬结构；④雇员激励长期化、薪酬股权化；⑤薪酬制度的透明化；⑥有弹性、可选择的福利制度；⑦薪酬信息日益得到重视。

通过对美国1 000家大型企业薪酬实践的调查，我们发现美国的薪酬管理呈现出以下特点：①绩效薪酬是一种最流行的报酬支付方式；②员工持股计划仍然很普遍；③以知识和能力为基础的工资制度日益受到重视；④雇佣保障报酬使用的普遍程度在不断下降；⑤股票期权计划受股票市场不良表现的影响，近几年的受欢迎程度有所下降。

二、薪酬体系的设计

就前文提到的案例来看，该企业的薪酬体系主要存在以下三个问题：

第一，在薪酬分配原则不明晰，企业"大锅饭"现象比较严重，内部分配不公平。不同职位之间、不同个人之间的薪酬差别，基本上是凭感觉来确定。

第二，不能准确了解外部特别是同行业的薪酬水平，无法准确定位薪酬整体水平。给谁加薪、加多少，老板和员工心里都没底，薪酬结构缺乏市场竞争力。

第三，从企业薪酬结构线来看，其尾端下翘表明，具有高职位价值的企业关键员工虽然对企业的生存和发展具有重大影响，但并没有得到有效的薪酬激励，其薪酬水平的提升速度低于低职位价值的一般员工。薪酬对关键员工激励乏力，不能达到吸引、激励与保留关键员工的目的等。

要解决薪酬分配问题，需遵循以下步骤：第一，有职位说明书，并以此作为公司人力资源管理的基础。第二，在职位说明的基础上，对职位所具有的特性进行重要性评价，并运用权威的评估方法对该公司的职位等级进行评定，最终形成公司职级图。第三，委托专门的薪酬调查公司就同行业、同类别、同性质公司的薪酬水平进行调查，获得薪酬市场数据。第四，依据公司职级图、薪资调查的数据，公司的业务状况以及实际支付能力，制定该公司的薪酬体系，此项工作内容包括制订薪酬结构、制订不同人员的薪酬分配办法和薪酬调整办法、测算人力成本等。第五，形成公司可执行、公布的薪酬政策。

具体执行时还应注意以下七个方面：

第一，在制定企业的薪酬策略时，应该坚持两个原则：一是实现内部公平（公平理论）；二是对外部要具有一定的市场竞争力。这两点是实现薪酬激励的基本条件。

第二，进行职务分析与工作评价。这是薪资制度建立的依据，通过职务分析与工作评价，用具体的金额来表示每一职务对本企业的相对价值，此价值也反映了企业对各工作承担者的要求。企业应据此进行利益分配，确保内部公平。

同时，通过职务调查和职务分析，把职务本身的内容、特点以及履行职务时所必需的知识、能力条件等各项要素明确确定下来，写入职务说明书。进行职务评价时，可根据职务说明书来划分职务等级。评价职务相对价值的职务评价法大多采用点数法，即依据评价要素确定其点数，然后加以汇总，再根据总点数确定职务等级。我们可以根据员工的工作岗位、教育背景、发展潜力、工作年限、工作绩效、特定的人力资源稀缺性等来确定。

第三，市场薪酬调查（主要指地区及行业的调查）。这一步骤主要是解决外在公平性的问题。这项活动主要须研究两个问题，即要调查什么和怎样去调查及收集数据。调查的内容，首先是本地区、本行业，尤其是主要竞争对手的薪资状况。参照同行或同地区其他企业的现有薪资来调整本企业对应工作的薪资，便保证了企业薪资制度的外在公平性。

首先我们可以查阅国家及地区统计部门、劳动人事机构、工会等公开发布的资料，图书及档案馆中年鉴等统计工具书，人才交流市场与组织，各种咨询中介机构等；其次可以通过抽样采访或散发专门问卷进行收集。但因为我国目前许多企业不愿公开这些情况，我们不妨通过新招聘的职工和前来应聘的人员，来获得其他企业的奖酬状况。当然各企业发布的招聘广告和招聘信息中有时也披露其奖酬和福利政策，这也不失为来源之一。

第四，薪资结构设计。所谓薪资结构，是指一个企业的组织机构中各项职位的相对价值及其对应的实付薪资间保持着什么样的关系。这种关系不是随意的，而是以服从某种原则而呈现出一定的规律的。这种关系和规律通常多以"薪资结构线"来表示，因为这种方式更直观、更清晰、更易于分析和控制，也更易于理解。

第五，薪资分级和定薪（也称确定薪酬水平）的主要内容是薪酬范围及数值的确定。这一步骤是指在工作评价后，企业根据其确定的薪资结构线，将众多类型的职务薪资归并组合成若干等级，形成一个薪资等级（或称职级）系列。通过这一步骤，就可以确定企业内每一职务具体的薪资范围，保证职工个人的公平性。

第六，根据本公司的业务状况以及实际支付能力，形成公司的薪酬政策。

第七，薪资制度的控制与调整（也称薪酬评估与控制）的主要内容是对薪酬的评估及成本控制，以及根据环境的变化对企业的薪酬政策进行调整。

第八节　价值薪酬

一、价值薪酬概述

价值薪酬是一种薪酬制度，它将员工的薪酬与他们对公司创造价值的贡献挂钩。这种薪酬结构的目的在于激励员工追求和实现长期的价值增长，从而推动公司的整体发展和成功。

价值薪酬的应用前提是要进行岗位评价（岗位价值分析）。

岗位评价，即岗位价值分析，是指运用科学的方法，明确相应的工作岗位的价值，即薪酬。以岗定薪，即在岗位评价的基础上，根据员工的能力和业绩，通过竞聘上岗等形式确定其岗位，并给予其相应岗位的薪酬，同岗同薪，岗变薪变。

二、岗位评价和以岗定薪的必要性

现代企业管理要求建立适应现代企业制度和符合市场竞争要求的薪酬分配体系，要充分发挥薪酬机制的激励和约束作用，最大限度地调动员工的工作主动性、积极性和创造性。因此，建立新型的薪酬管理体系在现代企业管理中就显得十分重要，新型的薪酬管理体系是"以人为本"的企业管理制度的重要组成部分，岗位评价和以岗定薪是新型薪酬管理体系关键环节。

在"大锅饭"的分配体制下，实行的所谓的"公平分配"实际上是最大的不公平，干与不干一个样，干好与干坏一个样，这不仅会挫伤优秀员工和核心员工的积极性和主动性，还会助长员工在工作中的消极性，使薪酬分配机制的激励和约束作用都没有得到有效发挥，让企业管理陷入困境。随着现代企业制度的不断发展和完善，人力资源越来越成为现代企业的重要资源，未来的竞争实际上就是人才的竞争。如何极大地调动和发挥人才的主动性、积极性和创造性越来越成为企业管理层关心的问题，薪酬分配机制的激励和约束作用越来越被管理者重视。

那么如何发挥薪酬分配机制的激励和约束作用呢？薪酬刺激的效果是激励员工工作的最基本要素，这也应该是报酬体系中的基础。薪酬分配机制的激励和约束作用的发挥是由薪酬分配制度的公平性决定的，这种公平不是指盲目的平均主义，而是指应与员工能力、贡献相对等的分配。要实现这种分配的公平，就要在制度上要以岗位评价和以岗定薪来实现。

以岗定薪是建立在岗位评价的基础上的，而不是简单地按职位等级确定薪酬水平。岗位等级是以岗定薪的一个因素，但不是全面的因素，确定岗位薪酬必须进行科学的岗位评价，也就是将所有的岗位按其业务性质分为若干组、职系，然后按责任大小、工作难易程度、所需教育程度、技术高低和创造的价值量大小，通过打分、排序，划分为若干职级、职别，对每一个职位给予准确的定义和描述，再制作成职位说明书，并以此作为确定岗位价值的依据。完成了给岗位定价的工作，才能实现真正公平的以岗定薪。

因此，岗位评价和以岗定薪是现代企业实现科学的人力资源管理，充分发挥人力资源的必然手段。二者是相互结合、不可分离的。

三、薪酬体系——岗位评估

岗位价值评估采用通用的模型标准，共分 8 个维度（含加分项），图 6.22 为岗位评估的前 7 个要素。在进行岗位价值评估时，先对 8 个维度的要素进行测量，来计算每个岗位的价值量，再通过核算每个岗位的价值量评价每个岗位的重要性，最后进行薪酬的设计，岗位价值评估是进行科学的薪酬设计的基础。

组织的影响重要的程度共分 15 个级别，按照岗位对组织的影响分析，每个级别所对应的程度不同，具体见表 6.18。

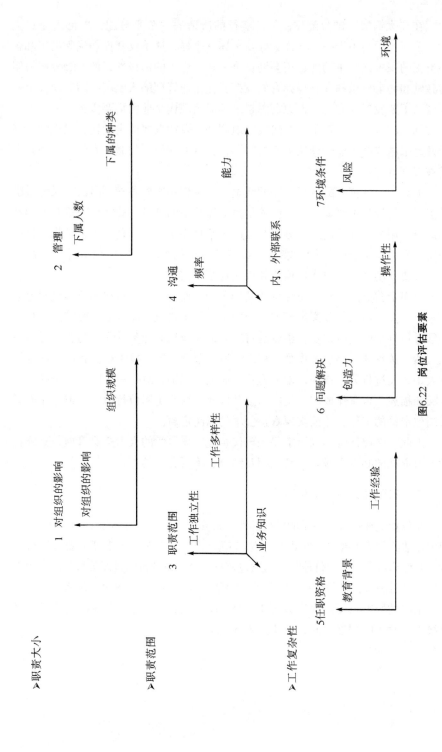

图6.22 岗位评估要素

组织的影响重要的程度共分 15 个级别，按照岗位对组织的影响分析，每个级别所对应的程度不同，具体见表 6.19。

表 6.18 对组织的影响

程度	组织的首脑级岗位（A-级岗位）（注：多指企业首脑，包括企业决策层、董事会、监事会成员）	对整个组织有影响（B-级岗位）（注：多指企业高管，包括副总经理、总监、大部门部长等）	对职能部门业务单位有影响（C-级岗位）（注：多为企业中层管理人员，包括部门部长、大部门主管等）	对工作领域有影响（D-级岗位及以下）（注：多为企业一般员工及基层管理人员）	专家影响（注：多指需要高专业性技术或通过专业技术施加影响力的岗位）
1	—	—	—	—极小的可以忽略的影响	—
2	—	—	—	—小（边缘边界）影响	—
3	—	—	—	—有限影响①	—
4	—	—	—	——些影响②	—某一领域有一些影响
5	—	—	—	—重要影响③	—某一领域有重要影响
6	—	—	—有限影响④	—主要影响⑤	—某一领域有主要影响
7	—	—	——些影响	—	—对某一职能部门业务单位有一些影响
8	—	—	—重要影响	—	—对某重要职能部门业务单位有重要影响
9	—	—有限影响	—主要影响	—	—对某一职能部门业务单位有主要影响

表6.18（续）

程度	组织的首脑级岗位（A-级岗位）（注：多指企业首脑，包括企业决策层，监事会成员）	对整个组织有影响（B-级岗位）（注：多指企业高管，包括副总经理，总监，大部门门部长等）	对职能部门/业务单位有影响（C-级岗位）（注：多为企业中层管理人员，包括部门主管门部长，大部门主等）	对工作领域有影响（D-级岗位及以下）（注：多为企业一般员工及基层管理人员）	专家影响（注：多指需要专业性技术或通过专业技术实施增加影响力的岗位）
10	—	一些影响	—	—	对组织的业绩有一些影响
11	—	重要影响	—	—	对组织的业绩有重要/主要影响
12	受其他组织强烈影响的组织首脑	主要影响或担任组织副首脑	—	—	—
13	受其他组织部分影响的组织首脑	—	—	—	—
14	组织首脑	—	—	—	—
15	组织首脑及董事会主席	—	—	—	—

注：① "有限影响"主要是指起协调的作用，对组织的贡献小于10%。
② "一些影响"通常为对非直接业绩的达成有易于辨别的贡献，对组织的贡献为10%—20%。
③ "重要影响"通常较显著，能够十分直接起或起到主导作用，对组织的贡献为20%—30%。
④ "主要影响"是对完成主要业绩起到重要和显著作用，对组织的贡献大于30%。

该指南主要用于任职于在组织中处于同等汇报体系中的业务单位。

如表6.18可知，岗位对组织影响的程度可分为15个级别，每个级别的含义如表6.19所示。

表6.19　影响程度分析

级别	含义	岗位
1	执岗人从事的工作被主管仔细和持续地控制（极小影响）	
2	执岗人在事先清楚设定的工作框架内活动，工作被主管仔细但非持续地控制（小影响）	多为基层管理人员、跨部门协调者：小主管、小组长、总经理助理
3	执岗人对只关主要结果而非细节的受控工作负责（对工作领域有有限影响）	多为普通办公室职员
4	执岗人提出建议及/或担任对<u>工作领域有一些影响的工作或执岗人担任对工作领域有些影响的专业工作（对工作领域有些影响）</u>	多为有一定专业或技术要求的办公室职员：策划、设计、主办会计、总账会计
5	执岗人协调、控制或发展对<u>工作领域有重要影响的工作</u>	多指岗位在该部门很重要或为同类型岗位引领者
6	①执岗人对职能部门/业务单位的业绩的负有有限影响。②执岗人对工作领域有重要影响	多为基层管理人员、跨部门协调者：小主管、小组长、总经理助理
7	执岗人对职能部门/业务单位的业绩有一些影响	多为小主管
8	执岗人对职能部门/业务单位的业绩有重要影响（该职能部门/业务单位至少对组织业绩有影响）	多为辅助部门部长、大主管：后勤
9	执岗人对一个对组织业绩有有限影响的职能部门/业务单位负责。或执岗人对一些对职能部门/业务单位的业绩有重要影响的活动负责（该职能部门/业务至少对组织业绩有重要影响）	多为支持部门部长：财务、采购、人力资源
10	执岗人对一些对组织业绩有一些影响的职能部门/业务单位或活动负责	多为大部长、小总监：销售经理、生产经理、技术为导向的
11	执岗人对一个对组织业绩有重要影响的职能部门/业务单位负责或执岗人是一个对组织业绩有重要影响的专家	多为大总监：核心部门总监

表6.19(续)

级别	含义	岗位
12	①在一个大公司里担任组织首脑，该组织业绩受到总部和/及其他组织的强烈影响（具体的政策、价格、财务战略、市场战略等） ②执岗人对一个对组织业绩（这里组织首脑位于程度13或14）有主要影响的职能部门/业务单位负责 ③或担任组织副首脑（参见那些处于程度14有组织首脑的组织）	多为副总、分子公司总经理
13	在一个大公司里担任组织首脑，该组织业绩受到总部和/及其他组织的部分影响	多为总经理
14	组织首脑（如果组织位于集团公司中，通过董事会战略研讨和泛泛的政策说明的途径，组织业绩可能受到影响。组织也可能接受集团公司的一些服务如财务、人事政策等，但不对组织产生什么影响）	多为集团总裁
15	组织首脑及董事会主席	多为董事长

不同岗位对组织的影响所对应的分数，即通过重要程度、重要性、规模和程度（销售额）四个维度取值，得出对应的分数。具体见表6.20。

表6.20　不同岗位对组织影响对应分数

程度	2 000万元以下	2 000万元~5 000万元	5 000万元~1亿元	1亿元~5亿元	5亿元~10亿元
1	5	5	5	5	5
2	10	10	10	10	10
3	24	28	32	36	40
4	50	62	74	86	98
5	59	73	87	101	115
6	68	84	100	116	132
7	77	95	113	131	149
8	86	106	126	146	166
9	95	117	139	161	183
10	104	128	152	176	200

表6.20(续)

程度	2 000万元以下	2 000万元~5 000万元	5 000万元~1亿元	1亿元~5亿元	5亿元~10亿元
11	119	147	175	203	231
12	134	166	198	230	262
13	149	185	221	257	293
14	164	204	244	284	324
15	180	224	268	312	355

管理要素，即通过程度、下属种类及下属人数，十字交叉得出对应的管理要素分值。具体见表6.21。

表6.21 管理要素分值

下属人数（直接、间接）	下属种类			
	下属为担任同类或重复性工作的员工	下属中包括专业人员但不包括管理人员（此处所指专业人员指需要专门技术或技能的岗位，且该技术或技能不能在短期内获得）	下属中既包括专业人员又包括低层或中层管理人员	下属中既包括专业人员又包括高层管理人员（A或B级岗位）
0	10	10	10	10
1~10人	20	25	30	35
11~50人	30	35	40	45
51~200人	40	45	50	55
201~1 000人	50	55	60	65
1 001~5 000人	60	65	70	75
5 001~10 000人	70	75	80	85
10 001~50 000人	80	85	90	95
50 001人以上	90	95	100	105

通过程度、独立性及多样性，十字交叉得出职责范围对应的分值，具体见表6.22。

表 6.22 职责范围分值

程度	多样性									
	1	2	3	4	5	6	7	8	9	10
独立性	相同或重复工作（注：单一任务岗位，一任务岗位，辅助员工或辅助员工）	多数同类工作（注：绝大多数工作单一，多为辅助类员工）	一些同类工作（注：部分工作单一，多为普通办公室员工或部分专业人员）	一个职能领域内的不同工作（注：多指专业类员工）	不同职能领域的工作（注：多指基层管理、主管）	领导一个职能部门业务单位（经理）	领导2个或多个职能部门或业务单位（经理、总监、中层或高管）	组织首脑、领导、销售、制造或研发等其中一个部门的主要工作（总监或副总）	组织首脑、领导、销售、制造或研发等其中至少2个部门的主要工作（副总脑）	组织首脑、全面领导、销售、制造或研发工作的主要决策（所有者或决策者）
职责清晰明确（注：一直处于被监控状态）	5	10	20	30	40	50	60	70	80	90
职责位于有限的框架（注：按照步骤来监督）	10	20	30	40	50	60	70	80	90	100
职责遵循常规的方法和实践 按检查点受控（注：只对工作过程关键点进行检查）一般的办公室员工	20	30	40	50	60	70	80	90	100	110

程度		1	2	3	4	5	6	7	8	9	10
	多样性	相同或重复工作（注：单一任务岗位，辅助员工或员工）	多数同类工作（注：绝大多数单一，多为辅助类员工）	一些同类工作（注：部分工作单一，多为普通办公室员工或部分专业人员）	一个职能领域内的不同工作（注：多指专业类员工）	不同职能的工作（注：多指基层管理人员，主管）	领导一个职能部门/业务单位（经理）	领导2个或多个职能部门/业务单位（经理、总监，即中层或高管）	组织首脑，领导销售或制造等研发部门其中一个部门的主要工作（总监或副总）	组织首脑，领导销售或制造等研发部门其中至少2个部门的主要工作（副总或首脑）	组织首脑，全面领导销售、制造或研发工作或制订主要决策（所有者或主要决策者）
独立性	职责遵循一般性的指导完成后受检查（注：授权一项工作，中间不需要检查，关注结果）	30	40	50	60	70	80	90	100	110	120
	职责追随战略目标受控（注：按要求目标自行制订计划并实施，对结果负责）	40	50	60	70	80	90	100	110	120	130
	职责追随组织目标由公司的执行总裁控制	50	60	70	80	90	100	110	120	130	140
	职责追随董事会目标，由董事会控制	60	70	80	90	100	110	120	130	140	150

通过程度、沟通频率及沟通能力，十字交叉得出对应沟通要素的分值，具体见表6.23。

表6.23　沟通要素分值

程度	1		2		3	
沟通频率	沟通能力					
	普通		重要		极重要	
偶尔	10	30	30	50	50	70
经常	20	40	40	60	60	80
持续	30	50	50	70	70	90
程度	内部	外部	内部	外部	内部	外部
	组织框架（内、外部性质）					
	1	2	1	2	1	2

对表2.23中的"沟通能力""沟通频率"及"组织框架"进行解释，具体见表6.24。

表6.24　相关解释

沟通能力	沟通频率	组织框架
普通：沟通需要基本礼仪和交换信息	偶尔：一月几次	内部：沟通主要在组织内进行
经常：有规律但非每天		
重要：沟通有费力的性质，需要影响他人并与人合作。如，谈判、面谈、销售和采购决定等	持续：每天	外部：客户、消费者、当局（注：在同组织内的内部机构及其他业务单位中，具有苛求性的沟通可视作外部沟通） 极重要：对整个组织极重要的谈判和决定

通过程度、工作经验及教育背景，十字交叉得出对应的分值，具体见表6.25。

表6.25　任职资格要素分值

程度	1	2	3	4	5	6	7	8
工作经验	无须工作经验（多指临时工、单一工种，无任何技术要求的固定工务工）	熟悉标准化工作流程和/或会使用简单机器设备（多指一般员工、辅助类员工）	需要经验处理比较专业的事务和/或工具、机器、设备（多指一般技术类员工、职能主管、一般业务人员）	从事该岗位需要相关工作领域的经验广度和/或深度（从上）（多指高级专业技术员工、一般部门管理人员、主管业务人员）	一项技术的专门经验或广泛的职能经验（多指管理核心、部门核心技术人员、部长）	深度和广度皆具备的职能经验或跨职能的管理经验（多指副总监、部门副总、创新性研发技术人员）	极深和极广度的职能经验或大量跨职能的管理经验（多指企业负责人、组织负责人）	非常丰富的跨职能管理经验（多指顾问、公认专家、大企业首脑）
		（至少6个月）	6个月到2年	（2~5年）	（5~8年）	（8~12年）	（12~16年）	16年及以上
教育背景								
1.初中	15	30	45	60	75	90	105	120
2.高中	30	45	60	75	90	105	120	135
3.（1年以上）专业技术学校（注：多指中专、职业高中等技术学校）	45	60	75	90	105	120	135	150
4.（3年或3年以上）大学（注：包含大专、本科）	60	75	90	105	120	135	150	165
5.硕士以上	75	90	105	120	135	150	165	180

通过程度、操作性、行政性及创造性，十字交叉得出对应的问题解决要素分值，具体见表 6.26 所示。

表 6.26　问题解决要素分值

程度	1	2	3	4	5	6	7
操作性/行政性	问题界定清晰	界定问题	通常需要界定问题	必须界定问题	必须要界定问题	必须要界定问题	必须要界定问题
创造性	日常性质	有限难度	有些困难	难	复杂	大部分问题很复杂	大量时间花在非常复杂的多方面的问题上
（指本岗位是否需要创新）	说明清楚（辅助员工、员工）	需要若干分析（员工）	需要一些分析（专业员工）	需要分析和调查（主管）	需要复杂的大量的分析和详细调查（主管、中层、部分高层）	跨组织的充分分析（高层）	经常性跨组织的充分分析（高层）
1. 不需要创造和发展 事事有规范（不允许任何创新发明）	10	20	30	40	50	60	70
2. 一般改进基于现有方法（注：多指一般办公室人员）	20	30	40	50	60	70	80
3. 对现有的方法和技术进行改进和发展从先前内部的职能经验中获得帮助（注：多指部分专业人员、主管）	30	40	50	60	70	80	90
4. 创造新方法和新技术从先前内部的组织经验中获得帮助（注：多指经理或核心技术人员）	40	50	60	70	80	90	100
5. 创造新的多方面和复杂的方法和技术 从先前外部的组织经验中获得帮助（注：多指总监、创新性研发人员）	50	60	70	80	90	100	110
6. 带有显著发展的性质 全新发展，无任何先前的经验或应用（注：已上升到行业高度）	60	70	80	90	100	110	120
7. 高度科学发展（注：开创新学科、新技术）	70	80	90	100	110	120	130

通过程度、环境及风险，十字交叉得出对应的环境条件要素分值，具体见表 6.27 所示。

表 6.27　环境条件要素分值

程度	1	2
风险[2]	环境[1]	
	普通	艰苦
1. 普通	10	20
2. 高	20	30

注：①环境是该活动使工作者在身体上、精神上和技术上受约束/疲劳的情况，包括自然环境和工作环境。

②风险是指政策风险和工伤的风险。

基于以上模型，通过评估得出××公司岗位价值量评估表，见表 6.28。

表 6.28 ××公司岗位价值量评估

企业行业：人（计划）　　　　　企业规模：

序号	部门	岗位名称	管理层级	岗位类型	对组织的影响	管理	职责范围	职责加分	沟通	任职资格	问题解决	环境条件	价值量
1	总经办	董事长	决策层	平路型	244	55	140	40	90	150	120	30	869
2		总经理	决策层	上山型	221	55	130	25	70	150	110	30	791
3	营销中心	营销总监	高层	上山型	198	40	120	15	70	135	100	20	698
4		招投标经理	中层	上山型	126	25	90	10	90	120	80	20	561
5		招标专员	基层	上山型	87	10	50	10	20	90	50	10	327
6		招投标助理	基层	平路型	74	10	30	10	60	60	40	10	294
7		营销1部经理	中层	上山型	139	25	80	10	90	120	80	30	574
8		营销2部经理	中层	上山型	139	25	80	10	90	120	80	30	574
9		销售专员	基层	上山型	87	10	50	5	90	90	50	30	412
10		区域经理	基层	上山型	87	10	50	5	90	90	50	30	412
11	研发中心	研发总监	高层	下山型	175	40	110	25	60	150	120	10	690
12		研发工程师	中层	下山型	126	25	80	10	30	120	90	10	491
13		质检经理	中层	平路型	87	20	80	10	40	105	80	10	432
14		技术工程师	中层	上山型	126	35	80	10	70	105	80	20	526
15		研发技术员	基层	平路型	74	10	50	10	30	90	50	20	334
16		技术实验员	基层	下山型	10	10	10	5	10	45	10	30	130
17		研发实验员	基层	下山型	10	10	5	5	10	60	20	20	140
18		技术员	基层	上山型	87	20	50	10	90	75	50	30	412
19		质检员	基层	平路型	87	10	10	5	10	45	10	10	187
20	生产中心	生产总监	高层	平路型	175	40	110	25	40	135	100	10	635
21		生产经理	中层	平路型	126	25	80	10	20	90	60	20	431
22		采购经理	中层	平路型	139	20	80	15	90	105	70	10	529
23		储运经理	中层	平路型	126	35	80	10	70	90	80	10	501
24		生产工	基层	平路型	87	10	30	5	10	45	40	30	257
25		机修工	基层	平路型	87	10	30	5	10	45	40	30	257
26		采购员	基层	平路型	32	10	30	10	50	60	30	20	242
27		仓管员	基层	平路型	32	10	30	5	30	45	10	10	172
28		司机	基层	下山型	74	10	20	5	50	75	30	30	294
29		分站管理员	基层	平路型	74	10	30	5	20	45	20	30	234
30	行政人事部	行政人事经理	高层	平路型	175	40	100	10	70	135	90	10	630
31		行政主管	中层	平路型	113	25	70	10	50	105	60	10	443
32		人事主管	中层	平路型	126	25	60	10	40	105	70	10	446
33		后勤主管	中层	平路型	113	20	60	10	50	90	60	10	413
34		人事专员	基层	平路型	32	10	40	10	20	90	50	10	262
35		行政专员	基层	平路型	10	10	20	5	10	60	20	10	145
36		IT管理员	基层	平路型	74	10	50	10	10	90	50	10	304
37		厨师	基层	平路型	32	10	20	5	10	75	20	20	192
38		保洁	基层	平路型	10	10	10	5	10	15	10	20	90
39		保安	基层	平路型	10	10	10	5	10	45	20	30	140

表6.28(续)

序号	部门	岗位名称	管理层级	岗位类型	对组织的影响	管理	职责范围	职责加分	沟通	任职资格	问题解决	环境条件	价值量
40	客服部	客服经理	中层	平路型	126	20	60	10	90	105	80	20	511
41		客服专员	基层	平路型	32	10	30	10	70	90	30	10	282
42	财务中心	财务总监	高层	下山型	198	30	120	25	60	135	100	20	688
43		财务经理	中层	下山型	126	25	80	15	60	105	70	20	501
44		资产管理经理	中层	下山型	139	20	90	15	80	120	80	20	564
45		主办会计	中层	下山型	126	10	70	15	30	120	40	20	431
46		往来会计	基层	下山型	74	10	40	10	20	90	40	10	294
47		出纳	基层	下山型	87	10	10	5	40	75	20	10	257
48		资产管理主管	中层	下山型	126	10	40	10	60	90	40	10	386
49		投融资管理主管	中层	下山型	126	10	50	10	70	90	70	10	436

基于表6.28××公司的岗位价值量评估表，通过一定的技术转换测算公司岗位薪酬，具体见表6.29。

表6.29 ××公司岗位薪酬测算方案

序号	岗位名称	岗位类型	级别	固定	岗位工资	全勤	绩效	管理工资	学历工资（大专）	个人提成平衡目标	团队提成平衡目标	合计	超产奖	备注
1	董事长	平路型	A3	1 800	5 200			8 700	100			15 800		
			A2	1 800	4 500			7 700	100			14 100		
			A1	1 800	3 900			6 700	100			12 500		
2	总经理	上山型	A3	1 800	3 500		3 500	2 800	100			11 700		
			A2	1 800	3 200		3 000	2 400	100	1.20%		10 500		
			A1	1 800	3 000		2 500	2 100	100			9 500		
3	运营副总	平路型	A3	1 800	3 000	800	3 500	800	100			10 000		
			A2	1 800	2 800	700	2 900	700	100		0.60%	9 000		
			A1	1 800	2 600	600	2 400	600	100			8 100		
4	营销副总	上山型	A3	1 800	1 600	800	3 000	1 200	100			8 500		
			A2	1 800	1 400	700	2 500	1 000	100	1%		7 500		
			A1	1 800	1 100	600	2 000	800	100			6 400		
5	营销总监	上山型	A3	1 800	1 400	800	1 600	1 000	100			6 700		
			A2	1 800	1 200	700	1 400	900	100	0.80%		6 100		
			A1	1 800	1 100	600	1 200	800	100			5 600		
6	采购总监	上山型	A3	1 800	1 400	800	1 600	1 000	100			6 700		
			A2	1 800	1 200	700	1 400	900	100	0.60%		6 100		
			A1	1 800	1 000	600	1 200	700	100			5 400		
7	仓储总监	平路型	A3	1 800	2 800	800	3 500	1 000	100			10 000		
			A2	1 800	2 500	700	3 200	700	100			9 000		
			A1	1 800	2 200	600	2 800	500	100			8 000		
8	人事行政经理	平路型	A3	1 800	2 400	600	2 800	1 000	100			8 700		
			A2	1 800	1 900	500	2 700	800	100			7 800		
			A1	1 800	1 600	400	2 600	600	100			7 100		

表6.29(续)

序号	岗位名称	岗位类型	级别	固定	岗位工资	全勤	绩效	管理工资	学历工资（大专）	个人提成平衡目标	团队提成平衡目标	合计	超产奖	备注
9	采购经理	上山型	A3	1 800	900	600	2 400	600	100		0.40%	6 400		
			A2	1 800	700	500	2 000	500	100			5 600		
			A1	1 800	500	400	1 600	400	100			4 800		
10	招投标经理	上山型	A3	1 800	1 100	800	1 100	800	100		1.60%	5 700		
			A2	1 800	900	700	900	700	100			5 100		
			A1	1 800	800	600	800	600	100			4 700		
11	财务经理	平路型	A3	1 800	2 000	800	3 500	800	100			9 000		
			A2	1 800	1 800	500	3 300	500	100			8 000		
			A1	1 800	1 500	400	3 000	400	100			7 200		
12	××经理	上山型	A3	1 800	1 100	800	1 100	800	100		1.60%	5 700		
			A2	1 800	900	700	900	700	100			5 100		
			A1	1 800	800	600	800	600	100			4 700		
13	××经理	上山型	A3	1 800	1 100	800	1 100	800	100		1.60%	5 700		
			A2	1 800	900	700	900	700	100			5 100		
			A1	1 800	800	600	800	600	100			4 700		
14	批发部经理	上山型	A3	1 800	1 100	800	1 100	800	100		1.60%	5 700		
			A2	1 800	900	700	900	700	100			5 100		
			A1	1 800	800	600	800	600	100			4 700		
15	客服经理	平路型	A3	1 800	2 000	500	2 300	500	100		1%	7 200		
			A2	1 800	1 700	400	1 900	400	100			6 300		
			A1	1 800	1 300	300	1 500	300	100			5 300		
16	店长	上山型	A3	1 800	700	500	700	500	100		1.60%	4 300		
			A2	1 800	600	400	600	400	100			3 900		
			A1	1 800	400	300	400	300	100			3 300		
17	采购员	上山型	A3	1 800	1 000	400	1 000		100	0.8%		4 300		
			A2	1 800	800	300	800		100			3 800		
			A1	1 800	600	200	600		100			3 300		
18	总经理助理	平路型	A3	1 800	2 400	600	2 700	600	100			8 200		
			A2	1 800	2 000	500	2 300	500	100			7 200		
			A1	1 800	1 700	400	1 900	400	100			6 300		
19	招投标专员	上山型	A3	1 800	900	600	900		100	4%		4 300		
			A2	1 800	700	500	700		100			3 800		
			A1	1 800	600	400	600		100			3 500		
20	配送主任	平路型	A3	1 800	1 900	500	2 200	500	100			7 000		
			A2	1 800	1 600	400	1 800	400	100			6 100		
			A1	1 800	1 200	300	1 400	300	100			5 100		
21	主办会计	平路型	A3	1 800	1 800	500	2 000	500	100			6 700		
			A2	1 800	1 400	400	1 600	400	100			5 700		
			A1	1 800	1 000	300	1 200	300	100			4 700		

序号	岗位名称	岗位类型	级别	固定	岗位工资	全勤	绩效	管理工资	学历工资（大专）	个人提成平衡目标	团队提成平衡目标	合计	超产奖	备注
22	仓管主任	平路型	A3	1 800	1 800	500	2 000	500	100			6 700		
			A2	1 800	1 400	400	1 600	400	100			5 700		
			A1	1 800	1 000	300	1 500	300	100			5 000		
23	××业务	上山型	A3	1 800	600	600	900		100			4 000		
			A2	1 800	500	500	700		100	4%		3 600		
			A1	1 800	400	400	500		100			3 200		
24	××业务	上山型	A3	1 800	700	700	900		100			4 200		
			A2	1 800	600	600	800		100	4%		3 900		
			A1	1 800	400	400	600		100			3 300		
25	招投标业务	上山型	A3	1 800	600	600	900		100			4 000		
			A2	1 800	500	500	700		100	4%		3 600		
			A1	1 800	400	400	500		100			3 200		
26	区域经理	上山型	A3	1 800	600	600	800		100			3 900		
			A2	1 800	500	500	700		100	4%		3 600		
			A1	1 800	400	400	500		100			3 200		
27	往来会计	平路型	A3	1 800	1 300	300	1 900		100			5 400		
			A2	1 800	900	200	1 400		100			4 400		
			A1	1 800	700	200	1 100		100			3 900		
28	IT	平路型	A3	1 800	1 600	400	2 300		100			6 200		
			A2	1 800	1 300	300	1 800		100			5 300		
			A1	1 800	900	300	1 400		100			4 500		
29	客服专员	平路型	A3	1 800	1 800	500	2 600		100			6 800		
			A2	1 800	1 500	400	2 100		100			5 900		
			A1	1 800	1 100	300	1 700		100			5 000		
30	人力专员	平路型	A3	1 800	1 200	400	1 800		100			5 300		
			A2	1 800	1 000	400	1 500		100			4 800		
			A1	1 800	800	300	1 200		100			4 200		
31	××商务	平路型	A3	1 800	1 100	300	2 200		100			5 500		
			A2	1 800	900	200	1 800		100			4 800		
			A1	1 800	700	200	1 500		100			4 300		
32	××商务	平路型	A3	1 800	1 100	300	2 200		100			5 500		
			A2	1 800	900	200	1 800		100			4 800		
			A1	1 800	700	200	1 500		100			4 300		
33	招投标商务	平路型	A3	1 800	1 700	400	2 500		100			6 500		
			A2	1 800	1 300	300	2 100		100			5 600		
			A1	1 800	1 000	300	1 700		100			4 900		
34	批发部商务	平路型	A3	1 800	1 300	300	1 900		100			5 400		
			A2	1 800	1 100	300	1 600		100			4 900		
			A1	1 800	900	200	1 200		100			4 200		

序号	岗位名称	岗位类型	级别	固定	岗位工资	全勤	绩效	管理工资	学历工资（大专）	个人提成平衡目标	团队提成平衡目标	合计	超产奖	备注
35	导购	上山型	A3	1 800	500	500	1 000		100	4%		3 900		
			A2	1 800	400	400	800		100			3 500		
			A1	1 800	300	300	600		100			3 100		
36	出纳	平路型	A3	1 800	1 000	300	1 500		100			4 700		
			A2	1 800	800	200	1 100		100			4 000		
			A1	1 800	500	100	800		100			3 300		
37	配送员	上山型	A3	1 800	400	300	1 500		100			4 100		
			A2	1 800	300	200	1 300		100	1.2%		3 700		
			A1	1 800	200	100	1 100		100			3 300		
38	维修员	平路型	A3	1 800	1 000	300	1 500		100			4 700		
			A2	1 800	800	200	1 200		100			4 100		
			A1	1 800	600	100	900		100			3 500		
39	商务驾驶员	平路型	A3	1 800	900	500	2 000		100			5 300		
			A2	1 800	700	300	1 800		100			4 700		
			A1	1 800	500	200	1 600		100			4 200		
40	行政专员	平路型	A3	1 800	900	400	1 300		100			4 500		
			A2	1 800	700	300	1 000		100			3 900		
			A1	1 800	500	200	700		100			3 300		
41	花香收银	平路型	A3	1 800	1 000	300	1 600		100			4 800		
			A2	1 800	800	200	1 400		100			4 300		
			A1	1 800	600	100	1 200		100			3 800		
42	仓管员	平路型	A3	1 800	1 300	300	1 900		100			5 400		
			A2	1 800	1 000	300	1 500		100			4 700		
			A1	1 800	700	200	1 100		100			3 900		
43	打单员（仓储文员）	平路型	A3	1 800	1 300	300	1 900		100			5 400		
			A2	1 800	1 000	300	1 500		100			4 700		
			A1	1 800	700	200	1 100		100			3 900		

说明：

1. 超产奖：见后期超产奖方案。

2. 学历工资：设三档（大专100元，本科200元，硕士300元）。

3. 专业岗位资格证书：200元未包含在内。

4. 提成：以平衡目标为基准，保底目标为80%；冲刺目标为120%。

四、薪酬福利管理制度设计

薪酬福利管理制度包含 7 章 20 条，具体见表 6.30。

表 6.30　员工薪酬管理制度

制度	员工薪酬管理制度		受控状态	
			编　号	
执行部门		监督部门	考证部门	

第 1 章　总则

第 1 条　目的

为规范集团公司及各成员企业薪酬管理，充分发挥薪酬体系的激励作用，特制定本制度。

第 2 条　制定原则

（1）竞争原则：企业保证薪酬水平具有相对市场竞争力。

（2）公平原则：使企业内部不同职务序列、不同部门、不同职位员工之间的薪酬相对公平合理。

（3）激励原则：企业根据员工的贡献，决定员工的薪酬。

第 3 条　适用范围

本企业所有员工。

第 2 章　薪酬构成

企业薪酬设计按人力资源的不同类别，实行分类管理，着重体现岗位（或职位）价值和个人贡献。鼓励员工长期为企业服务，共同致力于企业的不断成长和可持续发展，同时共享企业发展所带来的成果。

第 4 条　企业正式员工薪酬构成

（1）企业高层薪酬构成＝基本年薪＋年终效益奖＋股权激励＋福利

（2）员工薪酬构成＝岗位工资＋绩效工资＋工龄工资＋各种福利＋津贴或补贴＋奖金

第 5 条　试用期员工薪酬构成

企业一般员工试用期为 1~6 个月不等，具体时间长短根据所在岗位而定。

员工试用期工资为转正后工资的 70%~80%，试用期内不享受正式员工所发放的各类补贴。

第 3 章　工资系列

第 6 条　企业根据不同职务性质，将企业的工资划分为行政管理、技术、生产、营销、后勤五类工资系列。员工工资系列适用范围详见下表。

工资系列适用范围

工资表列	适用范围
行政管理系列	1. 企业高层领导 2. 各职能部门经理 3. 行政部（勤务人员除外）人力资源部、财务部、审计部所有职员
技术系列	产品研发部、技术工程部所有员工（各部门经理除外）
生产系列	生产部门、质量管理部门、采购部门所有员工（各部门经理除外）
营销系列	市场部、销售部所有员工
后勤系列	一般勤务人员如司机、保安、保洁员等

第4章　高层管理人员薪酬标准的确定

第7条　基本年薪是高层管理人员的一个稳定的收入来源，它是由个人资历和职位决定的。该部分薪酬应占高层管理人员全部薪酬的30%～40%。

第8条　高层管理人员的薪酬水平由薪酬委员会确定，确定的依据是上一年度的企业总体经营业绩以及对外部市场薪酬调查数据的分析。

第9条　年终效益奖

年终效益奖是对高层管理人员经营业绩的一种短期激励，一般以货币的形式于年底支付，该部分应占高层管理人员全部薪酬的15%～25%。

第10条　股权激励

这是非常重要的一种激励手段。股权激励主要有股票期权、虚拟股票和限制性股票等方式。

第5章　一般员工工资标准的确定

第11条　岗位工资

岗位工资主要根据该岗位在企业中的重要程度来确定工资标准。企业实行岗位等级工资制，根据各岗位所承担工作的特性及对员工能力要求的不同，将岗位划分为不同的级别。

第12条　绩效工资

绩效工资根据企业经营效益和员工个人工作绩效计发。企业将员工绩效考核结果分为五个等级，其标准如下表所示。

绩效考核标准划分

等级	S	A	B	C	D
说明	优秀	良	好	合格	差

绩效工资分为月度绩效工资、年度绩效奖金两种。

月度绩效工资：员工的月度绩效工资同岗位工资一起按月发放，月度绩效工资的发放额度依据员工绩效考核结果确定。

年度绩效奖金：企业根据年度经营情况和员工一年的绩效考核成绩，决定员工的年度奖金的发放额度。

第 13 条　工龄工资

工龄工资是对员工长期为企业服务所给予的一种补偿。其计算方法为从员工正式进入企业之日起计算，工作每满一年可得工龄工资 10 元/月；工龄工资实行累进计算，满 10 年不再增加。按月发放。

第 14 条　奖金

奖金是对做出重大贡献或优异成绩的集体或个人给予的奖励。

第 6 章　员工福利

福利是在基本工资和绩效工资以外，为解决员工后顾之忧所提供的一定保障。

第 15 条　社会保险

社会保险是企业按照国家和地方相关法律规定为员工缴纳的养老、失业、医疗、工伤和生育保险。

第 16 条　法定节假日

企业按照《中华人民共和国劳动法》和其他相关法律规定为员工提供相关假期。法定假日共 11 天，具体如下。

元旦（1 月 1 日）　1 天

春节（正月初一）　3 天

劳动节（5 月 1 日）　1 天

清明节（4 月 5 日）　1 天

端午节（五月初五）　1 天

中秋节（八月十五）　1 天

国庆节（10 月 1 日～10 月 3 日）　3 天

第 17 条　带薪年假

员工在企业工作满一年可享受×个工作日的带薪休假，以后在企业工作每增加一年可增加×个工作日的带薪休假，但最多不超过×个工作日。

第 18 条　其他带薪休假

企业视员工个人情况，员工享有婚假、丧假、产假和哺乳假等带薪假。

第 19 条　津贴或补贴

（1）住房补贴

企业为员工提供宿舍，因企业原因而未能享受企业宿舍的员工，企业为其提供每月×××元的住房补贴。

（2）加班津贴

凡制度工作时间以外的出勤为加班，主要指休息日、法定休假日加班，以及八小时工作日的延长作业时间。

加班时间必须经主管认可，加点、加班时间不足半小时的不予计算。其加班津贴计算标准如下。

加班津贴支付标准	
加班时间	加班津贴
工作日加班	每小时加点工资＝正常工作时间每小时工资×150%支付
休息日加班	每小时加点工资＝正常工作时间每小时工资×200%支付
法定节假日加班	每小时加班工资＝正常工作时间每小时工资×300%支付

（3）学历津贴与职务津贴

为鼓励员工不断学习，提高工作技能，特设立此津贴项目，其标准如下。

学历津贴、职务津贴支付标准

津贴类型		支付标准
学历津贴	本科	×××元
	硕士	×××元
	博士及以上	×××元
职务津贴	初级	×××元
	中级	×××元
	高级	×××元

（4）午餐补助

公司为每位正式员工提供×元/天的午餐补助。

第7章 附则

第20条 本制度由企业人力资源部制定经总经理核准后实施，修改时亦同。

编制日期		审核日期		审核部门		修改日期	

员工福利管理制度包含3章12条，具体见表6.31。

表 6.31 员工福利管理制度

制度	员工福利管理制度		受控状态	
			编 号	
执行部门		监督部门	考证部门	

第1章 总则

第1条 目的

为了给员工营造一个良好的工作氛围，吸引人才，鼓励员工长期为企业服务并增强企业的凝聚力，以促进企业的发展，特制定本制度。

第2条 适用范围

企业所有员工。

第 3 条 权责单位

（1）人力资源部负责本制度的制定、修改、解释和废止等工作。

（2）总经理负责核准本制度制定、修改、废止等。

第 2 章 福利的种类及标准

第 4 条 社会保险

企业按照《中华人民共和国劳动法》及其他相关法律规定为员工缴纳养老保险、医疗保险、工伤保险、失业保险和生育保险。

第 5 条 企业补充养老保险

企业补充养老保险是指由企业根据自身经济实力，在国家规定的实施政策和实施条件下为本企业员工建立的一种辅助性的养老保险。它居于多层次的养老保险体系中的第二层次，由国家宏观指导、企业内部决策执行。其资金由企业和员工共同承担。

（1）企业补充养老保险资金来源的主要渠道

①参保员工缴纳的部分费用。

②公益金。

③福利金或奖励基金。

（2）企业与参保员工缴费比例

企业每月缴费比例为参加补充养老保险员工工资总额的××%，员工每月缴费为其月工资总额的×%。

第 6 条 各种补助或补贴

（1）工作餐补助

发放标准为每人每日×元，随每月工资一同发放。

（2）节假日补助

每逢"五一""十一"和春节假期，企业为员工发放节假日补助，正式员工每人×××元。

（3）其他补助

①生日补助：正式员工生日时（以员工身份证上的出生日期为准），企业为员工发放生日贺礼×××元，并赠送由总经理亲笔签名的生日贺卡。

②结婚补助：企业正式员工满一年及以上者，给付结婚贺礼×××元，正式聘用未满半年者贺礼减半，男女双方都在企业服务的正式员工贺礼加倍。

第 7 条 教育培训

为不断提升员工的工作技能和员工自身发展，企业为员工定期或不定期地提供相关培训，其采取的方式主要有在职培训、短脱产培训、公费进修和出国考察等。

第 8 条 设施福利

旨在丰富员工的业余生活，培养员工积极向上的道德情操，包括组织旅游、文体活动等。

第 9 条 劳动保护

（1）因工作原因需要劳动保护的岗位，企业必须发放在岗人员劳动保护用品。

（2）员工在岗时，必须穿戴劳动用品，并不得私自挪作他用。员工辞职或退休离开企业时，须到人力资源部交还劳保用品。

第 10 条　各种休假

（1）国家法定假日

包括元旦（1 天）、劳动节（1 天）、国庆节（3 天）、春节（3 天）、清明节（1 天）、端午节（1 天）、中秋节（1 天）。

（2）带薪年假

员工为企业服务每满 1 年可享受×天的带薪年假；每增 1 年相应增 1 天，但最多为××天。

（3）其他假日

员工婚嫁、产假、事假、病假期间，其休假待遇标准如下表所示。

员工婚嫁、产假、事假、病假期间，其休假待遇标准

假日	相关说明	薪资支付标准
婚嫁	符合婚姻法规定的员工结婚时，享受 3 天婚假。若是晚婚，除享受国家规定的婚假外，增加晚婚假 7 天	全额发放员工的基本工资
产假	女职工的产假有 90 天，产前假 15 天，产后假 75 天。难产的，增加产假 15 天。多胞胎生育的，每多生育一个婴儿增加产假 15 天	按相关法律规定和公司政策执行
事假	必须员工本人亲自处理时，方可请事假并填写"请假单"	扣除请假日的全额工资
病假	1. 员工请病假，须填写"请假单" 2. 规定医疗机构开具的病休证明	劳动者本人所在岗位标准工资的××%确定

第 3 章　员工福利管理

第 11 条　人力资源部每年年底必须将福利资金支出情况编制成相关报表，交付相关部门审核。

第 12 条　福利金的收支账务程序比照一般会计制度办理，支出金额超过××××元者需提交总经理审核。

编制日期		审核日期		审核部门		修改日期	

员工津贴管理制度包含 7 章 13 条，具体见表 6.32。

表 6.32　员工津贴管理制度

制度	员工津贴管理制度		受控状态	
			编　号	
执行部门		监督部门	考证部门	

第 1 章　总则

第 1 条　目的

为明确企业津贴给付的标准，规范津贴给付的程序，特制定本制度。

第 2 条　权责单位

（1）人力资源部负责制定企业的津贴标准，并负责修改、解释、废止等工作。

（2）总经理负责对本制度进行审批，审批通过后本制度正式实施。

第 2 章　高温津贴

第 3 条　根据工作时间长短的不同，分别设立不同的津贴给付标准，如下表所示。

高温津贴给付标准

工作环境	津贴标准
高温环境下工作 5~6 小时/天	每人每月 150 元
高温环境下工作 3~5 小时/天（包括 5 小时）	每人每月 120 元
高温环境下工作 3 小时及以下	每人每月 80 元

第 3 章　住房津贴

第 4 条　适用范围

适用于不在企业住宅、宿舍及其他企业提供的设施居住的企业员工。

第 5 条　津贴发放

津贴连同员工工资一同发放，其发放标准见表所示。

住房津贴给付标准一览表

员工类别		津贴给付标准
本人是户主	有抚养家属	租借房屋：每月津贴 400 元 自有房屋：每月津贴 200 元
	无抚养家属（单身）	租借房屋：每月津贴 300 元 自有房屋：每月津贴 150 元
本人不是户主	所抚养家属是户主时	租借房屋：每月津贴 300 元 自有房屋：每月津贴 150 元
	所抚养家属不是户主时	租借房屋：每月津贴 200 元 自有房屋：每月津贴 100 元
	无抚养家属	租借房屋：每月津贴 150 元 自有房屋：每月津贴 100 元
购、建私房津贴	本人是户主	有抚养家属者：以 500 元为限 无抚养家属者：以 300 元为限
	本人不是户主	抚养家属者：以 400 元为限 无抚养家属者：以 200 元为限

第 6 条　相关资料的调查

企业在审核员工提交的有关资料时，根据需要，可要求员工进一步提交有关辅助资料（如租房契约、交房租收据等），对事实进行确认性调查。

第 7 条　住房津贴的停止享用

员工离职的当月，则不再享受企业提供的住房津贴。

第 3 章　午餐补助

第 8 条　适用范围

因工作原因而不能到企业食堂就餐的员工。

第 9 条　午餐补助的发放

（1）每天午餐补贴 10 元。

（2）伙食补贴每月结算一次，按实际出勤天数乘以每天的伙食补助标准支付。

第 4 章　交通津贴

第 10 条　适用范围

适用于不在企业提供的宿舍住宿，需要乘坐交通工具上下班的员工。

第 11 条　发放标准

发放标准根据员工职务的不同而有所不同，其标准如下表所示。

不同人员津贴发放标准表

员工类别	津贴标准（元）
高层管理者（1~3 级）	400
中层管理者（4~7 级）	200
基层管理者（8~9 级）	100
一般员工	50

第 5 章　其他津贴

第 12 条　节假日补贴，每逢"五一""中秋""十一""春节"节日，企业为员工发放一定的过节费。其发放标准如下表所示。

节假日津贴发放标准

节假日	补贴标准（元）
劳动节	100
国庆节	100
中秋节	100
春节	500~1 000

第 6 章　附则

第 13 条　其他本制度未包括的各类补贴津贴，根据企业经营的需要再另行设置。

编制日期		审核日期		审核部门		修改日期	

员工津贴管理制度包含 7 章 13 条，具体见表 6.33。

表 6.33　员工奖金管理制度

制度	员工奖金管理制度		受控状态	
			编　　号	
执行部门		监督部门	考证部门	

第 1 章　总则

第 1 条　目的

为了合理分配员工劳动报酬，激发员工工作的积极性、能动性和创造性，特制定本制度。

第 2 条　适用范围

企业全体员工。

第 3 条　奖金分配的原则

1. 鼓励先进、鞭策后进、奖优罚劣、奖勤罚懒。

2. 贯彻多超多奖、少超少奖、不超不奖的奖金分配原则。

第 2 章　奖金的类型

第 4 条　奖金是员工工资的重要补充，是激励员工的重要手段，是企业对员工超额劳动部分或劳动绩效突出的部分所支付的劳动报酬。奖金的设计在薪酬设计中占有重要地位，并对员工有较强的激励作用。企业主要设立如下六项奖金项目：

（1）全勤奖；

（2）绩效奖；

（3）项目奖金；

（4）优秀部门奖；

（5）优秀员工奖；

（6）创新奖。

第 3 章　全勤奖

为奖励员工出勤，减少员工请假，特设立此奖金项目。

第 5 条　奖金数额：×××元

第 6 条　奖励周期：月度

第 7 条　发放标准

1. 当月全勤者，计发全额奖金。

2. 当月请假者，事假一次，扣除全勤奖的 30%～60%；事假两次，不计发全勤奖；病假，扣除全勤奖的 20%～40%，具体比例根据实际情况而定。

第 4 章　绩效奖金

第 8 条　绩效奖金分为季度绩效奖金和年度绩效奖金两种。

第 9 条　绩效奖金的发放总额由企业经营绩效决定，其具体奖励标准可以根据奖励指标完成程度来制定。如下表给出了生产部门和销售部门的部分奖励指标。

生产部和市场部的部分奖励指标

部门	奖励指标
生产部	生产产量
	优良品率
	产品投入产出比
	省料率
	成本节约
市场部	销售额
	销售目标达成率
	货款回收完成率
	客户保有率

第 5 章　项目奖金

第 10 条　项目奖金是针对研发人员而设立的奖项，一般以项目的完成为一个周期。其评定指标和奖励标准见下表。

项目奖金的评定标准

评定指标	奖励标准
项目完成时间	项目产值的×%
成本节约	项目产值的×%
项目完成质量	项目产值的×%
项目专业水准	项目产值的×%

第 6 章　其他奖项

第 11 条　其他奖项包括优秀部门奖、优秀员工奖、创新奖三种。下表给出了各自的奖励条件和奖励标准。

优秀部门奖、优秀员工奖、创新奖的奖励条件和奖励标准

奖项类别	奖励条件	奖励标准
优秀部门奖	1. 业绩突出 2. 企业评选得票最高者	奖励×××元
优秀员工奖	1. 连续三次及以上绩效考核被评为优秀者 2. 获得所在部门其他员工的认同	奖励×××元
创新奖	1. 努力革新新技术、新工艺，且在实践工作中大大提高了生产效率 2. 开拓新业务且切实可行，为企业带来了较高的效益	由总经理核定

第 7 章　附则						
第 12 条　本奖金制度原则上每年修订×次。						
第 13 条　本制度经总经理核准后实施，修改时亦同。						
编制日期		审核日期		审核部门		修改日期	

薪酬福利管理操作工具包含薪酬调查表、员工调薪表、工资汇总表、奖金核定表、住房补贴表、保险月报表等，具体见表 6.34 至表 6.39。

表 6.34　薪酬调查

填表日期：　　　年　　月　　日

企业信息	企业名称			企业性质		
	企业所在地			人员规模		
	所属行业					
	主营业务					
个人信息	姓名		年龄		性别	□男　□女
	毕业学校			所学专业		
	工作年限	___年		户口所在地		□北京　□外地
	所在部门			担任职位		
薪酬信息						
现有薪资/元	□1 500~1 999　　□2 000~3 499　　□3 500~4 999 □5 000~6 499　　□6 500~7 999　　□8 000 以上					
对现有薪资 是否满意	□非常满意　　□基本满意　　□不满意					
薪资构成	薪资构成			所占总薪资的比例		
福利津贴						
（该岗位）你认为 满意的薪酬水平	____元　至　____元					

调查人：　调查日期：　　年　　月　　日　至　　年　　月　　日

填表说明：本表格用于外部薪酬市场调查。

表 6.35　员工调薪

员工个人信息	姓名		部门		职务		
	年龄		工作编号		入职时间		年　月　日
	现有薪酬情况						
调薪原因	□年度调薪　　□调职调薪　　□试用合格调薪　　□机动调薪　　□调整津贴						
调薪情况	调整部分		调整前		调整后		
	职称						
	基本薪酬						
	津贴项目						
	年终奖金						
	转正薪金						
	合计						
备注（相关意见）：							
总经理签字				部门主管签字			

生效日期：　　年　月　日

填表说明：本表格用于员工调薪申请，由部门主管与总经理审批。

表 6.36　工资汇总

部门：

姓名	发放部分			扣除部分				实发工资	备注
	基本工资	奖金	津贴	病事假	保险金	公积金	所得税		
工资合计									
部门主管签字：			财务签字：			总经理签字：			

填表日期：　　年　月　日

填表说明：本表格用于财务部进行各部门员工的工资核算、汇总。

表 6.37　奖金核定

月份：

本月营业额		本月利润净额		利润率	
部门奖金核定情况	部门	部门人数	奖金分配率	应发奖金	
合计			100%		
奖金核定标准/元	本月营业额			奖金发放率	
	400 万以下			0%	
	400~500 万			10%	
	500~600 万			20%	
	600~700 万			30%	
	700~800 万			40%	
	800 万以上			50%	

总经理审核：　　制表时间：　年　月　日

填表说明：本表格用于部门奖金分配，确定各部门奖金比例。

表 6.38　保险月报

部门名称：

序号	姓名	工资总额	个人缴纳部分			合计	企业缴纳部分			合计
			社保	公积金	其他		社保	公积金	其他	

审核人：　　　　　　　　　　　　　　　　填表日期：　年　月　日

填表说明：本表格用于财务部进行每月各部门人员的保险汇总、核算。

表 6.39　住房补贴

申请日期：　年　月　日

申请人 基本信息	姓名		部门		职位	
	参加工作时间			身份证号		
房屋信息	房屋产权号				建筑面积	
	房屋性质	□购买公房　　□参加集资建房　　□租住公房				
住房补贴 领取方式	□一次性领取　　□按月领取　　□离退休后领取					
其他相关 情况说明						
申请人部门领导审批意见 部门领导签字： 日期：　年　月　日			单位负责人审批意见 单位负责人签字： 日期：　年　月　日			

填表说明：本表格用于员工住房补贴申请，由部门领导与单位负责人共同审批。

第九节　绩效考核

绩效考核，是为了保障企业各岗位更清晰地了解本岗位工作目标和工作要求，让各岗位任职人员更职业化，而进行的一项管理工具与方法。

考核原则：以业绩目标实现和职责履行为导向。

考核决策机构：绩效考核委员会。

考核组织部门：人力资源部。

考核形式：①普通岗位人员，以月度考核为主；②高级管理人员，为年度考核；③企业核心高管，需签订《目标责任书》。

绩效考核说明如下：

1. 指标

考核指标数量：①基层有 3~7 个，核心指标 1~2 个；②中层有 5~10 个，核心指标 2~3 个；③高层有 7~14 个，核心指标 3~4 个。

越是高层，指标涵盖类别越全面。

级别不同，考核指标量级也不同。同一层级中，上山型岗位指标数量偏少，目标相对单一；平路型和下山型指标偏多。

2. 要求

要求是指定义该项指标的要求（目标值）。

3. 权重

权重是一个指标占所有指标的百分比。

4. 原则

①业绩考核与行为考核各为100%；②单指标权重建议最高不超过35%；③单指标权重建议最低不低于5%；④权重通常建议为5的倍数，便于计算得分。

5. 得分结果

60分以下：绩效为0；60~69分：绩效为0.8分；70~79分：绩效为1.0；80~89分：绩效为1.2分；90分以上：为绩效1.5。

6. 得分与上山型岗位的提成关系

①低于保底目标，无提成；年底完成目标补发扣除部分；②绩效低于60分，绩效工资与提成均为0；③绩效连续3个月低于60分公司将进行降级、调岗处理。

7. 营销部核算方法

①营销部经理：每月提成按照保底目标2‰核算，年底完成平衡或冲刺目标，补发提成点数（平衡：4‰，冲刺：5‰）。

②店长：每月提成按照保底1%核算，年底完成平衡或冲刺目标，补发提成点数（平衡：1.5%，冲刺：2%）。

所有提成按照回款核算。

需要注意的是，绩效考核表单项加分的分值不能超过该项分值的50%。此外，建议基层岗位指标数有2~5个，中高层指标3~5个；单项指标不低于10分；考核指标可根据实际情况变换，指标数不宜过多。

第十节　招聘体系

一、员工招聘的含义和原则

（一）员工招聘的含义

员工招聘是根据组织的人力资源规划所确定的人员需求，通过多种渠道、利用多种手段，广泛吸引具备相应资格的人才到本组织求职的过程。这个过程直接影响组织在人力资源配置方面的成本效益，以及人员征选录用工作的难度、工作量和成效。员工招聘有两种含义：广义上是指吸引和选择企业需要的工作人员的活动过程，包括组织内部招聘（内部选拔）和组织外部招聘（外部选用）；狭义上是指组织因工作需要向组织外部招收工作人员。

（二）员工招聘的意义

在任何一个组织中，用人都是管理的核心问题，在激烈的市场竞争面前，"以人为本"的观念已逐渐树立，人力资源管理部门正在成为现代企业中的一个重要部门。招聘的意义可从以下两方面体现。

第一，从组织内部看，招聘关系到组织的生存和发展。一个组织如果没有较高素质的员工队伍和科学合理的人力资源统筹安排，就意味着没有竞争力，只有适调选人，并在工作中注重员工队伍的培训和发展，才能确保员工队伍的整体素质。

聘用员工对一个组织来说，是一件大事，除了其本身能够为组织招收新的人才外，还将在一定程度上改变组织的结构，而且，无论是对在职员工还是新员工，招聘都能起到一定的激励作用。当组织招聘人才时，组织结构便因人员的组合发生变化而发生相应的变动。因此，招聘是调整和改善组织结构的一项重要手段。

第二，从组织外部看，一次成功的招聘活动，就是一次成功的公关活动，对企业形象是一次非常好的宣传机会。对组织而言，组织形象至关重要，聘用的全过程本身就是组织形象的宣传过程，从招聘信息的发布、招聘过程的测试，到最终录用，均为公众和应聘人员提供了一次了解组织和展示组织形象的机会。

（三）员工招聘的原则

由于员工招聘成功对企业的生存和发展的非常重要，所以企业在日常员工招聘过程中应该体现以下几个原则：

（1）坚持企业领导高度重视的原则。企业的主管领导应当把人才问题放到战略的高度，授权人力资源管理部门根据企业发展的需要，制定严格的评选标准和要求，并严格按照程序执行。

（2）坚持效率优先的原则。这是指应力争用尽可能少的招聘费用，录取到高素质、适应企业需要的人员。

（3）坚持公平、公正的原则。只有公平竞争才能使人才脱颖而出，起到激励作用，所以在人员招聘过程中不能有歧视行为。

（4）坚持"德才兼备"原则。人才的选拔必须把品德、能力、学历和经验作为主要依据，要优先考虑能够认同公司价值观和品德优良的人，对于那些能力看似很强，但价值观可塑性较差和投入程度不高的人员要慎重考虑。

（5）坚持多渠道选拔人才的原则。企业的人力资源管理部门不应拘泥于某种选拔方式，而是应该采取多种有效的人才招聘渠道，找到自己组织需要的人才。

（6）坚持运用科学的测评手段选拔人才的原则。企业人力资源管理应尽量体现科学性，通过利用科学的测评手段，如专门测评软件、面试、笔试、辩论等，了解人员的素质结构、能力特征和职业适应性，为量才用人提供可靠的依据。

二、员工招聘的渠道

通过何种渠道以及采用什么方式吸引并招聘到组织所需要的员工是总体招聘战略的一个重要内容，它在很大程度上影响到组织能够吸引到的应聘者的数量及质量。员工招聘的渠道有两个，即内部招聘和外部招聘。每个组织在招聘时都要根据人事政策、招聘人员的类型、招聘人员的市场供给状况和招聘成本等因素，选择相应的招聘渠道。

（一）内部招聘

企业内部招聘有 3 种方法，包括布告招聘、利用技术档案信息和主管推荐。

（1）布告招聘，这是组织内部招聘人员的普遍方法。这种方法不仅在政府部门被广泛使用，也被私人企业广泛应用。具体做法是：当组织出现岗位空缺时，可将空缺的职位和招聘告示张贴在内部公共布告栏，吸引内部人员应聘。但发布的招聘告示要满足下列条件：①至少要在内部招聘前一周发布信息；②布告上要清楚地列出工作描述和工作说明书；③布告要张贴在引人注目的地方，以便让所有员工看到；④所有应聘者都应得到信息反馈。这种方法有利于发挥组织中现有员工的工作积极性，激励和鼓舞士气，是刺激员工职业发展的好方法，且比较省时和经济。

（2）利用技术档案信息，多数组织的人事部门都建立了人事档案或人力资源信息系统，记录了现有员工的有关信息，如员工的工作经历、教育经历、已参加或计划参加的培训、具备的特殊技能或能力、业绩评估等。当组织出现空缺岗位时，通过这些技术档案信息可以很快找到适合岗位招聘要求的员工，并在此基础上进行层层筛选。这种方法与布告招聘可同时使用，可在整个组织内发掘合适的候选人，也比较经济和省时。

（3）主管推荐，这种做法的好处是主管人员对其所推荐的候选人的能力有比较深入和全面的了解，不足之处是主管人员有时不能客观地评价被推荐者，容易带有较强的主观意识。

（二）外部招聘

当组织内部现有人员的数量或技能无法满足空缺岗位的需求，或者组织需要一些不同背景的员工时，就要通过外部渠道进行招聘。外部招聘能够最大限度地满足组织对人力资源的需求，使组织招聘有更大的选择范围和更多的机会，给组织带来新的思想和观念。一般来说，外部招聘的主要方法有广告招聘、员工推荐、职业中介机构、招聘会、网络招聘和猎头招聘等6种。

（1）广告招聘，这是外部招聘最常用的方法。当组织出现职位空缺时，可以通过各种媒体（如报纸、杂志、广播、电视等）将招聘信息发布出去，吸引对该职位感兴趣的人员前来应聘。一方面，广告可以将相关工作的性质、要求和应该具备的从业资格等信息提供给潜在的应聘者；另一方面，广告可以向应聘者宣传企业。因此，在利用广告进行招聘时，必须明确两个非常重要的问题：一是广告设计要具有吸引力，内容要真实，不能误导应聘者。也就是说，招聘广告的信息必须明确清楚，能让应聘者了解招聘岗位的工作职责、岗位要求，便于应聘者能够对自己是否满足岗位的整体要求作出判断，将符合招聘条件的人员吸引到组织中来。二是组织要采用合适的媒体将招聘信息有效地传递给组织想招聘的候选人群。通常，招聘岗位的目标求职者决定了广告媒体的选择。例如，对特殊专业人员的招聘广告可以刊登在专业期刊或学术杂志上，招聘学生的理想媒体则是青年报或年轻人喜欢的杂志。

（2）员工推荐，组织出现岗位空缺时，组织内部员工可以推荐他们认为合适的人选应聘。美国微软公司30%的开发人员是通过员工推荐招聘的，这种方法可以使那些目前有着较理想工作，并不积极主动寻找新工作的高级管理人员或市场短缺的专业人才成为组织招聘的候选人。这样不仅扩大了组织的招聘范围，而且成功率高、流失率较低，招聘时间短，成本低。

为保证员工推荐作为组织招聘的一项常规工作顺利开展，应建立完善的员工推荐机制和奖励机制，使员工推荐工作规范化，避免操作过程中的随意化和人情化，使员工推荐工作更公平、公正、规范、有效。

（3）职业中介机构，这是外部招聘的一种特殊方法。与其他方法不同的是，用人单位不直接招聘，而是委托职业中介代为寻找和初步选择所需要的人员。由于职业中介专门从事人员流动中介工作，他们的联系面广、掌握的信息较多，职业中介招聘可以减轻招聘单位寻找、联系，筛选求职者等烦琐工作，但值得注意的是，职业中介服务质量参差不齐，应慎重使用。

（4）招聘会，这是外部招聘的一种常见形式。通常招聘会都是由有资格的政府职能部门或下属机构主办，有明确的主题，且比较规范，信誉较好。利用招聘会进行招聘的最大好处就是可以在短时间内收集到大量的求职信息，供需双方可以面对面进行沟通，有助于了解应聘者是否符合招聘单位及岗位的需求。同时，由于云集众多的招聘单位，也吸引了大批求职者，不失为宣传和展示企业形象的好时机。

（5）网络招聘，随着信息技术和互联网的迅速发展，网络招聘正在兴起，我国目前网络招聘发展迅速，并日趋规范，出现了一些比较正规、规模较大的专业人才网站。如前程无忧网、中华英才网等。网络招聘是利用计算机及网络技术支持全部的招聘过程，它改变了传统招聘方法的运行模式，借助互联网和组织内部的人力资源信息系统，将申请过程、招聘过程及录用过程有机融合，形成一个全新的网络招聘系统，使组织能够更好、更快并以更低的成本吸引并招聘到组织所需人才。

这种方式改变了传统招聘方法的运作方式和管理理念，网络招聘强调的是寻找、吸引和发现符合职位要求的候选人，不再是简单的简历处理过程。网络招聘实现了提交招聘需求、发布招聘信息，求职简历收集与管理、网上评估与筛选等过程的同步进行，而且有许多在传统招聘方式下必须由人工完成的工作可以通过网络招聘系统自动完成。求职者可在线申请，网络招聘系统则将简历资料进行自动收集管理，并将申请者的简加信息资料自动转入按申请者编排的数据库中，便于招聘者查询。招聘者可以根据岗位要求制定查询方式，从组织已建立的人才信息库和员工信息库中寻找符合检索条件的人选。有些网络招聘系统设置了网上测评系统，对申请者进行在线评估，这些功能大大缩短了招聘过程。此外，它还具有一系列的管理功能，可以跟踪招聘全过程，使招聘人员掌握招聘工作的进展情况，也使应聘者可以及时得到信息反馈。应聘者一旦被录用，其所有信息都会被自动转到组织的人力资源信息系统中，形成员工信息。网络招聘系统具有的动态监测功能，可以为客户提供一系列数据信息。

很多公司看到这些优点，会选择浏览量大的网站发布招聘信息，这种招聘方式的好处是网站访问量大、信息传播快，可以吸引到符合企业需求的人才。

（6）猎头招聘。猎头一词来源于英文"head hunting"，在猎头行业已发展很成熟的西方国家，许多公司也改用更为贴近的"executive search"，直译为"行政搜寻"，指为客户物色合适的人选。猎头公司的一般流程是：①客户用人要求分析；②人才初步调查；③人才访寻及甄选；④人才推荐；⑤人才到位。

从现在人才流动方式上看，公开招聘虽然是用人单位的首选，但通常只有中低级的人才才会去招聘会应聘，真正的高级管理人员都有相对稳定的工作和可观的收入，他们很少在市场上流动。因此，用人单位要想招聘到真正符合要求的高级管理人员，只有通过"猎头公司"才能成功，并更深层次地挖掘他们的管理才能，为企业带来理想的效益。

三、员工招聘的一般程序

人员招聘作为人力资源管理工作的一个部分，不仅与其他人力资源管理工作（人力资源规划、组织的激励机制等）有密切关系，还受众多因素的影响。因此，一个有效的招聘活动应该经过认真筹划，人员招聘的一般程序通常分为确定招聘需求、选择招聘渠道、制订招聘计划，选择招聘来源和方法，回收应聘资料、评估招聘效果。

（一）确定招聘需求

确定招聘需求是整个招聘活动的起点，包括数量和质量两方面。当企业扩大生产规模，有员工离职而其内部人员无法填补岗位空缺、企业业务进行调整需要特定人才时，企业对新员工就有了需求。在明确获知企业中的空缺职位以及职位的具体要求后，才能开始招聘。职位空缺的确定，要以人力资源规划和工作分析为基础，不仅要了解人力资源的现实需求，还要能够尽早发现潜在的人员需求，明确这些现实的和潜在的需求量的大小，以及补充这些人员需求的方式。因此，在招聘活动开始之前，首先要明确是否有岗位空缺，存在多少岗位空缺，需要什么样的人填补岗位空缺。

（二）选择招聘渠道

通常企业的招聘渠道有内部招聘和外部招聘两种。表6.40对这两种渠道做了简单的概括和比较。由于这两种渠道各有优劣，企业在选择招聘渠道时，需要综合考虑这些利弊后才能做出决策。通常企业将两种方法结合使用，对于基层职位从外部进行招聘，对于高层或关键的职位则从内部晋升或调配。

表6.40　内部招聘与外部招聘的利弊分析

类别	优势	劣势
内部招聘	（1）有利于提高员工的士气和发展期望； （2）对组织工作的程序，企业文化、领导方式等比较熟悉，能够迅速展开工作； （3）对企业目标认同感强，辞职可能性小，有利于个人和企业的长期发展； （4）风险小，对员工的工作绩效、能力和人品有基本了解，可靠性较高； （5）节约时间和费用	（1）容易引起同事间的过度竞争，发生内耗； （2）竞争失利者感到心理不平衡，难以安抚； （3）新上任者面对的是"老人"，难以建立起领导声望； （4）思想、观念因循守旧、思考范围狭窄、缺乏创新与活力

表6.40(续)

类别	优势	劣势
外部招聘	（1）为企业注入新鲜的"血液"，能够给企业带来活力； （2）避免企业内部相互竞争所造成的紧张； （3）给企业内部人员以压力，激发他们的工作动力； （4）选择的范围比较广，可以招聘到优秀的人才	（1）容易使内部人员感到晋升无望、影响工作热情； （2）外部人员对企业情况不了解，需要较长时间来适应； （3）对外部人员不是很了解，不容易做出客观评价，可靠性较差； （4）外部人员不一定认同企业价值观和企业文化，会给企业稳定造成影响

（三）制订招聘计划

人事部门应根据完成组织任务的需要，编制招聘计划。招聘计划包括确定招聘预算、招聘人数、条件要求（文化水平、专业技术、实践经验、年龄、性别等），组织招聘的人员、招聘工作的负责人，确定考核方式、完成时间等。

（四）选择招聘来源和方法

招聘来源是指潜在的应聘者所在的目标群体。招聘方法则是指让潜在的应聘者获知企业招聘信息的方式和途径，招聘来源和招聘方法的选择，对于招聘活动的效果具有非常重要的影响。如果选择的招聘来源不当，目标群体中的人员并不适合从事空缺岗位，招聘活动就无法吸引到合适的应聘者；如果企业选择的招聘方法并不能让潜在的应聘者及时获知招聘信息，也无法吸引到应聘者。

（五）回收应聘资料

企业把招聘信息发布出去后，还要对应聘者的应聘资料进行回收，以便进行下一步的选拔录用。在回收应聘资料的过程中，并不只是被动地收取，还应当进行初步筛选，剔除那些明显不符合要求的人员，从而减轻选拔录用的工作量。需要强调，初步剔除的人员并不是不优秀，只是不符合本次招聘的要求，对于这些人员的信息，企业应当予以保留，建立专门招聘信息库，可以在未来招聘工作中使用，避免重复工作，也可以加速招聘的进程。

（六）评估招聘效果

对招聘结果进行评估，可以帮助企业发现招聘过程中存在的问题，对招聘计划及招聘来源和方法进行优化，提高以后招聘的效果，评估招聘效果从以下4个方面进行。

（1）招聘时间。在招聘计划中一般都有对招聘时间的估计，在招聘活动结束后要将招聘过程中各个阶段所用的时间与计划的时间进行对比，对计划的准确性进行评估和分析，为以后更加准确地确定招聘时间奠定基础。

（2）招聘成本。一是将实际发生的招聘费用与预算的费用进行对比，以利于下次更准确地制定预算；二是计算各种招聘方法的招聘单价，从中找出最优的方法。其他条件相同时，招聘单价越低，说明这种招聘方法越有效。招聘单价的计算公式如下：

$$招聘单价＝招聘费用÷应聘者人数$$

（3）应聘比率。这是对招聘效果数量方面的评估。其计算公式如下：

$$应聘比率＝（应聘人数÷计划招聘人数）×100\%$$

其他条件相同时，应聘的比率越高，说明招聘的效果越好。

（4）录用比率。这是对招聘效果质量方面的评估。其计算公式如下：

$$录用比率＝（录用人数÷应聘人数）×100\%$$

其他条件相同时，录用的比率越高，说明招聘的效果越好。

四、员工招聘面试

面试是招聘人员与求职者通过进行有目的的会谈相互交流信息，从而对应聘者做出评价。

第七章 中小民营企业人力资源管理咨询案例

第一节 W办公文具公司人力资源管理咨询案例

一、企业简介

W公司是贵州省内文教体育用品行业规模宏大、业务广泛、客户群体众多，集批发和零售为一体的大型商业机构。公司代理国内外多种知名品牌，经营种类之丰富、商品质量之稳靠，在国内具有举足轻重的影响力。近几年，该公司除了代理传统的文体用品，还在办公设备、电脑配件、数码通信、生活用品、商务礼品等领域迅速发展，正以多元化的模式，发展为以传统渠道销售为基石、电商平台销售为柱梁的新型现代化企业。公司积聚了一批事业心强、忠诚度高、精于业务、朝气蓬勃、勇于开拓的实战队伍。他们有着共同的信念和事业的坚守。

2020年公司正式引进管理咨询团队，进行"组织管理咨询"项目，为公司提供管理咨询服务。

二、企业现状

咨询项目组通过内部访谈、内容资料收集与分析、问卷调查以及行业竞争对手分析调研发现，企业近3年处于业绩严重下滑阶段，经销商客户不增反降，优秀人才离职创业并成为竞争对手；公司组织架构不科学，激励薪酬体系过于单一，在同行的薪酬水平处于中下分位值。这是因为公司在薪酬管理上没有匹配完善的绩效考核管理方案，企业把业绩提成误认为是绩效管理方案，员工无职业生涯规划，岗位职责不清，实际人数工作量远超于企业业绩支撑量，企业未建立培训体系，员工岗位胜任能力低下。通过SWOT法分析W公司的现状，具体见图 7.1。

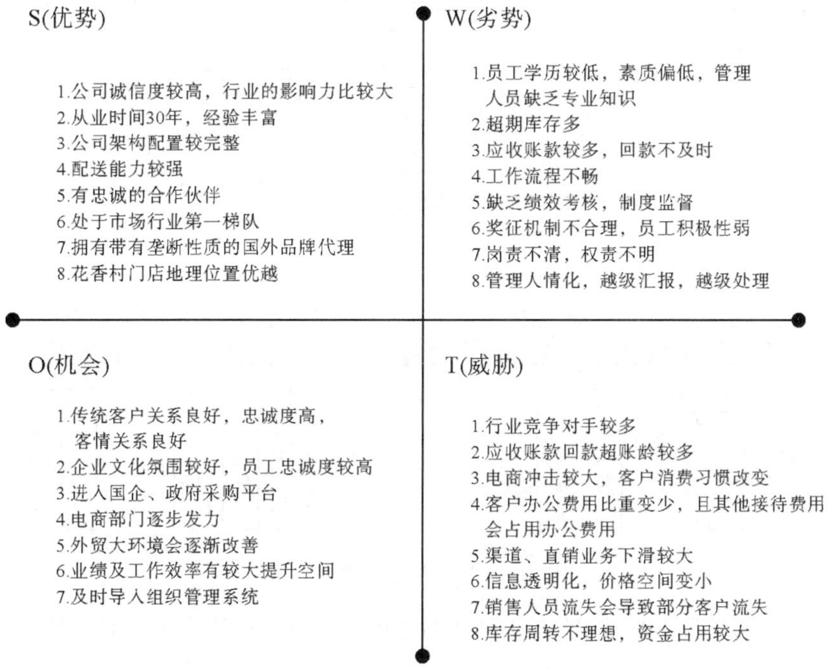

S(优势)

1.公司诚信度较高，行业的影响力比较大
2.从业时间30年，经验丰富
3.公司架构配置较完整
4.配送能力较强
5.有忠诚的合作伙伴
6.处于市场行业第一梯队
7.拥有带有垄断性质的国外品牌代理
8.花香村门店地理位置优越

W(劣势)

1.员工学历较低，素质偏低，管理
  人员缺乏专业知识
2.超期库存多
3.应收账款较多，回款不及时
4.工作流程不畅
5.缺乏绩效考核，制度监督
6.奖征机制不合理，员工积极性弱
7.岗责不清，权责不明
8.管理人情化，越级汇报，越级处理

O(机会)

1.传统客户关系良好，忠诚度高，
  客情关系良好
2.企业文化氛围较好，员工忠诚度较高
3.进入国企、政府采购平台
4.电商部门逐步发力
5.外贸大环境会逐渐改善
6.业绩及工作效率有较大提升空间
7.及时导入组织管理系统

T(威胁)

1.行业竞争对手较多
2.应收账款回款超账龄较多
3.电商冲击较大，客户消费习惯改变
4.客户办公费用比重变少，且其他接待费用
  会占用办公费用
5.渠道、直销业务下滑较大
6.信息透明化，价格空间变小
7.销售人员流失会导致部分客户流失
8.库存周转不理想，资金占用较大

图 7.1　W 公司 SWOT 分析

三、组织架构

W 公司组织架构现状（见图 7.2）主要体现在以下 5 个方面：
①该公司顶层设计股东会、监事未体现在组织架构上；②现有架构与实际不匹配，存在一人对多岗、多头领导的现象；③企业在实际的经营管理中与组织架构不相符，在企业管理运行中因人设岗，特权现象严重；④流程不畅，工作中遇到问题找不到人协助解决；⑤岗责不清，权责不明。

该公司组织架构对公司发展带来的影响有：①岗薪不匹配；②管理幅度增加；③信息沟通不畅；④协调成本增加；⑤工作质量高低缺乏标准；⑥决策运行效能降低；⑦对企业战略发展规划无指导作用，优秀人才看不到希望，吸引不了优秀的人才。

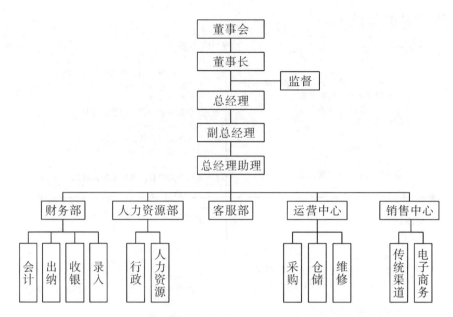

图 7.2　W 公司组织架构现状

　　通过咨询项目组对该公司的调研与组织架构分析发现，该公司组织架构项目组通过调研后，为解决 W 公司组织架构问题，设计了新的组织架构（见图 7.3）。

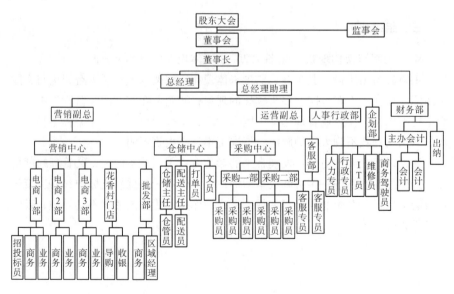

图 7.3　W 公司优化后的组织架构

四、该公司部分岗位工作职责咨询方案

根据组织架构图，项目组为 W 公司设计各岗位工作分析表，以便有效支撑 W 公司的管理。(见表7.1、表7.2、表7.3、表7.4)

表 7.1　营销总监工作分析

从事岗位名称	营销总监	有无兼职	无
我的上级岗位名称	营销副总	我的部门名称	营销中心
下级的岗位	电商经理、花香店长、批发经理、招投标员、商务、业务、导购、收银		
岗位任职资格要求	◆年龄：30~45 岁 ◆性别：不限 ◆籍贯：不限 ◆婚姻状况：不限 ◆学历：大专及以上 ◆专业：市场营销、工商管理类 ◆经验要求：五年以上业务经验，1 年以上营销总监工作经验 ◆能力要求：熟练使用办公软件 ◆其他要求：无		

序号	具体工作
1	负责公司的业务拓展、销售运作，能强有力地将计划转变成结果
2	设置销售目标、销售模式、销售战略、销售预算和奖励计划
3	建立和管理销售队伍，规范销售流程，完成销售目标
4	分析新的和原有分销体系或销售渠道的市场潜力、销售数据和费用，测算盈亏情况
5	营销策划：根据市场情况策划每期的促销活动、产品推广活动、客户维护活动、新客户开发活动等
6	完成公司销售指标：跟踪每个部门销售指标完成情况，并根据完成的进度情况给予帮助，配合销售部门完成公司的销售指标
7	培训：根据公司发展需要与销售部门需提升内容对销售部门进行培训
8	销售数据分析：每月对销售数据进行分析，并找出问题点加以改善，做得好的加以推广
9	制度建立：根据公司发展与市场发展优化销售部门的制度，提高工作的积极性与效率
10	临时工作：全力完成副总经理（营销）交办的各项工作

岗位责任

1. 带领销售团队完成公司月、年销任务；
2. 营销费用的控制；
3. 公司毛利率的控制；
4. 团队成长的培养；
5. 团队学习的培训

岗位权限

1. 营销费用审批权：在公司预算的营销费用范围内决策权；
2. 价格建议权：公司商品价格的建议权；
3. 销售部门人员留用权：对销售部门人员是否留用有建议权；
4. 特殊销售审批权：单笔销售金额 10 万元以下，整单毛利率 5% 以上订单操作决策权

表 7.2　批发部经理工作分析

从事岗位名称	批发部经理	有无兼职	无
我的上级岗位名称	营销总监	我的部门名称	营销中心
下级的岗位	业务、商务		
岗位任职资格要求	◆年龄：25~40 岁 ◆性别：不限 ◆籍贯：不限 ◆婚姻状况：不限 ◆学历：大专及以上 ◆专业：工商管理类 ◆经验要求：3 年以上业务工作经验，1 年以上销售经理工作经验 ◆能力要求：熟练使用办公软件 ◆其他要求：无		

序号	具体工作
1	完成公司下达的个人各项销售指标
2	带领部门人员完成公司制定的各项销售指标
3	协助部门其他业务完成销售指标，并陪同部分业务作客户开发、维护工作
4	给部门业务人员进行客户日常的开发、维护等技能培训
5	每月对部门销售数据进行分析，并与营销总监沟通找出改善方案

序号	具体工作
6	根据公司发展与市场发展优化销售部门的制度，提高工作的积极性与效率
7	根据业务人员情况给予以培养，为公司培养出代经理
8	全力完成营销总监交办的各项工作

岗位责任
1. 带领销售团队完成部门月、年销售任务； 2. 部门费用的控制； 3. 部门毛利率的控制； 4. 部门人员成长的培养； 5. 团队学习的培训

岗位权限
1 特殊价格建议权：针对公司特殊大客户有特殊政策的建议权； 2. 客户维护费用：200 元以内客户维护费用有决定权； 3. 销售部门人员留用权：对本部门人员是否留用有建议权； 4. 样品赠送权：100 元以内的样品赠送客户有决定权

表 7.3　采购总监工作分析

从事岗位名称	采购总监	有无兼职	
我的上级岗位名称	运营副总	我的部门名称	采购中心
下级的岗位	采购经理、采购员		
岗位任职资格要求	◆年龄：30~45 岁 ◆性别：不限 ◆籍贯：不限 ◆婚姻状况：已婚 ◆学历：大专及以上 ◆专业：不限，管理类、物流类相关专业优先 ◆经验要求：本行业 5 年以上采购管理工作经验 ◆能力要求：精通采购原理及成本控制，具备优秀的合同谈判和签约能力，良好的决策判断能力和计划组织能力；具有制定、审核采购合同的能力；具备良好的职业道德素质，抗压性强、有创新力、善于沟通 ◆其他要求：具有财务核算成本控制能力		

序号	具体工作
1	协助决策层制定公司发展战略，负责其功能领域内短期及长期的公司决策和战略，对公司中长期目标的达成产生重要影响
2	全面负责公司采购工作，制定公司采购战略
3	负责审核采购订单及采购成本的控制，使公司年度采购成本保持在合理水平
4	合理安排参加省内外订货会议和考察市场，出差前制定详细计划，向上级提交书面汇报（每年至少参加二次展会）
5	编制供应商开发计划、采购计划，并组织实施
6	负责供应商选择、商务谈判等工作
7	规划采购预算，控制采购成本
8	协助销售部门完成销售政策制作
9	负责供应商货款的审核结算
10	组织对物资市场信息的收集和分析，关注市场变化，规避采购风险，控制采购成本
11	维持与供应商的关系，协商竞争价格和劳务合同
12	上级领导交办的其他工作

岗位责任

1. 积极配合销售部门完成货物的采购；
2. 采购成本的降低；
3. 采购时效的控制；
4. 团队成长的培养；
5. 团队学习的培训

岗位权限

1. 采购审批权：单笔采购金额 5 万以下，毛利率达到公司标准的采购有决策权；
2. 供应商推荐：优质供应商推荐；
3. 采购部门人员留用权：对采购部门人员是否留用有建议权；
4. 供应商选择权：同等条件下对供应商的选择有建议权

表 7.4　财务经理工作分析

从事岗位名称	财务经理	有无兼职	无
我的上级岗位名称	董事长	我的部门名称	财务部
下级的岗位	主办会计、出纳		
岗位任职资格要求	◆年龄：30~50 岁 ◆性别：不限 ◆籍贯：贵州省 ◆婚姻状况：已婚 ◆学历：大专及以上 ◆专业：财务、会计相关专业 ◆经验要求：5 年以上财务管理经验，有本行业管理经验者优先 ◆能力要求：具有全面的财务专业知识、账务处理及财务管理经验；精通国家财税法律规范，具备优秀的职业判断能力和丰富的财会项目分析处理经验；谙熟国内会计准则以及相关的财务、税务、审计法规、政策；良好的中文口头及书面表达能力 ◆其他要求：会计从业资格证或初级会计师职称		

序号	具体工作
1	负责公司年度财务规划与管理的拟定（12 月底提交董事长审批）
2	负责每月的财务分析，提交财务分析报告（每月 8 号前提交董事长）
3	负责公司财务制度编制、修订、完善（定期每年审核一次，并根据实际情况进行补充修订）
4	负责监督督促货款回收与检查，组织对不良债权处置（按照公司"应收账款"相关规定监督执行）
5	负责财务部门日常内务管理及内外部单位的协调工作
6	参与重大销售合同、采购合同审定（确保公司应获效益，价格合理，合同内容合法）
7	负责组织对公司资产（主要是商品）进行核实（保障商品账实相符，至少每月组织一次抽盘工作），建立定期或不定期盘点、抽盘制度
8	负责公司财务人员队伍建设，选拔、配备、组织部门 技能培训（每季度至少培训一次）（技能培训记录表）
9	监督（具体对凭证要进行逐号审核）、指导会计、出纳核算管理工作
10	负责日常费用支出及货款支出的审批管理，（费用支出按照制度合理支出，金额准确率 100%），合理组织安排资金
11	负责组织公司年度预算及控制执行，考核（预算准确率 90%）

岗位责任
财务数据的真实性、完整性负责

岗位权限
核算、监督、预测、计划、控制、分析

五、该公司薪酬绩效咨询方案

（一）岗位价值量评估

该公司原有薪酬绩效体系较为老化，公司薪酬方案中把公司的业务提成当作公司绩效，高层认为公司薪酬与市场薪酬方式和水平已脱轨，必须要改革；公司员工抱怨公司薪酬水平低，远低于同行业，并且岗位定薪不公平，业绩较好的员工与业绩较低的员工薪酬无差距，且没有激励性，导致优秀员工工作状态不稳定，流失了不少优秀人才。项目通过调研后设计了公司新的薪酬绩效改革方案与薪酬制度（见表 7.5）。

表 7.5　W 公司岗位价值量评估

序号	岗位名称	对组织的影响	管理	职责范围	职责加分	沟通	任职资格	问题解决	环境条件	价值量
1	董事长	244	55	130	15	90	150	120	30	834
2	总经理	244	55	130	15	90	135	110	30	809
3	总经理助理	100	10	50	10	50	105	60	20	405
4	财务经理	126	30	90	10	50	120	80	20	526
5	营销副总	175	40	110	15	70	135	110	30	685
6	运营副总	175	40	110	15	70	135	110	30	685
7	人事行政经理	126	25	90	10	70	120	90	20	551
8	企划经理	74	10	30	5	70	75	30	10	304
9	营销总监	175	40	100	15	70	120	90	20	630
10	仓储总监	175	40	100	15	50	120	90	10	595
11	采购总监	175	30	100	15	70	120	90	20	620
12	招投标经理	126	25	90	10	70	105	80	20	526
13	招投标商务	74	10	30	5	70	75	30	10	304
14	招投标业务	74	10	50	10	70	90	40	20	364
15	招投标专员	113	10	40	10	60	105	50	10	398
16	电商经理	126	20	90	10	70	105	80	20	521

表7.5(续)

序号	岗位名称	对组织的影响	管理	职责范围	职责加分	沟通	任职资格	问题解决	环境条件	价值量
17	商务专员	74	10	30	5	70	75	30	10	304
18	业务专员	74	10	50	10	70	90	40	20	364
19	店长	126	20	80	10	70	90	60	20	476
20	导购	32	10	30	5	70	60	40	10	257
21	收银员	10	10	20	5	50	45	30	10	180
22	批发部经理	126	25	80	10	70	105	80	20	516
23	批发部商务	32	10	30	10	70	75	30	10	267
24	批发部业务	74	10	50	10	70	75	50	20	359
25	仓管主任	74	20	70	10	50	90	60	10	384
26	配送主任	74	20	70	10	50	90	70	10	394
27	仓管员	10	10	10	5	30	45	10	20	140
28	配送员	32	10	30	5	50	45	30	30	232
29	仓储打单员	10	10	10	5	30	45	10	10	130
30	仓储文员	10	10	10	5	30	45	10	10	130
31	采购经理	126	30	80	15	70	120	80	20	541
32	采购员	113	10	50	15	70	90	50	10	408
33	客服经理	113	20	80	15	70	105	80	10	493
34	客服专员	74	10	30	10	70	90	30	10	324
35	人力专员	32	10	50	10	70	90	50	20	312
36	行政专员	32	10	30	5	30	60	30	10	207
37	IT员	74	10	60	10	40	90	50	10	344
38	维修员	10	10	40	10	20	75	50	10	225
39	商务驾驶员	10	10	30	5	20	75	50	10	210
40	主办会计	126	10	50	10	40	90	50	10	386
41	往来会计	113	10	50	10	30	75	50	10	348
42	出纳	74	10	20	5	30	75	30	10	254

（二）薪酬绩效方案

1. 方案目标

咨询项目组通过岗位价值评估后，对岗位进行了岗位类型划分，要使薪酬方案达到以下三个目标：

（1）外部具有竞争力。外部具有竞争力是指与竞争对手相比，本公司的薪酬水平，并由此产生的企业在劳动力市场上的竞争能力的大小。对于同行薪酬水平与同行相同规模的公司岗位薪酬要具有竞争力。

（2）内部具有公平性。内部公平体现了公司员工内部工作依据工作量大小、管理难度、工作能力等内容，使薪酬具有公平性。

（3）内部具有激励性。内部具有激励性是指薪酬对于相匹配的员工要具有薪酬激励性，物质激励与精神激励相结合。薪酬水平通常决定人才结构与人才层次，同时薪酬水平也可以反应公司所处的行业地位。

2. W 公司岗位类型划分

公司薪酬绩效体系要想达到以上三个目标，需要依据公司岗位型进行划分，并根据不同岗位类型进行不同薪酬结构设计激励方式。调研后，项目组将该公司岗位划分为业绩型和职能型。

3. 岗位类型与薪酬结构

岗位类型与薪酬结构见表 7.6。

表 7.6　W 公司岗位类型与薪酬结构

序号	岗位名称	岗位类型	基本工资	管理工资	绩效工资	销售提成	效益奖金	福利
1	董事长	业绩型	√	√	√		√	√
2	总经理	业绩型	√	√	√		√	√
3	总经理助理	职能型	√		√		√	√
4	财务经理	职能型	√	√	√		√	√
5	营销副总	业绩型	√	√	√	√	√	√
6	运营副总	业绩型	√	√	√		√	√
7	人事行政经理	职能型	√	√	√		√	√
8	企划经理	职能型	√	√	√		√	√
9	营销总监	业绩型	√	√	√	√	√	√
10	仓储总监	职能型	√	√	√		√	√
11	采购总监	业绩型	√	√	√	√	√	√
12	招投标经理	业绩型	√	√	√	√	√	√
13	招投标商务	业绩型	√		√	√	√	√
14	招投标业务	业绩型	√		√	√	√	√
15	招投标专员	职能型	√		√	√	√	√
16	电商经理	业绩型	√		√	√	√	√
17	商务专员	职能型	√		√	√	√	√
18	业务专员	业绩型	√		√	√	√	√
19	店长	业绩型	√	√	√	√	√	√
20	导购	业绩型	√		√	√	√	√
21	收银员	职能型	√		√		√	√
22	批发部经理	业绩型	√	√	√	√	√	√

表7.6(续)

序号	岗位名称	岗位类型	基本工资	管理工资	绩效工资	销售提成	效益奖金	福利
23	批发部商务	职能型	√		√	√	√	√
24	批发部业务	业绩型	√		√	√	√	√
25	仓管主任	职能型	√	√	√		√	√
26	配送主任	职能型	√	√	√		√	√
27	仓管员	职能型	√		√		√	√
28	配送员	职能型	√		√		√	√
29	仓储打单员	职能型	√		√		√	√
30	仓储文员	职能型	√		√		√	√
31	采购经理	职能型	√	√	√		√	√
32	采购员	职能型	√		√		√	√
33	客服经理	职能型	√	√	√	√	√	√
34	客服专员	职能型	√		√		√	√
35	人力专员	职能型	√		√		√	√
36	行政专员	职能型	√		√		√	√
37	IT员	职能型	√		√		√	√
38	维修员	职能型	√		√		√	√
39	商务驾驶员	职能型	√		√		√	√
40	主办会计	职能型	√		√		√	√
41	往来会计	职能型	√		√		√	√
42	出纳	职能型	√		√		√	√

依据岗位类型划分，分别把不同岗位薪酬设计为五级薪酬制，并依据岗位任职资格与岗位工作绩效能力确定岗位薪酬。

4. 绩效方案

通过项目组与公司高层研究分析决定，采用KPI绩效考核方式，把公司绩效分为三个部分考核：月度绩效考核、季度绩效考核和年度绩效考核。绩效工资应依据相应绩效考核结果与岗位绩效考核工资对应发放。

例：部分岗位某月月度绩效考核表（见图7.4、图7.5）。

姓名				岗位等级				
	序号	考核项目	权重	指标要求	评分等级	得分		
						自评	上级	结果
任务绩效	1	销售额及毛利率	35%	完成销售额 480 万元且毛利率不低于 17.7%	完成得 35 分；销售额每少 5 万元或毛利率每减少 0.1%，扣 1 分；销售额达标后，每增加 2 万元加 1 分；毛利率达标后，每增加 0.1% 加 1 分			
	2	回款率	30%	回款率达 100%	完成得 30 分；每少 1% 扣 1 分；达标后，每增 1% 加 1 分			
	3	新客户开发数	15%	新客户开发数 47 户	完成得 15 分；每少 1 户扣 5 分；达标后，每增 1 户加 2 分			
	4	滞销品销售占比	10%	滞销品销售占比 1%；（核算公式：当月滞销品销售金额/当月总销售金额）	完成得 10 分；每减 0.1% 扣 1 分；达标后，每增 0.1% 加 1 分			
	5	团队建设	10%	所管辖团队人均绩效得分 80 分以上人数不低于 80%	完成得 10 分；每低于 1% 扣 1 分，扣完为止；每增加 1% 加 1 分			
		加权合计						
	序号	行为指标	权重	指标说明	考核评分	自评	上级	结果
行为绩效	1	领导力	50%	1. 任命员工合理 2. 能正确评价员工付出与回报协调性 3. 对员工业绩与态度进行客观评价 4. 掌握岗位精确工作技术及全面专家技术并组织实施产生良好效果，培训员工为胜任者 5. 影响力大，员工自愿追随并付出贡献	1 级 10 分 2 级 20 分 3 级 30 分 4 级 40 分 5 级 50 分			
	2	团队合作	50%	1. 尊重他人，同理心倾听，接纳不同意见，合理和包容 2. 分享他们的观点和信息使团队前进 3. 支持团队（领导者）的决定，即使自己有不同意见 4. 愿意提供即使是不属自己日常工作职责范围的帮助 5. 跨边界建立关系以发展非正式及正式工作网络	1 级 10 分 2 级 20 分 3 级 30 分 4 级 40 分 5 级 50 分			
		加权合计						

总分	任务绩效×80%+行为绩效×20%＝　分	
绩效沟通记录		签字： 　年　月　日
被考核人		签字： 　年　月　日

图 7.4　营销总监绩效考核评分表（月度）

考核期间：　　年　月

姓名				岗位等级		三级			
任务绩效	序号	考核项目	权重	指标要求	评分等级	得分			
							自评	上级	结果
	1	销售额及毛利率	30%	完成销售额 561.3 万元且毛利率不低于 17.7%	完成得 30 分；销售额每少 5 万元或毛利率每减少 0.1%，扣 1 分；销售额达标后，每增加 2 万元加 1 分；毛利率达标后，每增加 0.1%加 1 分				
	2	周转率	20%	周转率不低于 10%	达成得 25 分；低于 1%扣 2 分，扣完为止；达标后，每增 1%加 2 分				
	3	采购及时性	20%	采购到货超期不超过 10 次	达成得 20 分；超过 10 次每增 1 次扣 2 分，扣完为止；低于 10 次每减 1 次加 2 分				
	4	库存量	15%	库存金额不高于 630 万元	达成得 20 分；高于 10 万扣 2 分，扣完为止；达标后，每减少 10 万元加 2 分				
	5	供应商数据库建设	10%	每月新增供应商不低于 40 个	达成得 10 分；每少 1 个扣 2 分，扣完为止；达标后，每增 1 个加 2 分				
	6	团队建设	5%	不能有人员离职	本部门出现人员离职扣 5 分				
		加权合计							

	序号	行为指标	权重	指标说明	考核评分	自评	上级	结果
行为绩效	1	领导力	40%	1. 任命员工合理 2. 能正确评价员工付出与回报协调性 3. 对员工业绩与态度进行客观评价 4. 掌握岗位精确工作技术及全面专家技术并组织实施产生良好效果，培训员工为胜任者 5. 影响力大，员工自愿追随并付出贡献	1级8分 2级16分 3级24分 4级32分 5级40分			
	2	团队合作	50%	1. 尊重他人，同理心倾听，接纳不同意见，合理和包容 2. 分享他们的观点和信息使团队前进 3. 支持团队（领导者）的决定，即使自己有不同意见 4. 愿意提供即使是不属自己日常工作职责范围的帮助 5. 跨边界建立关系以发展非正式及正式工作网络	1级10分 2级15分 3级20分 4级25分 5级30分			
	3	工作服从	10%	1. 服从工作，并能做到工作不抱怨 2. 服从上级，并能做好工作 3. 服从工作，并能对上级不妥的命令提出合理化建议 4. 绝对忠诚态度工作，并产生良好结果 5. 不需要命令就能产生良好工作结果	1级10分 2级15分 3级20分 4级25分 5级30分			
		加权合计						
总分	任务绩效×80%+行为绩效×20%= 分							
绩效沟通记录						签字： 年 月 日		
被考核人						签字： 年 月 日		

图 7.5　采购经理绩效考核评分（年度）

通过调研和与 W 公司高层讨论，项目组得出 W 公司绩效考核得分系数表，具体见表 7.7。

表 7.7　W 公司绩效考核得分系数

得分	系数	备注
95 分以上	1.2	
90 分~94 分	1.1	
85 分~89 分	1.0	绩效考核主要与岗位工作关键指标完成度有关，绩效考核得分将与绩效工资、岗位晋升或降级成正相关，请务必重视绩效考核指标
80 分~84 分	0.9	
75 分~79 分	0.8	
70 分~74 分	0.7	
65 分~69 分	0.6	

根据 W 公司组织架构图及岗位分析表设计 W 公司员工职业生涯规划管理（见图 7.6）。

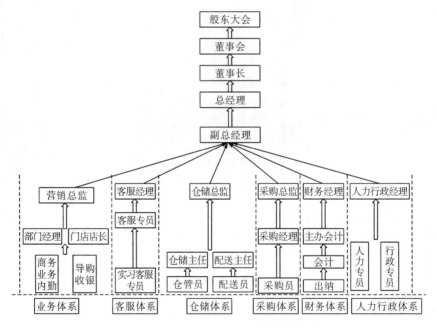

图 7.6　W 公司员工职业生涯规划管理

员工职业生涯规划图，主要匹配了公司五级薪酬制管理体系，需要同岗薪酬达到最高等级通过半年考核合格后才会进入晋升路线岗位。

六、招聘管理

该公司原始招聘管理始存在招聘渠道单一、面试结构简单、未进行人才测评等问题，对于招聘的岗位常常招不到优秀的人，咨询项目组通过调研后根据公司行业所属情况进行招聘渠道匹配、面试经验表制作、岗位价值需求测评并匹配公司内部招聘晋升管理方案。其中，人力资源经理经验面试表见表7.8。

表7.8 人力资源经理经验面试表（示例）

日期： 年 月 日

姓名		岗位	人力资源部经理
序号	关键经验指标		经历得分
1	您曾经是否组织起草过公司有关人力资源部相关管理制度？若有，请举例，是如何进行实施的，实施过程中有没有遇到相关阻力，是如何应对的？		
2	您是否是会薪酬、绩效、招聘、培训、生涯规划相关模块设计？请具体举例说明。		
3	您能否编写员工管理手册？		
4	您是否会制订人力资源发展的长中期规划和年度计划？通常情况是怎么做的？		
5	您曾经与哪些招聘渠道进行合作过？谈谈您对熟悉的招聘渠道的认知。		
6	您是否会建立公司人才档案库？包括内部人员及外部人员资料信息，分类统计，定期更新的建立。		
7	关于员工流失您通常是怎么处理的？		
8	您是如何做市场薪酬水平调查的？		
9	对于内部员工薪酬满意度调查，您计划怎样实现？		
10	您认为一位合格的人力资源经理应该要为公司员工提供哪些方面的培训？		
11	若出现员工与公司有劳动争议，您计划怎样处理，有处理过的经验吗？		

七、目标规划管理

该公司在目标规划管理上严重缺少维度，企业目标规划是企业为实现长期和短期目标而制订的计划和行动方案。一个成功的企业目标规划能够为企业带来长远的利益，并促使员工和组织为实现这一目标而努力。企业目标规划的重要性主要体现在以下五个方面：

一是提高公司的绩效和竞争力。企业目标规划能够帮助公司确定其长期愿景和战略，从而帮助公司实现持续发展。通过明确公司的愿景和战略，公司能够确定其业务的发展方向，并制订出可持续发展和提高绩效的方案。

二是提高员工和员工的生产力。企业目标规划能够激发员工的工作热情，从而提高员工的生产力和生产效率。通过制订目标和计划，员工能够明确自己的工作任务和目标，并为实现这些目标而努力。这将有助于提高员工的士气和生产力，从而提高公司的绩效和竞争力。

三是提高公司的声誉和形象。企业目标规划能够提高公司的声誉和形象，使公司的品牌形象更加优秀。通过制定长期和短期目标，公司能够不断提高其业务水平和市场份额，从而建立起良好的声誉和形象。

四是改进公司的运营效率。企业目标规划能够帮助公司改进其运营效率，提高公司的经济效益。通过制定长期和短期目标，公司能够确定其业务的发展方向和目标，并制订出可行的计划和措施，从而实现公司的业务目标。

五是一个成功的企业目标规划能够为公司带来长期的利益和可持续的增长。通过明确公司的愿景和战略，公司制订出可行的计划和措施，从而实现业务目标并提高公司的绩效和竞争力。

八、咨询效果

以下数据来自该公司工作简报：

从毛利率来看，批发的业务从以前的 13% 提升到现在的 16%，毛利率提升明显；9 月份整个公司这销售额在这个时间进度上完全是完成的冲刺目标，毛利率都到 20%，这是今年以来毛利率最高的一个时间点。

九、咨询方案效果

W 公司咨询效果根据多个指标得出，包括以下几个方面：

一是客户满意度和忠诚度。咨询项目组通过与客户进行充分的交流和互动，了解客户的需求、意见和反馈，从而提高了客户对公司服务的满意度和忠诚度。

二是业务增长。咨询项目组为该公司的业务增长方案提供了有力的支持，包括帮助优化业务流程、提高市场份额等方面。

三是企业竞争力提升。咨询项目组为该公司提高了其核心竞争力和价值，如提升品牌知名度、增加业务收入、提高员工技能、优化管理流程等。

四是企业文化改进。咨询项目组帮助该公司建立了良好的企业文化，提高员工的忠诚度和凝聚力，从而增强企业的市场竞争力。

五是业务绩效改进。咨询项目组帮助了该公司分析其业务绩效和市场环境，并提供了相应的改进建议，从而提高业务绩效和市场份额。

第二节　Z生产型企业人力资源管理咨询案例

一、企业咨询项目简介

Z公司是贵州省混凝土外加剂系列产品专业合成生产厂家，拥有6条生产线，聚羧酸减水剂年最大生产能力达20万吨，羧酸母液年最大生产能力达5万吨。公司集研发、生产、销售和服务于一体，坚持"以质量求生存，以科技促进步"的质量方针，通过全体员工的努力，建立了一套完善的质量管理体系，并通过了ISO9001：2015国际质量体系认证、铁路产品认证（CRCC认证）、环境体系认证、职业卫生（安全）体系认证。

公司寻求立足于科技新高地，与高校合作设立教育实践基地，充分发挥学院技术和科研优势，不断满足日新月异的市场需求，取得了多项专利。

公司先进的技术设备和一流的管理，现已成功生产出"×××"牌聚羧酸高性能减水剂、无碱液体速凝剂、低碱液体速凝剂、增效剂、压浆料、膨胀剂、引气剂等二十余种外加剂产品。产品主要广泛用于补偿收缩混凝土工程、大体积混凝土工程、超长结构混凝土工程、高性能混凝土工程、预制混凝土构件相关工程。

公司雄厚的技术力量，完善的管理体系，先进的生产工艺，丰富的生产经验，崇高的敬业精神确保公司连获殊荣，并被评为重合同、守信用单位。

二、企业现状

该公司业绩及利润2014年达到顶峰，年产值达1.8亿元，属省行业前列公司，但随后业绩及利润逐年下降，2020年业绩及利润降到冰点（业绩6 693.7万元，利润133.6万元，利润点仅约为2%），公司已处于警示亏损边缘。究其原因，外部主要受行业市场跨国公司、上市公司竞争对手挤压等；内部主要是管理系统不健全。时代在进步，国家在发展。发展必定离不开建设，而建设必定离不混凝土，而混凝土离开了外加剂，那它就不是混凝土了。咨询项目组通过对该公司的调研发现，公司内部员工忠诚度度，但管理系统不健全，项目组调研后发现该公司未来发展大有可为。当下，迫在眉睫要苦练内功、夯实基础、开源节流。咨询项目组立足当下，服务该公司，通过先调研诊断发现问题的思路并解决问题，对公司调研诊断后发现问题主要有以下八个方面：

（一）组织架构不科学

咨询项目组通过行业调研、企业现状调研，得出 Z 公司组织架构现状（见图 7.7），并总结出以下问题：

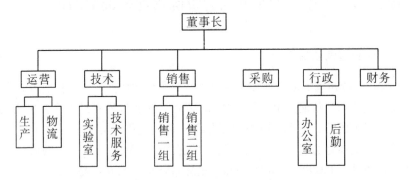

图 7.7 Z 公司组织架构现状

（1）该公司组织架构不明晰。在企业内部，各部门之间的权责划分不清，导致管理出现混乱，难以形成系统的管理模式，企业也容易出现"部门墙"，难以有效管理企业。

（2）企业组织架构不完善。企业组织架构不完善是企业管理的一个重要方面，企业组织架构缺乏科学的规划和管理，导致企业内部缺乏有效的资源配置，难以有效地管理企业。

（3）企业组织架构不合理。企业组织架构不合理的表现形式有很多，如缺乏战略指导、缺乏科学规划、缺乏有效的资源配置等。此外，企业组织架构的不合理也可能导致企业内部信息的不畅通，影响企业的经营决策。

（4）企业组织架构不稳定。企业组织架构的不稳定也可能导致企业经营不稳定，如企业内部的人员流动大，企业内部的资源分配不均，企业内部的决策不稳定等。

综上所述，企业应当加强对企业组织架构的规范和完善，从而提高企业的经营效率和管理水平。具体方案将在咨询方案章节展现。

（二）目标规划维度欠缺

该公司目标无法落实到位；目标规划缺乏维度，只有销售额目标，即2021年目标实现销售目标较上年增长49.39%，且每月实际完成情况与目标相差较大，无成本控制目标实现策略。

企业目标规划维度欠缺的影响包括以下几个方面：

（1）目标缺乏明确性，导致员工的工作方向和计划不明确。当企业目标不清晰时，员工可能难以制订出有效的工作计划和行动方案。

（2）目标的可行性不足，可能导致员工的不满和失去信心。当员工制定的目标过于遥远或过于宽泛时，可能导致员工缺乏动力和热情，从而影响整个团队的工作效率和绩效。

（3）目标的激励作用不够，无法吸引和保留高绩效员工。当员工的目标不能满足于既定的薪酬和福利等基本条件时，可能导致他们对企业的忠诚度降低，从而影响整个团队的凝聚力和战斗力。

（4）目标的不确定性，可能导致员工的工作动力不足。当目标无法完全确定时，员工可能会感到困惑和不确定，从而影响工作的积极性和工作质量。

（5）建立明确的考核机制，对员工的工作成果进行考核和评估，确保目标的落实和实现。

（三）薪酬激励差

企业薪酬激励差是指薪酬激励不足以激发员工的工作热情和积极性，导致了员工流失、工作效率低等问题。这可能导致以下一些不利影响，如：降低员工满意度和忠诚度，影响员工的工作积极性和工作满意度。降低员工工作效率，降低企业的效益和竞争力。激励不足可能引发员工流失和离职，降低企业的生产力和竞争力。薪酬激励差可能导致管理者的短期行为，忽视企业长期稳定发展的重要性，影响企业的可持续发展。

咨询项目组对该薪酬绩效调研发现：不满意现有薪酬的人数占比为47.73%（见图7.8）。当前薪酬结构单一，无等级薪酬制；年终分红无标准，无法起到激励效果；销售人员薪酬与提成无挂钩；无薪酬管理制度；家族企业薪酬体系不健全，人情关系重，业绩下滑，员工负能量大。

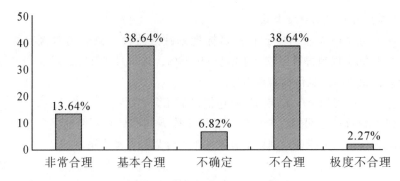

图 7.8　Z 公司薪酬调查问卷

为了减少企业薪酬激励差对企业的负面影响，企业需要建立科学合理的薪酬激励机制，包括：

（1）建立科学合理的薪酬体系，根据员工的绩效、能力和贡献确定合理的薪酬水平。

（2）建立科学合理的薪酬结构，包括固定薪酬和绩效薪酬，以及短期和长期激励。

（3）建立科学合理的薪酬制度，包括基本薪酬、绩效奖金、股票期权等多种形式。

（4）建立公平合理的薪酬晋升制度，鼓励员工通过努力工作获得晋升和加薪。

（5）建立科学合理的薪酬管理制度，包括严格的绩效考核制度、薪酬预算制度、员工激励机制等。

综上所述，企业要想建立科学合理的薪酬激励机制，需要综合考虑员工的实际需求、竞争环境、企业战略等因素，制定科学合理的薪酬激励机制。该公司上体薪酬激励改善方案见咨询方案章节。

（四）无绩效考核与晋升标准

项目组调研发现，该公司无绩效考核，无晋升标准，无绩效考核则无法与薪酬、晋升、岗位、业绩等关联。

企业无绩效考核与晋升标准的变化会对员工的工作绩效产生一定的影响，具体表现如下：

（1）对工作表现的影响。无绩效考核标准的变化会使得员工感到工作难以胜任，从而产生抱怨和不满意的情绪。同时，如果员工的绩效评估结果较差，无论是否有绩效奖金或晋升机会，都会降低其工作积极性和忠诚度。

（2）对工作满意度的影响。无绩效考核标准的变化会导致员工感到工作不满意或工作压力很大，他们便不会更加努力工作，以获得更好的绩效。此外，员工对工作的满意度会直接影响员工对企业的忠诚度和工作稳定性。

（3）对企业文化的影响。无绩效考核标准的变化可能使得员工对企业的文化和价值观产生不满，从而影响他们的工作态度和行为，甚至产生离职意向。此外，如果员工感到他们的工作与组织目标不一致，他们也可能感到失望和不满。

所以，无绩效考核标准对员工的工作表现、工作满意度和企业文化都会产生直接影响。企业应该在绩效管理方面不断改进和完善，以确保员工的工作效率和企业的稳定发展。

（五）制度不健全

调研发现，企业中对制度建设不满意的人数占比为50%，对制度实施不满意的人数占比为47.73%，这反映出Z企业的公司制度不健全，公司制度执行效果差，公司制度缺乏监督。

制度不健全对企业的影响主要有以下四个方面：

（1）合规风险。企业需要遵守法规和规定，以保护员工、客户和合作伙伴的利益。如果企业缺乏合规性，将会面临许多法律风险，如被投诉、处罚、被起诉，甚至面临刑事责任。

（2）成本控制。企业需要投入必要的资源和资源来管理企业内部的合规风险，如培训、审计、监控、评估等。这些成本可能会影响企业的利润和现金流，进而影响企业绩效。

（3）风险管理。企业需要制订合规性管理计划，以应对各种法律和合规风险。企业可以采用各种技术和工具，如合规检查表、合规培训、合规管理软件等，以确保企业遵守法律和法规。

（4）文化冲突。企业内部文化差异可能会导致企业内部员工对合规性的理解和执行产生分歧，进而可能导致员工对合规性的抵触或不重视。

因此，企业需要建立完善的合规性管理制度，以确保其遵守各种法律法规和合规要求，保护员工、客户和公司的利益。

（六）无培训体系——员工胜任力不足

公司内部培训体系缺乏，员工岗位胜任力差。

企业缺乏培训体系对企业与员工的影响有以下四个方面：

（1）培训预算不足。如果企业不提供培训预算，或者提供的培训与员工需求不匹配，员工可能无法获得所需的知识和技能，从而影响生产力和绩效。

（2）培训缺乏针对性。员工可能不清楚所学内容和技能，或者缺乏明确的学习计划和目标。企业需要提供个性化的培训计划和指导，以确保员工能够充分利用培训机会。

（3）培训内容不合适。培训课程可能过短或过深，缺乏实用性和针对性。员工可能会感到困惑和不满足。

（4）缺乏培训与绩效的联系。培训与绩效之间的联系不够紧密。企业可能只是为了完成培训课程而培训，并没有将培训成果转化为绩效。

为了确保企业能够提供适当的培训，企业需要制订有效的培训计划，并提供适当的培训预算和资源。同时，企业需要关注员工的需求和反馈，并采取适当的措施解决这些问题。

（七）经验式管理

当前公司管理人员普遍年龄较大，经验管理居多，公司管理人员文化水平较低，缺少现代企业管理知识。

采用经验式管理，会导致管理层对现代化企业数字敏感度降低，从而使企业业绩一年不如一年。

经验是指过去的实践或实践过程中所积累的经验和知识。经验可以对企业的决策、管理、发展或创新产生积极的影响，但也可能会成为限制。企业可以从经验中获取有用的知识和技能，以帮助其成长和发展。

经验的积累可能包括在职场或社会中的实践经验、工作经验和与其他人的合作经验等。经验可以成为企业发展中的一个优势，使企业更加灵活和适应市场的变化。但是，经验也可能会限制企业的创新和发展。如果企业没有足够的经验，就可能错过市场的机会，失去竞争力。

经验也会影响企业与外部环境的互动。如果缺乏经验，企业可能难以应对外部环境的变化。如果企业没有足够的经验，外部环境可能会影响企业的决策和发展。如果企业没有足够的经验，可能会导致企业的决策不明确和不准确，从而影响企业的发展。

经验还可以影响企业的文化和价值观。在企业文化中，经验可以成为一种文化资产，可以影响员工的行为和决策。如果企业拥有丰富的经验，那么这种经验可能会成为企业文化中的一部分，使企业更具有创新、适应性和灵活性。但是，如果企业缺乏经验，就可能会导致企业文化中存在不稳定、保守和不开放的因素。

此外，经验也可以影响企业的组织架构和治理结构。经验可以成为企业决策的重要参考，并影响企业的组织架构和治理结构。如果企业缺乏经验，就可能会导致管理层的决策不明确和不准确，从而影响企业的发展和稳定。

（八）业绩和利润持续下滑

相关数据显示，Z 企业销售额持续下滑，工资占比提升，小车费用持续上涨，利润率逐年下降，2020 年利润率仅为 2%，处于亏损边缘。

调研发现，Z企业客户数据资料只有销售部才有，且新客户开发少，老客户流失多，客户开发流程、制度不健全，销售模式风险评估未建立标准。

销售政策不连续，回款周期与销售业绩有失平衡，现有薪酬体系未激活销售人员，公司资金来源较少，财务成本较高；无法与竞争对手PK垫支。

三、咨询方案

项目组通过调查研究，为Z公司提供定制化的管理咨询方案。

（一）公司战略与组织架构

项目组调研定制的公司战略与组织架构见图7.9。

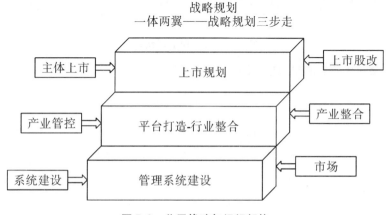

图7.9 公司战略与组织架构

项目组调研定制的公司战略规则见图7.10。

图7.10 Z公司战略规划

项目组制定的公司治理结构见图7.11。

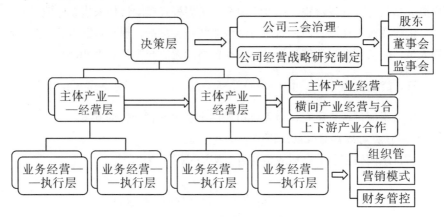

图 7.11　Z 公司治理结构

Z 公司优化后的组织架构图见图 7.12。

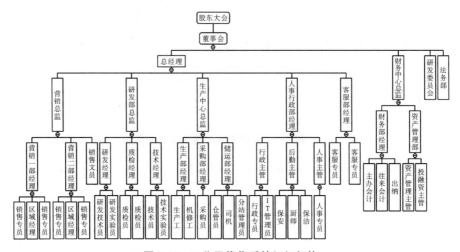

图 7.12　Z 公司优化后的组织架构

（二）公司的目标规划方案

1. 目标分析

项目组为 Z 公司设置的目标分析涉及四个领域，具有管理决策和财务数据双重标准。主要包含：

（1）外部情景分析。外部情景分析主要分为国内外的政策分析和规律分析。首先，从政策方面进行分析，是否属于国家支持产业以及有相应优惠政策的产业；其次，参照企业所在行业的发展规律性，尤其是常规规律性，这样企业制定的目标才符合行业的未来发展趋势。

（2）省内外的竞争对手分析。认真分析省内外的竞争对手的发展策略，再确定企业的目标。做到知己知彼，百战不殆。

（3）经营模式分析。经营模式包含公司实现价值的定位，即在产业链中的位置；公司的业务范围；企业如何实现价值三个方面，通过分析经营模式来确定公司未来的经营过程中是否需要调整。

（4）定位分析。定位分析指在赖以生存的市场中应采用何种武器，以何种姿态来与竞争对手抗衡，并取得成功。因此，结合公司产品的核心优势对公司进行定位，尤其是要考虑自己的独特性在哪里，以凸显竞争优势，并使其成为竞争对手的难以逾越的壁垒。同时，定位也是营销的核心，通过定位，可以让客户第一时间了解公司和选择公司并达成合作。

2. 制定目标的作用

①让公司全体员工、社会资源、清晰明白公司的发展战略；②是全公司统一行动的纲领；③是各个岗位与角色进行考核的基础指标；④为公司各中心、部门提供清晰的奋斗任务。

3. 目标规划可以解决公司的问题

①公司走向哪里；②公司如何经营；③公司应录用什么样的人；④公司如何分钱；⑤公司如何考核员工；⑥公司应该重用什么样的人。

4. 公司目标制定的方法

（1）该公司在制订目标时常犯的错误有两个：

一是只有销售目标、无利润目标，这只能通过提高利润与管理成熟度，设置双重目标来改进。

二是销售目标没有测算与进行竞争对手分析，只凭感觉制定目标，这则需要通过采用正推与反推法，根据行情进行测算来改进。

目前，我国民营企业的目标现状多存在以下问题：只制定销售目标，而无流程目标、人才目标、财务目标、管理目标，从而导致企业无论多大，其管理都比较脆弱，人才基础弱，企业生命周期短。

（2）目标制定的方法有以下四种：

一是目标战略分解（MBO）法，即将董事会目标层层分解，这适合经营模式比较简单的公司。

二是可实现态度（SMART）原则，即时间、量化等指标进行分解。

三是管理循环（PDCA）法，即根据过去的目标，进行循环式新目标的制定与分解。

四是目标与关键成果（OKR）法，即公司给出目标后，员工再进行挑战式目标附加。

5. 企业成熟度分级

如果把企业的发展阶段按照成熟度来进行分组的话，通常可以分为以下三个等级：

第一级：系统，即企业拥有完善的产品系统、管理系统和人才机制；第二级：文化，即企业拥有自己的清晰的使命，愿景和深厚的文化；第三级：心理成熟度，即企业在拥有了各项系统并形成了深厚的文化后，在对外界环境的风险时才能更胜一筹，追求自我变革，做到与时代递进。

6. 企业四级目标制定

企业所处的发展阶段不同，其战略目标也不同。企业的目标设定可分为以下四级：

一级目标：追求利润，即企业追求赢利，一切以赢利为目标；这一目标主要考虑的指标为销售额、利润率、成本控制、市场开发、渠道建设。

二级目标：追求利润与管理成熟度，即企业在追求利润的同时，还会加强企业在管理方面的系统完善以提升企业的绩效；这一目标主要考虑的指标为利润、成本、人才培养、产品建设、管理系统建设、市场及客户开发。

三级目标：追求利润、管理成熟度及效益，即企业业务稳定，能通过扩宽销售渠道和增加产品来提升市场占有率，吸引优秀的职业经理人来创造更高的价值；这一目标主要考虑的指标为企业管理系统完善度、行业平均利润率、资金周转率、人均产出比、胜任力员工占比、创新。

四级目标：追求综合战略及市值，即集团公司或主业务公司在行业内是第一集团军，借助资本的力量可以加快完成产业链方面的整合，以提升公司的市值；这一目标主要考虑的指标为投资回报率、资金周转率、公司盈利水平、品牌管理、市值管理。

该公司的目标规划制定主要包含利润指标和管理成熟度指标两部分内容。其中利润指标包含销售额指标、成本与利润指标和市场指标；管理成熟度指标又包含产品研发指标、系统与机制指标和人才指标等六个指标。

（1）销售额指标包含的内容见图7.13。

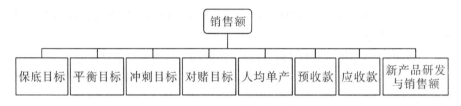

图 7.13　Z 公司销售额指标

保底目标——通常为去年目标实现的70%或企业量本利平衡目标，正常人力资源情况下保障能实现的目标。

平衡目标——通过正推法与反推法推出的考核目标。

①正推法，即根据行业发展、新增投入、人才投入、项目投入递增累计计算的公司战略目标。

计算公式：

企业目标=公司已有产品正常增长率+公司新产品预测增长率（参考同质化产品）+公司新市场销售增长率（参照过去新市场增长率）+增加人力资源带来的新业绩增长预测

②倒推法，即公司为战略实现既定的目标，如上市要求、收购要求等，通过拟定目标倒推的方式来确定未来的战略目标。

需要注意的是，在使用倒推法时，还有一个前提，即公司已制定战略性目标，如需在5年内上市、达到区域行业第一或品牌性目标、由于行业本身具备的资质性要求、为吸引资本的扩张性目标要求等，再以此目标进行倒推，通常包含主业经营、并购与重组行为。

倒推法的操作步骤见图7.14。

图 7.14　Z 工作战略目标操作步骤

第一步：制定达到目标的具体数据；

第二步：寻找实现目标的相应资源：

第三步：结合目标与资源，制定年度量化目标。

③两种目标制定方法的选择。

正推法需具备一定的历史数据作为参考，且外部市场环境可预测性强，一般企业经营发展方向没有较大调整。而采用反推法时，往往会出现要业绩不要利润的情况。

当有如下情况时，可运用反推法：一是三年内实现主板上市，要求企业的行业规模；二是达到行业联盟的目标要求；三是在行业内规模的目标要求。

④不同级别目标的运用。

在保底目标以下，可对人力资源进行调整；在保底目标至冲刺目标①之间，可进行正常绩效考核；在冲刺目标以上，可设定特殊奖励（超产奖）；在超产目标中，可对部分岗位单独约定的超产奖励目标，如生产中心、总经理、销售中心等。实现超产目标后，奖励方式有三种，分别是：项目利润分红，如生产总监获得3%项目分红；定额现金奖励，如销售总监实现超产目标后一次性奖励现金30万元；物质奖励，如总经理实现利润目标超过4 000万元奖励奔驰S350一台。

实现对赌目标②后有两种奖励方式：一是1∶8的对赌奖金，如对赌1万元，则获胜得8万元，否则输1万元；二是股权激励，见对赌制股权激励法。

一般来说，企业销售目标向部门目标分解见图7.15。

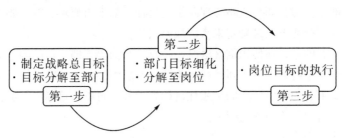

图7.15　Z公司目标分解步骤

（2）成本指标包含的内容见图7.16。

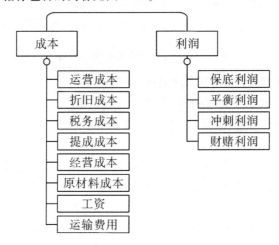

图7.16　Z公司成本指标

---

① 冲刺目标：人力资源在充分激活前提下所能实现的理想业绩；或行情较好时达到的最佳资源理想业绩。

② 对赌目标：公司与经理人签订对赌协议时约定的目标，往往是冠军级人员方能实现的目标，通常实现度在20%。

（3）市场指标包含的内容见图7.17。

图 7.17 Z 公司市场指标

其中，金标市场是指最核心的利润市场；蓝标市场是指大众利润市场。

（4）产品指标包含的内容见图7.18。

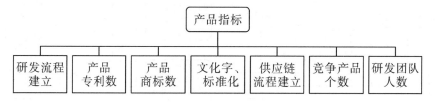

图 7.18 Z 公司产品指标

（5）系统与机制包含的内容见图7.19。

图 7.19 Z 公司系统与机制

Z 公司的销售流程见图7.20。

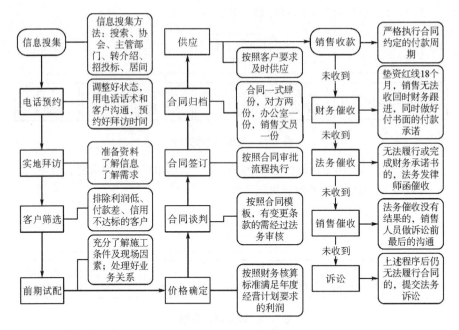

图 7.20 Z 公司销售流程

四、工作分析表

项目组结合上述信息，为 Z 公司编制了工作分析表。

（一）营销中心工作分析表

营销中心工作分析表主要有销售总监工作分析表、销售经理工作分析表、区域经理工作分析表、销售员工作分析表和销售文员工作分析表，具体见图 7.21 至图 7.25。

表一：基本信息

从事岗位名字	销售总监	有无兼职	无
我的上级岗位名字	总经理	我的部门名字	营销中心
下级的岗位	招投标部经理、销售经理		
岗位任职资格要求	◆年龄：30~45岁 ◆性别：不限 ◆籍贯：不限 ◆学历：大专及以上学历 ◆婚姻状况：已婚 ◆经验要求：销售管理经验两年以上，本行业从业经验两以上 ◆知识要求：营销、谈判、管理、营销 ◆能力要求：沟通能力、谈判能力、销售能力、组织协调能力、管理能力 ◆其他要求：有责任心、有团队思维		

表二：具体工作

序号	具体工作
1	协助公司做好年度经营计划，并根据经营计划制定销售策略和制度，每年12月30号前完成
2	负责组织销售人员进行市场调研并形成《市场调研报告》（每季度一次），季度末30号前完成
3	负责组织销售人员按照计划完成年度、季度、月度销售目标任务，并整理出年度、季度、月度考核结果提交总经理审核，次月8号前提交绩效考核评估表
4	监督销售数据库的建立、更新、分析，并有效进行月度、季度、年度的汇报工作
5	协助制定企业产品和企业品牌推广方案并监督执行
6	协助上级做好市场危机公关处理
7	负责部门内部管理的正常运行及其他内部门沟通协调
8	负责建立销售渠道及销售业务的分配
9	组织部门投标人员按照计划开展招投标工作
10	保证应收账款的准确性与真实性，并负责销售回款指标的完成率达标
11	指导销售人员完成销售价格的确定
12	负责销售合同的评审工作

序号	具体工作
13	监督审核销售费用及业务费的支出
14	负责老客户维护和新客户开发过程中的风险控制
15	组建销售团队，保障人员配置
16	组织全体销售员每月不少于一次销售专业技能培训，每季度不少于一次综合能力培训，并进行通过考核通关率100%
17	负责孤儿客户的重新分配
18	负责线上推广工作
19	负责审核本部门提交的每月考勤数据的真实性，5号前提交人事
20	制定与完善本部门制度及监督执行
21	完成公司领导安排的各项临时工作

表三：岗位职责

岗位责任
1. 对销售各项指标达成率负责 2. 对应收账款金额的真实性负责 3. 对团队建设及正常运行负责 4. 对合作的风险负责 5. 对销售成本控制负责 6. 对本部人员绩效考核结果真实性负责

表四：岗位权限

岗位权限
1. 销售方向、销售政策、销售计划的决定权 2. 业务的分配权 3. 客户是否合作的决定权 4. 销售费用支出的决定权 5. 部门员工的奖罚权 6. 部门员工的人事任免建议

图 7.21 销售总监工作分析

表一：基本信息

从事岗位名字	销售经理	有无兼职	无
我的上级岗位名字	销售总监	我的部门名字	营销中心
下级的岗位	区域经理、销售专员		
岗位任职资格要求	◆年龄：25~40岁 ◆性别：不限 ◆籍贯：不限 ◆学历：大专及以上 ◆婚姻状况：不限 ◆经验要求：销售管理经验1年以上、本行业从业1年以上 ◆知识要求：沟通、谈判、管理、营销 ◆能力要求：沟通能力、组织协调能力、谈判技巧、管理能力、销售能力、执行力 ◆其他要求：心理素质良好、熟练的驾驶技术		

表二：具体工作

序号	具体工作
1	协助销售总监进行市场调研数据收集工作
2	负责部门销售目标分解，按照目标完成年度、季度、月度销售各项指标，并整理出年度、季度、月度考核结果提交销售总监
3	负责组织部门销售人员做好客户开发和维护，并建立良好的客情关系
4	组织销售人员完成与客户的往来账目核对工作，确保往来账目准确
5	协助销售总监完成销售价格的确定
6	负责销售合同的谈判、签订工作
7	审核部门销售费用及业务费支出的真实性、合理性
8	负责老客户维护和新客户开发过程中的风险控制
9	协助销售总监制定与完善本部门制度并积极执行
10	完成公司领导安排的各项临时工作

表三：岗位责任

岗位责任
1. 对团队销售各项指标达成率负责 2. 对应收账款真实性负责 3. 对合作的风险负责

表四：岗位权限

岗位权限
1. 客户是否合作的建议权 2. 合同的签订权 3. 业务费用支出调整的建议权 4. 部门人事任免的建议权

图 7.22　销售经理工作分析表

表一：基本信息

从事岗位名字	区域经理	有无兼职	无
我的上级岗位名字	销售经理	我的部门名字	营销中心
下级的岗位	无		
岗位任职资格要求	◆年龄：25~40 岁 ◆性别：不限 ◆籍贯：本地优先 ◆学历：高中及以上 ◆婚姻状况：不限 ◆经验要求：1 年以上销售经验、本行业从业 1 年以上 ◆知识要求：建材、财务、政治、经济 ◆能力要求：销售能力、公关能力、沟通能力 ◆其他要求：适应长期出差		

表二：具体工作

序号	具体工作
1	负责完成区域年度、季度、月度销售各项指标
2	负责做好分管区域客户开发和客户维护，并建立良好的客情关系
3	负责客户的往来账目核对工作并确保往来账目的准确性和真实性
4	协助销售经理完成合同的谈判、签订工作
5	负责老客户维护和新客户开发过程中的风险控制
6	及时收集客户信息并做好记录
7	完成公司安排的培训和学习计划，并 100%通关
8	完成公司领导安排的各项临时工作

表三：岗位责任

岗位责任
1. 对区域销售各项指标达成率负责 2. 对应收账款真实性负责 3. 对客户满意度负责

表四：岗位权限

岗位权限
1. 对客户是否合作的建议权 2. 业务费用支出的建议权

图 7.23　区域经理工作分析表

表一：基本信息

从事岗位名字	销售员	有无兼职	无
我的上级岗位名字	销售经理	我的部门名字	营销中心
下级的岗位	无		
岗位任职资格要求	◆年龄：25~40 岁 ◆性别：不限 ◆籍贯：不限 ◆学历：高中及以上 ◆婚姻状况：不限 ◆经验要求：1 年以上销售经验、本行业从业 1 年以上 ◆知识要求：建材、财务、政治、经济 ◆能力要求：销售能力、公关能力、沟通能力 ◆其他要求：适应长期出差		

表二：具体工作

序号	具体工作
1	负责完成个人年度、季度、月度销售各项指标
2	负责做好客户开发和客户维护，并建立良好的客情关系
3	负责客户的往来账目核对工作并确保往来账目的准确性和真实性
4	协助销售经理完成合同的谈判、签订工作
5	负责老客户维护和新客户开发过程中的风险控制
6	及时收集客户信息并做好记录
7	完成公司安排的培训和学习计划，并100%通关
8	完成公司领导安排的各项临时工作

表三：岗位责任

岗位责任
1. 对个人销售各项指标达成率负责 2. 对应收账款真实性负责 3. 对客户满意度负责

表四：岗位权限

岗位权限
1. 对客户是否合作的建议权 2. 业务费用支出的建议权

图 7.24　销售员工作分析表

表一：基本信息

从事岗位名字	销售文员	有无兼职	无
我的上级岗位名字	销售总监	我的部门名字	营销中心
下级的岗位	无		
岗位任职资格要求	◆ 年龄：25~40 岁 ◆ 性别：女性优先 ◆ 籍贯：不限 ◆ 学历：大学本科 ◆ 婚姻状况：已婚优先 ◆ 经验要求：文秘工作 1 年以上 ◆ 知识要求：建材、标书、文案、办公软件 ◆ 能力要求：熟练使用办公软件 ◆ 其他要求：有驾驶证、严谨细致		

表二：具体工作

序号	具体工作
1	负责编制销售部相关文件，并协助销售总监组织销售合同的评审与保存
2	负责做好客户资料信息的整理并记录成册，要求实时更新客户资料
3	负责公司投标工作，负责各采购平台的注册、缴费与维护工作，按投标管理规定 100%执行
4	负责协助销售人员做好与客户的对账工作，并协助销售人员开具发票并做好登记

序号	具体工作
5	负责销售系统的信息录入与日常维护，同时做好销售数据的统计与测算工作
6	负责做好客情维护工作（节假日祝福短信、微信问候）
7	负责孤儿客户管理（把未分配到专人负责的客户和离职人员手上客户信息统一整理按领导要求分配交接）
9	线上推广（负责自媒体软件的编辑推送以及线上回复，转接专员对接）
10	做好销售部会议记录并整理会议纪要
11	完成领导临时按排的任务

表三：岗位责任

岗位责任
1. 对投标的有效性负责 2. 对票、单、文件的保存负责 3. 对投标信息的记录、整理、分析负责 4. 对孤儿客户管理负责 5. 对线上推广工作负责 6. 对销售数据的完整性、及时性、有效性负责

表四：岗位权限

岗位权限
1. 投标价格的建议权 2. 线上推广内容的决定权 3. 对投标费用的审请权

图 7.25 销售文员工作分析表

（二）生产中心工作分析表

生产中心工作分析表主要有生产总监工作分析表、生产经理工作分析表、采购员工作分析表等。具体见图 7.26 至图 7.33。

表一：基本信息

从事岗位名称	生产总监	有无兼职	
我的上级岗位名称	总经理	我的部门名字	生产中心
下级的岗位	生产部经理，采购部经理，储运部经理		
岗位任职资格要求	◆年龄：30~50岁 ◆性别：不限 ◆籍贯：不限 ◆学历：大专及以上学历 ◆婚姻状况：不限 ◆经验要求：5年以上生产管理经验 ◆知识要求：化工，建材 ◆能力要求：办公软件、沟通能力、协调能力、领导能力 ◆其他要求：稳重，付出，积极，责任心，团队精神		

表二：具体工作

序号	具体工作
1	根据公司经营计划合理控制生产成本，并负责完成公司年度、季度、月度的生产目标；按销售订单保质、保量进行产品交付，若因特殊原因影响生产进度应及时调整向总经理反馈
2	根据公司经营计划合理控制采购成本，并负责指导采购部生产材料、设备的搜集、筛选并制定采购方案，进行审核上报总经理、财务中心审批，并根据审批结果进行采购工作的执行
3	根据公司经营计划，负责拟定公司设备改造及新建项目方案并上报总经理审批，根据审批结果进行立项和实施
4	根据公司订单计划合理控制物流成本，并负责安排与指导储运部进行订单配送，保证订单配送的及时性、安全性、准确性
5	负责生产中心的生产安全、运输安全、环境及环保达标工作
6	负责生产中心员工队伍建设，保证部门人才结构的完善，并对下属人员工作定期进行指导、培训及绩效考核评价；绩效考核每月一次并于次月8号向人事部门提交生产中心绩效考核表
	负责安排、协调、处理生产中心及相关部门工作
7	完成上级领导临时交办的其他工作

表三：岗位责任

岗位责任
1. 对完成公司年度、季度、月度的生产目标负责 2. 对物资供应的及时性负责（除 I 类物资外） 3. 对生产区域安全负责 4. 对生产运行结果负责 5. 对仓储运行结果负责 6. 对客户的到货及时性、准确性负责 7. 对分厂运行结果负责 8. 对生产中心人员绩效考核、考勤的真实性和准确性负责

表四：岗位权限

岗位权限
1. 对公司重大决策具有建议权 2. 对生产中心管理制度的执行具有检查权和处罚权 3. 对生产中心各部门的工作计划执行情况具有检查权和处罚权 4. 对公司员工具有人事任免建议权 5. 对分管领域任何人、任何工作具有分配权 6. 对相关工作具有审核与审批权

图 7.26　生产总监工作分析表

表一：基本信息

从事岗位名字	生产经理	有无兼职	
我的上级岗位名字	生产总监	我的部门名字	生产中心
下级的岗位	生产工、机修工		
岗位任职资格要求	◆年龄：30~45 岁 ◆性别：不限 ◆籍贯：不限 ◆学历：大专及以上 ◆婚姻状况：已婚 ◆经验要求：同行业生产管理 3 年以上 ◆知识要求：现场管理，环保，安全 ◆能力要求：办公软件，沟通能力强，组织协调能力，领导力 ◆其他要求：严谨、忠诚度高、责任心强、执行力强、有团队精神		

表二：具体工作

序号	具体工作
1	负责生产、安全、环保等管理制度的拟定、修改、检查、监督、控制并上报生产总监审批，根据审批结果实施执行
2	负责生产车间现场管理并执行5S管理体系及劳动防护，环境保护等专项工作
3	负责做好生产设备、计量器具维护检查工作，合理安排设备检修时间，并负责生产设备、计量器具的外检工作
4	负责制定生产计划，上报生产总监审批，审批后组织、协调生产人员按计划安排生产工作
5	负责生产统计核算报表的编制，并及时向生产总监上报年、季、月度统计报表
6	负责合理安排生产作业时间，平衡用电、节约能源、节约产品制造费用、降低生产成本
7	负责分站设备的安装
8	负责下属人员工作定期进行指导、培训及绩效考核评价；绩效考核每月一次并于次月8号前向生产总监提交绩效考核表
9	完成公司领导交办的其他工作

表三：岗位责任

岗位责任
1. 对生产质量、数量、及时性负责 2. 对车间安全、环保负责 3. 对生产成本的控制负责 4. 对生产部各项统计数据的准确性、及时性负责 5. 对部门人员绩效考核、考勤的真实性和准确性负责

表四：基本信息

岗位权限
1. 对本部门人员的人事任免、奖罚建议权 2. 对本部门人员具有绩效考核权

图7.27　生产经理工作分析表

表一：基本信息

从事岗位名字	机修工	有无兼职	
我的上级岗位名字	生产经理	我的部门名字	生产中心
下级的岗位	无		
岗位任职资格要求	◆年龄：30~45 岁 ◆性别：不限 ◆籍贯：不限 ◆学历：中专及以上学历 ◆婚姻状况：不限 ◆经验要求：3 年以上工作经验 ◆知识要求：机修知识、电工知识 ◆能力要求：分析能力 ◆其他要求，责任心强、安全意识高		

表二：具体工作

序号	具体工作
1	负责对公司所有生产设备按《设备维护管理规定》进行维修保养
2	负责对维修设备零配件需求制定采购方案提交生产经理
3	负责机修库房物资管理工作，并建立台账，要求账物相符
4	负责生产设备的安装工作
5	负责公司的水、电维修工作
6	协助生产经理制定设备维护管理规定
7	完成上级领导交办的临时工作

表三：岗位责任

岗位责任
对设备完好，安全运行负责

表四：岗位权限

岗位权限
对设备更换、具有建议权

图 7.28 机修工工作分析

表一：基本信息

从事岗位名字	储运部经理	有无兼职	
我的上级岗位名字	生产总监	我的部门名字	生产中心
下级的岗位	仓管员，司机，分站管理员		
岗位任职资格要求	◆年龄：25~45 岁 ◆性别：不限 ◆籍贯：不限 ◆学历：高中及以上学历 ◆婚姻状况：不限 ◆经验要求：3 年以上本行业从业经验 ◆知识要求：物流管理、车辆管理、仓库管理 ◆能力要求：办公软件、沟通能力、驾驶技能、协调能力 ◆其他要求：责任心、执行力强		

表二：具体工作

序号	具体工作
1	保证公司仓储的产品安全，根据客户用货需求及运输里程合理安排生产及发货顺序，合理规划运输成本做到运输成本最小化
2	负责做好发货、各站用货、返货、剩货数量的记录与统计，监管运输公司车辆过路费、油费和运行里程等的数据的真实性和合理性，并做出统计上报
3	负责产品运输的及时性、准确性，跟踪查询运输轨迹，保证内外部车辆交通安全性及产品的安全性
4	负责建设公司仓储制度，执行 5S 管理体系保持仓库整洁，货物摆放合理，做到账、卡、物相一致
5	负责公司分站的生产、运输管理
6	负责对部门人员定期进行指导、培训及绩效考核评价；绩效考核每月一次并于次月 8 号向生产总监提交绩效考核表
7	完成上级领导交办的临时工作

表三：岗位责任

岗位责任
1. 对货物安全、准确、及时送达负责 2. 对单据、数据的准确性、及时性负责 3. 对公司原材料库、母液库、成品库、配件库、应急库、分站仓库的安全性、准确性负责 4. 对部门人员绩效考核、考勤的真实性和准确性负责

表四：岗位权限

岗位权限
1. 对不符合入库标准的物资有拒绝入库权 2. 对不符合管理规定的物资有拒绝出库权 3. 对本部门人员的人事任免、奖罚建议权 4. 对本部门人员具有绩效考核权

图 7.29　储运部经理工作分析表

表一：基本信息

从事岗位名字	仓管员	有无兼职	
我的上级岗位名字	储运部经理	我的部门名字	生产中心
下级的岗位	无		
岗位任职资格要求	◆年龄：25~40 岁 ◆性别：不限 ◆籍贯：外地农村，外地城市 ◆学历：高中及以上学历 ◆婚姻状况：不限 ◆经验要求：1 年以上相关工作经验 ◆知识要求：物流知识、统计知识、安全知识 ◆能力要求：熟练办公软件 ◆其他要求：严谨、正直、忠诚度高、责任心强、执行力强		

表二：具体工作

序号	具体工作
1	对采购入库材料、物品与购货清单进行核对，确保数量、规格、型号相符，核实准确无误后开具入库单，一联交送货人员，其余联分交各部门，留一联存档，并根据入库单登记台账
2	负责将入库物品按 5S 管理标准进行分类、堆放并注明标识
3	负责库房所有物资的盘点与实施，保证账实相符且做到库房物资安全、防火、防盗、防潮，并定期检查
4	根据"材料领用单"发放原材料并登记台账，并按物资分类建立出入库台账定期核对
5	做好低值易耗品和工具领用的登记工作 注：借用工具，领用人在"借用登记表"上签字，签字分两次，领用和归还时各签一次
6	完成上级领导临时交办的其他工作

表三：岗位责任

岗位责任
1. 对公司原材料库、母液库、成品库、配件库、应急库、分站仓库的安全性和准确性负责 2. 对库房物品的完好、安全性负责 3. 对库房物品账务的真实性与准确性负责

表四：岗位权限

岗位权限
1. 对不符合入库标准的物资具有拒绝入库权 2. 对不符合出入库标准的领用具有拒绝权

图 7.30　仓管员工作分析表

表一：基本信息

从事岗位名字	分站管理员	有无兼职	
我的上级岗位名字	储运部经理	我的部门名字	生产中心
下级的岗位	无		
岗位任职资格要求	◆年龄：25~50 岁 ◆性别：男 ◆籍贯：本地农村 ◆学历：初中及以上学历 ◆婚姻状况：不限 ◆经验要求：1 年以上同行业工作经验优先 ◆知识要求：会写字、会计算、会用微信、 ◆能力要求：沟通能力、协调能力 ◆其他要求：责任心强、执行力强、有驾照优先（熟悉行业的复配、质检）		

表二：具体工作

序号	具体工作
1	负责按实验室开具的配方单准确计量并进行生产
2	负责分站所有物资的安全及台账建立，并做好原材料、半成品、成品出入库记录
3	负责生产设备的保养维护工作，保证设备正常运行，如维护超出自己工作能力的，应及时向储运经理汇报
4	母液车到站后，负责对车辆封签，过磅数量进行签到拍照并发到生产部微信群，并引导司机将母液卸入对应的储罐
5	负责到站母液上车取样并使用比重计、糖度仪进行检测和记录，母液样品保存期30天；对复配的成品使用比重计、糖度仪进行检测、记录（速凝剂须检测初终凝时间），成品样品保存期15天
6	负责分站的水电费用的控制、生产排和统计工作，并每天18：00前向储运经理上报库存数据，每周日对母液刻度拍照发往生产部微信群
7	完成上级领导交办的临时工作

表三：岗位责任

岗位责任
1. 对分站母液数量、比重、含固量的准确性负责 2. 对分站成品复配质量负责 3. 对分站所有财物安全负责

图 7.31　分站管理员工作分析表

表一：基本信息

从事岗位名字	采购经理	有无兼职	
我的上级岗位名字	生产总监	我的部门名字	生产中心
下级的岗位	采购员		
岗位任职资格要求	◆年龄：30~45岁 ◆性别：不限 ◆籍贯：不限 ◆学历：大专及以上学历 ◆婚姻状况：已婚 ◆经验要求：3年以上采购经验 ◆知识要求：财务、物流、市场分析 ◆能力要求：办公软件、沟通能力、谈判能力、协调能力、分析能力 ◆其他要求：忠诚、正直、责任心		

表二：具体工作

序号	具体工作
1	负责收集原材料市场信息，整理、分析并制作采购预判报告，各项采购产品不少于3家可选供应商
2	负责做好生产类物资的年、季、月度采购计划及资金需求向生产总监汇报，并根据汇报审批结果进行实施
3	负责根据公司对供应商账期、性价比、稳定性进行各项采购产品的供应商筛选，做好供应商信息的录入和评估，并建设完善公司的供应链系统
4	根据技术部要求，负责材料样品的索取，并根据实验结果进行筛选
5	负责与供应商进行合同条款的洽谈，根据合同评审结果与供应商签订采购合同，对采购物资进行跟踪与催促，催收发票协助财务完成物资的货款结算工作
6	负责采购部制度流程的制定和完善上报生产总监审批，并根据审批结果执行
7	负责下属人员工作定期进行指导、培训及绩效考核评价；绩效考核每月一次并于次月8号前向生产总监提交采购部绩效考核表
8	负责原材料退、换货及废旧物品的处理工作
9	完成上级领导交办的临时工作

表三：岗位责任

岗位责任
1. 对各项采购产品的及时性负责 2. 对合同、发票、结算的风险控制负责 3. 对采购成本的控制负责

岗位权限
1. 对生产原材料供应商选择具有建议权 2. 对本部门人员的人事任免、奖罚具有建议权 3. 对本部门人员具有考核权

图7.32　采购经理工作分析表

表一：基本信息

从事岗位名字	采购员	有无兼职	
我的上级岗位名字	采购经理	我的部门名字	生产中心
下级的岗位	无		
岗位任职资格要求	◆年龄：25~40岁 ◆性别：不限 ◆籍贯：不限 ◆学历：大专及以上学历 ◆婚姻状况：不限 ◆经验要求：1年以上采购经验 ◆知识要求：财务核算知识、物流知识 ◆能力要求：熟悉办公软件、沟通能力、协调能力、分析能力强 ◆其他要求：忠诚度高、责任心强、有驾照		

表二：具体工作

序号	具体工作
1	负责收集原材料市场信息，整理、分析并提交采购经理
2	协助采购经理筛选供应商，并将供应商信息的录入系统并定期做出评估
3	负责与供应商进行合同条款的洽谈，根据合同评审结果与供应商签订采购合同，对采购物资进行跟踪与催促，催收发票协助财务完成物资的货款结算工作
4	根据技术部要求，负责材料样品的索取
5	负责以电话、微信、电子邮件等方式与供应商联系订货，建立与完善采购物资台账
6	完成上级领导交办的临时工作

表三：岗位责任

岗位责任
1. 保证材料信息的真实、准确、及时性 2. 保证物资的及时供应 3. 保证采购物资台账的真实与完整

表四：岗位权限
岗位权限
对物资采购的建议权

图 7.33　采购员工作分析表

（三）研发中心工作分析表

研发中心工作分析表主要有研发经理工作分析表、技术工程师工作分析表和技术员工作分析表，具体见图 7.34 至图 7.36。

表一：基本信息			
从事岗位名字	研发经理	有无兼职	无
我的上级岗位名字	研发总监	我的部门名字	研发中心
下级的岗位	研发技术员、研发实验员、学徒		
岗位任职资格要求	◆年龄：28 岁以上 ◆性别：不限 ◆籍贯：不限 ◆学历：本科以上学历 ◆婚姻状况：不限 ◆经验要求：有独立研发外加剂产品能力；有同行业研 ◆发经理岗位工作经验 1 年以上；混凝土搅拌站 1 年以上工作经验 ◆知识要求：化学、高分子材料相关专业知识 ◆能力要求：写作能力、培训、团队管理、绩效考核 ◆其他要求：符合公司竞业限制和保密要求		

表二：具体工作

序号	具体工作
1	负责公司新产品研发与应用，新产品达到市场更新速度，并优于市场产品性能、成本；且新产品优于公司老产品性能和成本
2	负责公司老产品优化，能合理利用小料，改进生产工艺流程，制定与改进质检标准达到节省生产成本改善老产品性能
3	负责公司滞销品淘汰与滞销品产品替代达到市场预期效果，负责消耗处理即将1个月内到期生产材料与研发材料
4	负责公司研发原材料与生产原材料的实验与选择，选择应表述原材料的优势、劣势
5	负责公司生产车间、分站的生产工艺流程制作、培训、优化、应用监督和考核工作
6	负责公司专利报告、科技企业、高新企业的申请资料撰写，并按照相关部门、科技单位、科技企业、政府机构要求准时、准确地提交报告
7	负责公司技术服务标准的制定，技术服务反馈、根据项目现场技术服务反馈及时做技术攻关，收集技术服务相关数据，建立技术服务数据库与研发数据库
8	负责公司产品与市场产品的市场调研，每季度进行撰写一次调研报告并提交上级领导
9	负责公司行业论坛、行业竞赛、行业考察学习及行业相关标准制定，并完成相关目标要求
10	负责公司研发技术员、研发实验员的管理、培训、考核工作，于次月3日前提交绩效考表
11	负责公司学徒的技术培训工作，1个月内达到研发实验员独立实验操作、熟练产品质检、标准与流程
12	负责公司产品抽检、送检工作，抽检、送检100%合格
13	完成上级领导交办临时工作

表三：岗位责任

岗位责任
1. 对研发实验安全负责 2. 对公司产品研发立项负责 3. 对公司产品研发专利负责 4. 对产品性能优化，成本控制负责

表四：岗位权限

岗位权限
1. 研发立项经费使用建议权 2. 部门人事考核权 3. 部门人员晋升、晋级、降薪、降职建议权

图 7.34 研发经理工作分析表

表一：基本信息

从事岗位名字	技术工程师	有无兼职	
我的上级岗位名字	研发总监	我的部门名字	研发中心
下级的岗位	技术员、技术实验员		
岗位任职资格要求	◆年龄：20~40 岁 ◆性别：不限 ◆籍贯：不限 ◆学历：大专及以上 ◆婚姻状况：不限 ◆经验要求：具备三年以上同行业技术服务经验，具有一定的管理能力 ◆知识要求：化学知识，建材知识 ◆能力要求：专业技术能力，沟通协调能力，管理能力 ◆其他要求：责任心强、执行力强、学习能力强，适应长期出差，有驾照		

表二：具体工作

序号	具体工作
1	负责组织技术部为客户进行产品调试、配合比设计、技术指导及合理化的建议，制定合理的配方，及时反馈客户对于公司及产品的意见和建议
2	负责完成下属技术员、实验员的定期专业知识技能培训以及绩效考核，培训通关率100%，并于次月8号向研发总监提交绩效考核表
3	负责组织产品外检、抽样及合格证的制定
4	协助研发部对本公司的新产品及材料进行检验对比
5	负责跟踪技术员技术服务进度，并对技术员的实验数据，配方制定进行全程指导，现场情况及时反馈给所负责的销售人员
6	合理安排技术员外出技术服务，合理分配实验员的外出学习
7	负责公司技术服务手册、技术服务推广的拟定，报研发总监审批根据审批结果实施
8	负责技术员服务薪酬核算，于次月8号前提交研发总监
9	完成上级领导安排的其他工作

表三：岗位责任

岗位责任
1. 对公司客户的配方合理性负责 2. 对实验员、技术员的成长培养负责 3. 对技术员的考勤、考核、技术服务薪酬核算负责 4. 对技术员安排的及时性负责 5. 对技术数据库的准确性、安全性、完整性负责 6. 对销售、客户的满意度负责 7. 对送检、抽检结果合格负责

表四：岗位权限

岗位权限
1. 对公司客户的配方修改具有决策权 2. 对实验员、技术员的评级晋升拥有建议权 3. 对下属的技术员、实验员有调度权 4. 对技术员具有绩效考核权和处罚权

图7.35　技术工程师工作分析表

表一：基本信息

从事岗位名字	技术员	有无兼职	无
我的上级岗位名字	技术经理	我的部门名字	研发中心
下级的岗位	技术实验员		
岗位任职资格要求	◆年龄：20~35 岁 ◆性别：男性优先 ◆籍贯：不限 ◆学历：高中及以上学历 ◆婚姻状况：不限 ◆经验要求：1 年以上同行业技术工作经验 ◆知识要求：化学知识，建材知识 ◆能力要求：沟通能力，相应的专业技能 ◆其他要求：责任心强、执行力强、学习能力强，适应长期出差，有驾照		

表二：具体工作

序号	具体工作
1	根据客户需求、现场材料，负责为客户进行技术服务（包括配合比设计、优化、技术指导及合理的建议），调整确定配方并及时反馈技术经理及销售员
2	负责实验技术员的一对一辅导培训，并进行考核通关
3	严格执行技术服务流程，将现场服务情况视频、照片发往技术服务群，并随时向技术经理对接技术服务情况
4	负责服务项目的技术服务表的填写
5	完成上级领导安排的临时任务

表三：岗位责任

岗位责任
1. 对解决客户的技术问题负责 2. 对客户技术服务的及时性负责 3. 对销售、客户的满意度负责 4. 对技术实验员的培训负责 5. 对服务项目的技术数据真实性、完整性、安全性负责

表四：岗位权限

岗位权限
对公司客户的配方调整具有建议权

图 7.36　技术员工作分析表

（四）人事行政部工作分析表

人事行政部工作分析主要有人事行政经理工作分析表、人事主管工作分析表、人事专员工作分析表等，具体见图 7.37 至图 7.42。

表一：基本信息

从事岗位名字	人事行政经理	有无兼职	无
我的上级岗位名字	总经理	我的部门名字	人事行政部
下级的岗位	行政主管、后勤主管、人事主管		
岗位任职资格要求	◆年龄：30~45 岁 ◆性别：不限 ◆籍贯：不限 ◆学历：大专以上，人力资源管理专业优先 ◆婚姻状况：已婚 ◆经验要求：3 年以上人力资源工作经验、2 年以上同岗位管理工作经验管理经验 知识要求：熟练操作办公软件，会制作 PPT 课件，熟悉人力资源六大模块，了解劳动法、合同法 ◆能力要求：心理承受能力、组织能力、培养下属能力、问题解决能力、沟通协调能力、成本意识能力、分析式思维能力 ◆其他要求：原则性、责任心、人际敏感度、全局意识、诚信正直、保密性、认同公司企业文化		

表二：具体工作

序号	具体工作
1	年度目标规划及达成： （1）每年 12 月 10 日前制定本部门次年度《工作计划》和《财务预算》，上报总经理审批，完成率 100%； （2）经总经理审批后的年度计划进行目标分解，将任务布达给下面的各个负责人，并进行监督，完成率 100%
2	负责对公司行政、人力资源、后勤流程和制度进行修订和完善，呈报总经理审批，审批后的流程和制度，对相关部门人员进行培训考试，培训通关率达 100%；并监督对各部门实施情况进行实时跟踪，对于各部门执行不力或制度执行异议较大的向总经理进行实时汇报

序号	具体工作
3	招聘体系建设： （1）负责公司招聘体系建立：对部门负责人进行招聘测评培训，岗位简历标杆制定和优化；进行经验岗位《面试经验表》的制定和各部门使用培训，并培训通关率100%； （2）负责制定公司人力资源招聘计划，组织实施，并对人员招聘的进度和质量进行监控； （3）负责开拓多种招聘渠道：网络招聘、校院招聘、现场招聘等，招聘渠道向总经理报批并进行有效管理（及时更新招聘信息），并对于简历投递人员按面试流程执行，完成率100%； （4）负责建立人才档案库，包括内部、外部人员资料信息，分类统计，定期更新、优化，可参考性强；完成率100%； （5）关注各部门人员离职率情况，针对异常情况进行调查并进行处理 （6）根据公司发展需求，负责及时实施招聘计划
4	培训体系建设： （1）负责建立内、外培训计划，制订《年度培训计划》，每月分解《月度培训计划》并编制《费用预算》上报总经理审批； （2）应公司发展需求，负责制定《培训需求表》征求各部门的培训需求，按培训计划实施，对培训效果进行监督和分析，通关率达90%以上； （3）负责制定本部门各个岗位所需培训课程内容，并监督、审核编制培训课件监督每场培训考核分数存入员工档案； （4）负责组织公司进行安全演练与安全知识培训，并做好相关记录与档案管理
5	晋升标准体系建设： （1）建立晋升标准体系，上报上级审批执行； （2）根据晋升标准和制度，在考核期内，对符合晋升标准人员进行面谈并提名申请，申请通过后出《任命通知书》并颁布
6	绩效考核管理： （1）负责建立公司绩效考核管理制度和流程，导入推行绩效考核工作； （2）负责审核绩效考核数据准确性、公平性； （3）负责对绩效考核数据分析，对本部门人员安排绩效面谈，找出绩效差人员问题，并制定解决方案；对其他部门绩效争议进行面谈并向总经理反馈结果； （4）负责协调和指导公司各部门绩效考核工作，组织培训并通关测试（对各部门进行方式和绩效考核流程培训，每半年进行一次培训，每次培训通关率100%）； （5）负责每月8号前汇总绩效考核数据并提交财务部核算工资，并向总经理提交《绩效考核分析表》； （6）负责本部门月度、季度或年度绩效考核指标制定，进行绩效考核评估、面谈，并对本部门绩效考核结果承担直接责任

序号	具体工作
7	负责对公司薪酬市场行业进行调查每年一次，并形成行业薪酬调查报告向总经理提交，根据总经理工作指示进行薪酬调整
8	会议与接待管理： （1）负责组织公司重要会议、重大活动的筹备工作；接待公司重要来访客人 （2）负责公司月度会议、临时会议的会议记录整理与下发，并实时向总经理反馈会议结果情况 （3）负责本部门参加公司月度会议的汇报工作，如月度工作总结表、月度工作计划表等
9	负责组织公司对外形象宣传，代表公司与外界有关部门和机构保持良好公共关系
10	负责公司部门与部门之间的协调、配合工作并解决争议
11	企业文化建设： 负责公司整体企业文化建设，制定可实施方案（工服、工牌、文化墙、员工活动、员工关怀、员工手册、福利）； 公司各项活动的宣传（发微信圈和公司微信大群）
12	负责审核人事管理提交员工《工资表》
13	负责生活水电费、网络电话费、办公用品、员工福利费、车辆维修、油费、接待费、员工餐费审核和控制
14	员工关系维护： （1）关注员工状态，并将相关情况反馈给相关部门并跟进，完成率100% （2）离职人员面谈：对离职员工先进行调查，了解其平常工作状态和能力（看有没有留下来或转岗可能），安排约见，并了解其离职原因，并争取留下来 （3）转正人员的面谈：提前了解公司所有转正员工的工作情况，并根据考核结果，给予工作方向的指引（按公司晋升标准） （4）及时跟进和处理公司员工劳动纠纷，做到无法律劳动纠纷
15	公文撰写及发布
16	负责员工社保的办理的监督
17	负责及时处理公司管理过程中的重大人事行政问题，且重大事件在一天内及时做出响应
18	完成上级领导临时交办的其他工作

表三：岗位责任

岗位责任
1. 对公司厂区以外的所有安全负责 2. 对公司政府关系质量负责 3. 对公司各项资质审核结果负责 4. 对公司后勤保障质量负责 5. 对分管的各项指标负责

表四：岗位权限

岗位权限
1. 具有公司重大决策建议权 2. 具有分管的各项管理制度的检查权和处罚权 3. 具有分管的各部门工作计划执行情况的检查权和处罚权 4. 具有员工的人事任免权和对管理层的人事任免建议权 5. 具有对分管领域任何人、任何工作的分配权 6. 具有相关工作的审核与审批权

图 7.37　人事行政经理工作分析表

表一：基本信息

从事岗位名字	人事主管	有无兼职	无
我的上级岗位名字	人事行政经理	我的部门名字	人事行政部
下级的岗位	人事专员		
岗位任职资格要求	◆年龄：35~45 岁 ◆性别：不限 ◆籍贯：不限 ◆学历：大学专科或本科学历，人力资源管理专业 ◆婚姻状况：已婚 ◆经验要求：3 年以上人力资源管理工作 ◆知识要求：人力资源、劳动法及其他相关法规和政策 ◆能力要求：有较强的协调组织能力、良好的沟通能力及良好团队协作精神 ◆其他要求：工作客观严谨、原则性清晰、具有亲和力		

表二：具体工作

序号	具体工作
1	负责制定公司上年度《人力资源分析报告》，次年1月份提交。根据分析报告提交人力资源发展规划，重新核定各部门定岗核编。每年1月底前完成
2	负责人事相关管理制度的拟定及完善（根据要求及时完成制度的制订）
3	负责公司人事规章制度的落实、检查、监督工作
4	负责薪资核算（次月8日前，要求薪资核算准确无误，薪资核算的保险与实际缴纳保险账务相符）
5	负责招聘计划的审核，组织实施，并对人员招聘的进度和质量进行监控
6	负责组织实施公司绩效考核（按照公司绩效管理制度实施绩效考核）
7	负责拟定员工满意度调查内容并组织开展，每季度进行一次，季度结束10天以内提交《员工满意度调查报告》
8	负责公司人才库的建立及公司人事档案的建立与管理，公司员工的储备，面试应聘者的储备，简历储备
9	负责定期了解员工思想动态，做好员工的晋级、晋升、降级、降职与辞退工作
10	负责制定公司年度培训计划，组织实施公司员工培训并负责培训考核（培训每月不少于1次，培训达标率不低于85%，培训通关率80%）
11	负责人事行政部人力资源六大模板内容培训，每月不少于一次且人事部门、行政部门参训通关率100%
12	负责审核公司各部门提交的每月考勤数据的真实性，5日前提交财务
13	负责处理员工的劳动争议、诉讼及调解工作
14	负责国家对中小企业职称申报的通知及申报标准培训
15	负责对外人事管理相关单位的联络和资讯沟通工作
16	负责做好员工娱乐文化活动及团队活动的组织工作
17	完成上级交代临时性工作（按时按要求完成）

表三：岗位责任

岗位责任
1. 对处理劳动纠纷免处罚负责 2. 对绩效考核结果负责 3. 对培训计划完成率及培训质量负责 4. 对薪资核算负准确率负责 5. 招聘计划的实施负责 6. 对员工满意度调查真实性负责

表四：岗位权限

岗位权限
1. 对属下员工进行工作统筹安排调度权 2. 对新员工入职筛选权 3. 对公司绩效考核有建议权 4. 对公司晋升、晋级、降级、降职、辞退有建议权 5. 对公司员工考勤监察与处罚权 6. 对公司人才需求及人力资源发展规划有建议权

图 7.38　人事主管工作分析表

表一：基本信息

从事岗位名字	人事专员	有无兼职	无
我的上级岗位名字	人事主管	我的部门名字	人事行政部
下级的岗位	无		
岗位任职资格要求	◆年龄：22~35 岁 ◆性别：不限 ◆籍贯：不限 ◆学历：大学专科或本科学历 ◆婚姻状况：不限 ◆经验要求：1 年以上人力资源管理工作 ◆知识要求：人力资源、劳动法及其他相关法规和政策 ◆能力要求：熟悉电脑、办公软件、有较强的沟通协调能力、学习能力，具备一定的文字表达能力 ◆其他要求：具有驾驶 C 照会开车		

表二：具体工作

序号	具体工作
1	招聘工作： （1）负责招聘渠道的建立，维护； （2）根据招聘需求制定招聘计划和组织实施招聘； （3）负责应聘人员的初试筛选； （4）负责复试通知安排； （5）负责招聘数据的统计与分析，次月8号前提交上级领导
2	培训工作： （1）协助人事主管制定年度培训计划及预算； （2）根据上级组织实施培训计划协助各部门开展培训；并整理出《培训评估报告》； （3）组织新员工的入职培训，要求新员工入职一月内完成，考核通过率100%
3	负责劳动、劳务合同的续签，根据劳动、劳务合同到期时间前一个月内完成
4	负责公司考勤机或考勤系统的维护、使用、设置等工作，每月2号前统计出考勤数据
5	社保工作： （1）负责每月公司社保人员的增减10号前完成； （2）按规定时间完成社保基数调整； （3）核算每月社保缴费明细，数据100%准确
6	负责公司员工档案的收集、更新、保存、录入，员工档案查阅方便
7	协助人事主管进行公司各类职称申报
8	负责公司入职、转正、离职、晋级、晋升、降级、降职手续的办理
9	负责各种人事变动的通知拟定下发
10	协助人事主管组织进行绩效考核工作
11	协助人事主管建立公司人才库，公司员工的储备，面试应聘者的储备，简历储备
12	按照劳动监察局要求办理劳动年检工作，100%通过
13	完成上级领导临时交办的其他工作

表三：岗位责任

岗位责任
1. 对招聘渠道正常使用负责 2. 对招聘计划和组织实施 3. 对培训考核通过率负责 4. 劳动、劳务合同的续签负责 5. 对考勤数据正确率负责 6. 对社保缴费个人承担金额正确率负责 7. 对员工档案资料负责 8. 对员工入职、转正、离职手续的办理负责 9. 对劳动年检通过率负责

表四：岗位权限

岗位权限
1. 对员工晋升有建议权 2. 对公司员工考勤异常有监察权 3. 对招聘有建议权

图 7.39　人事专员工作分析表

表一：基本信息

从事岗位名字	行政主管	有无兼职	无
我的上级岗位名字	人事行政经理	我的部门名字	人事行政部
下级的岗位	行政专员、IT 管理员		
岗位任职资格要求	◆年龄：30~45 岁 ◆性别：不限 ◆籍贯：不限 ◆学历：大专及以上学历 ◆婚姻状况：不限 ◆经验要求：1 年以上办公室工作经验 ◆知识要求：行政管理、文秘工作等相关知识 ◆能力要求：OFFICE 软件、办公室自动化、写作能力、沟通协调能力、应变能力 ◆其他要求：具有驾驶 C 照会开车		

表二：具体工作

序号	具体工作
1	负责公司各类通知、文件、报告、决议的起草与审核，（无错别字，行文妥善，存档有序）各类通知、文件、报告、决议、会议记录按上级要求及时提交
2	负责本部劳动纪律、环境卫生和内勤事务管理（每周抽检1次）
3	负责协调组织公司各类体系认证工作（认证通过率100%）
4	负责公司行政公章的统一管理（严格执行用印、借印等签字审批流程，保证公章使用安全零失误）
5	负责各种证照办理和年审工作（按证件审核时间，提前做好办理准备，及时、无漏检）
6	负责组织召开公司的各类会议，编制会议议程，记录会议内容，整理会议纪要（会前准备到位，会后工作督办及时、反馈，提前完成）
7	组织人员采购办公用品/设备，做好其成本预算和控制（控制成本，不超过原定预算标准）
8	负责协调各部门之间的行政关系，为各部门工作开展提供相应的服务
9	负责开展部门绩效考核工作
10	负责公司车辆（小车）的派遣、维修、保养、年检等相关工作（及时保养、年检，严格执行公司规定，每月提交车辆使用情况报告1份次月8号前完成）
11	负责公司各类政策补贴的申报工作
12	负责公司企业文化宣传工作
13	协助做好公司日常来客的接待工作
14	完成上级领导临时交办的其他工作

表三：岗位责任

岗位责任
1. 对公司所有各类发文负责 2. 对公司各类认证工作负责 3. 对公司行政公章负责 4. 对公司各种证照年审负责 5. 对行政费用控制负责 6. 对部门绩效考核数据负责

表四：岗位权限

岗位权限
1. 对本部门员工工作的指导、监督、管理权 2. 对公司行政公章、文件、档案的审核权 3. 对本部门人员任免、奖罚的建议权 4. 对公司车辆有派遣权 5. 对申报各类政府补贴有建议权

图 7.40　行政主管工作分析表

表一：基本信息

从事岗位名字	行政专员	有无兼职	无
我的上级岗位名字	行政主管	我的部门名字	人事行政部
下级的岗位	无		
岗位任职资格要求	◆年龄：22~35 岁 ◆性别：不限 ◆籍贯：不限 ◆学历：大专及以上学历 ◆婚姻状况：不限 ◆经验要求：不限 ◆知识要求：文秘工作等相关知识 ◆能力要求：OFFICE 软件、办公室自动化、写作能力、沟通协调能力、应变能力 ◆其他要求：具有驾驶 C 照会开车		

表二：具体工作

序号	具体工作
1	负责各类文件、通知的上传、下达
2	负责公司各类通知、文件、报告、决议的起草
3	负责公司档案的分类、保存与整理，公司重要文件资料要原件扫描后存入公司数据库内（档案完整、清晰、查阅方便）
4	负责编制会议议程，会议通知、记录会议内容，整理会议纪要
5	负责会议用品的准备、会场布置、会议期间服务
6	负责公司日常来客的接待服务，并协助上级领导做好各类会议、活动、上级单位检查等工作

序号	具体工作
7	负责礼品（烟、酒、茶）管理，做好进出入库台账
8	负责办公用品的采购、保管、领用工作
9	负责接听公司联系电话、妥当应答，如有必要，做好电话记录
10	协助行政主管做好各类体系认证工作
11	配合行政主管协调各部门行政关系，为各部门工作开展提供相应的服务
12	负责劳保用品的采购、登记、发放工作
13	完成上级领导临时交办的其他工作

表三：岗位责任

岗位责任
1. 对档案、文件的完整性负责负责 2. 对会议保障负责 3. 对礼品负责 4. 对办公用品负责 5. 对劳保用品负责 6. 对接待的满意度负责

表四：岗位权限

岗位权限
对公司办公用品、劳保用品有采购建议权

图 7.41　行政专员工作分析表

表一：基本信息

从事岗位名字	IT 管理员	有无兼职	无
我的上级岗位名字	行政主管	我的部门名字	人事行政部
下级的岗位	无		
岗位任职资格要求	◆年龄：22~30 岁 ◆性别：男 ◆籍贯：不限 ◆学历：大专及以上 ◆婚姻状况：不限 ◆经验要求：1 年以上计算机信息管理、ERP 实施维护的从业经验 ◆知识要求：熟悉 ERP 系统、计算机应用、网络应用、数据库应用 ◆能力要求：较强专业技能，协调沟通能力		

表二：具体工作

序号	具体工作
1	负责公司网站建立与维护，公司网站域名的管理
2	负责公司 OA 系统设定业务流程，人员权限，并进行培训
3	负责公司 ERP 及其他自控系统的维护、对接工作
4	负责公司电脑、打印设备、投影仪的调换、维护、升级、报废管理并进行数据台账的建立
5	负责公司电脑操作系统及各类办公软件的安装应用
6	负责公司监控设备的日常检查与维护
7	负责公司的网络维护工作
8	负责公司会议需求投影、电脑、音响设备准备与正常使用工作
9	完成上级领导临时交办的其他工作

表三：岗位责任

岗位责任
1. 对公司网站安全稳定负责 2. 对 OA 系统正常使用负责 3. 对监控设备正常运行与安全负责 4. 对网络正常使用负责 5. 对公司会议需求投影、电脑、音响设备准备与正常使用负责

表四：岗位权限

岗位权限
1. 对办公电脑、打印设备、投影仪采购具有建议权 2. 对办公电脑、打印设备、投影仪的调换、报废具有建议权

图 7.42　IT 管理员工作分析表

Z 公司的激励薪酬体系见表 7.9，岗位价值量评估见表 7.10，而 Z 公司改革后的公司薪酬结构划分见图 7.43。改革了工资结构，并进行了岗位价值量评估；建立了公司岗位薪酬等级五级薪酬制；销售团队薪酬与业绩提成挂钩；年终分红标准采取绩效考核与岗位价值量相关；制定并完善了薪酬制度。

表 7.9　Z 公司激励薪酬体系

部门	岗位	岗位层级	岗位编制	基础工资	绩效工资	职务工资	学历工资	岗位津贴	工作津贴	管理工资	提成	超产奖	计时工资	计件工资	技能工资	全勤奖	生产奖	年终奖	效益奖	成果工资	社会保险	交通补贴	带薪假期	带薪旅游	工作餐补贴	员工宿舍	节日慰问	孝心基金	慰问金	婚丧嫁娶金	特殊补贴	购车信贷	购房信贷	通讯工具	通讯补贴
总经办 （2人）	董事长	决策层	1	√		√			√	√	√							√		√		√			√	√	√	√	√	√						√
	总经理	决策层	1	√	√	√	√		√	√	√							√	√	√		√			√	√	√	√	√	√						√
营销中心 （9人）	营销总监	高层	1	√	√				√	√	√		√				√	√	√	√		√	√		√	√	√					√	√			√
	招投标经理	中层	1	√	√		√		√	√	√		√				√		√	√		√	√		√	√	√									√
	招标专员	基层	2	√	√		√		√	√			√				√			√		√	√			√	√									√
	招投标助理	基层	1	√	√		√		√	√			√				√			√		√	√			√	√									√
	营销经理	中层	2	√	√		√		√	√			√				√		√	√		√	√			√	√									√
	销售专员	基层	7	√	√				√	√			√							√		√	√			√	√									√
	区域经理	基层	3	√	√				√	√			√							√		√	√			√	√									√
研发中心 （17人）	研发总监	高层	1	√	√	√	√	√	√	√	√						√	√	√	√		√	√		√	√	√					√	√			√
	研发工程师	中层	1	√	√	√	√	√	√	√	√						√		√	√		√	√			√	√									√
	质检经理	中层	1	√	√		√	√	√	√							√		√	√		√	√			√	√									√
	技术工程师	中层	2	√	√		√	√	√	√							√		√	√		√	√			√	√									√
	研发技术员	基层	1	√	√		√		√	√							√			√		√	√			√	√									√
	技术实验员	基层	7	√	√		√		√	√							√			√		√	√			√	√									√
	研发实验员	基层	1	√	√		√		√	√							√			√		√	√			√	√									√
	技术员	基层	4	√	√		√		√	√							√			√		√	√			√	√								√	√
	质检员	基层	2	√	√		√		√	√							√			√		√	√			√	√								√	√

部门	岗位	岗位层级	岗位编制	基础工资	绩效工资	职务工资	学历工资	岗位津贴	工作津贴	管理工资	提成	超产奖	计时工资	计件工资	技能工资	全勤奖	生产奖	年终奖	效益工资	成就工资	社会保险	交通补贴	带薪假期	带薪旅游	工作餐补贴	员工宿舍	节日慰问	孝心基金	慰问金	婚丧嫁娶金	特殊补贴	购车值贷	购房值贷	通讯工具	通讯补贴
生产中心（24人）	生产总监	高层	1	√	√		√		√		√						√	√	√	√	√	√	√	√	√	√		√		√		√	√		√
	生产经理	中层	1	√	√		√		√								√	√	√	√	√	√	√	√	√	√		√		√		√	√		√
	采购经理	中层	1	√	√		√										√	√	√	√	√	√	√	√	√	√		√		√		√	√		√
	储运经理	中层	1	√	√		√										√	√	√	√	√	√	√	√	√	√		√		√		√	√		√
	生产工	基层	2	√							√			√	√			√	√	√	√	√	√	√	√	√		√		√		√			√
	机修工	基层	1	√										√	√			√	√	√	√	√	√	√	√	√		√		√		√			√
	采购员	基层	1	√	√		√								√			√	√	√	√	√	√	√	√	√		√		√		√			√
	仓管员	基层	2	√										√	√			√	√	√	√	√	√	√	√	√		√		√		√			√
	司机	基层	8	√										√	√			√	√	√	√	√	√	√	√	√		√		√		√			√
	分站管理员	基层	6	√										√	√			√	√	√	√	√	√	√	√	√		√		√		√			√
行政人事部（10人）	行政人事经理	高层	1	√	√	√	√										√	√	√	√	√	√	√	√	√	√		√		√		√	√		√
	行政主管	中层	1	√	√	√	√										√	√	√	√	√	√	√	√	√	√		√		√		√			√
	人事主管	中层	1	√	√	√	√										√	√	√	√	√	√	√	√	√	√		√		√		√			√
	后勤主管	中层	1	√	√	√	√										√	√	√	√	√	√	√	√	√	√		√		√		√			√
	人事专员	基层	1	√											√			√	√	√	√	√	√	√	√	√		√		√		√			√
	行政专员	基层	2	√											√			√	√	√	√	√	√	√	√	√		√		√		√			√
	IT管理员	基层	1	√											√			√	√	√	√	√	√	√	√	√		√		√		√			√
	厨师	基层	2	√											√			√	√	√	√	√	√	√	√	√		√		√		√			√
	保洁	基层	1	√											√			√	√	√	√	√	√	√	√	√		√		√		√			√
	保安	基层	3	√											√			√	√	√	√	√	√	√	√	√		√		√		√			√
客服部（1人）	客服经理	中层	1	√	√	√	√	√	√								√	√	√	√	√	√	√	√	√	√		√		√		√			√
	客服专员	基层	1	√				√							√			√	√	√	√	√	√	√	√	√		√		√		√			√
财务中心（8人）	财务总监	高层	1	√	√		√										√	√	√	√	√	√	√	√	√	√		√		√		√	√		√
	财务经理	中层	1	√	√		√										√	√	√	√	√	√	√	√	√	√		√		√		√			√
	资产部经理	中层	1	√	√		√										√	√	√	√	√	√	√	√	√	√		√		√		√			√
	主办会计	中层	1	√	√		√										√	√	√	√	√	√	√	√	√	√		√		√		√			√
	往来会计	基层	4	√											√			√	√	√	√	√	√	√	√	√		√		√		√			√
	出纳	基层	1	√											√			√	√	√	√	√	√	√	√	√		√		√		√			√
	资产主管	中层	1	√	√	√	√										√	√	√	√	√	√	√	√	√	√		√		√		√			√
	投融资主管	中层	1	√	√	√	√										√	√	√	√	√	√	√	√	√	√		√		√		√			√

该公司变革后的薪酬结构

表 7.10　岗位价值量评估

序号	部门	岗位名称	管理层级	对组织的影响	管理	职责范围	职责加分	沟通	任职资格	问题解决	环境条件	价值量总和	岗位价值量终值	价值比
1	总经办	董事长	决策层	244	55	140	40	90	150	120	30	869	1 738	19.31
2	总经办	总经理	决策层	221	55	130	25	70	150	110	30	791	1 582	17.58
3	营销中心	营销总监	高层	198	40	120	15	70	135	100	20	698	1 256	13.96
4	营销中心	招投标经理	中层	126	25	90	10	90	120	80	20	561	673	7.48
5	营销中心	招标专员	基层	87	10	50	10	20	90	50	10	327	327	3.63
6	营销中心	招投标助理	基层	74	10	30	10	60	60	40	10	294	294	3.27
7	营销中心	营销经理	中层	139	25	80	10	90	120	80	30	574	689	7.65
8	营销中心	销售专员	基层	87	10	50	5	90	90	50	30	412	412	4.58
9	营销中心	区域经理	基层	87	10	50	5	90	90	50	30	412	412	4.58

表7.10(续)

序号	部门	岗位名称	管理层级	对组织的影响	管理	职责范围	职责加分	沟通	任职资格	问题解决	环境条件	价值量总和	岗位价值量终值	价值比
10	研发中心	研发总监	高层	175	40	110	25	60	150	120	10	690	1 242	13.80
11		研发工程师	中层	126	25	80	10	30	120	90	10	491	589	6.55
12		质检经理	中层	87	20	80	10	40	105	80	10	432	518	5.76
13		技术工程师	中层	126	35	80	10	70	105	80	20	526	631	7.01
14		研发技术员	基层	74	10	50	10	30	90	50	20	334	334	3.71
15		技术实验员	基层	10	10	10	5	10	45	10	30	130	130	1.44
16		研发实验员	基层	10	10	5	5	10	60	20	20	140	140	1.56
17		技术员	基层	87	20	50	10	90	75	50	30	412	412	4.58
18		质检员	基层	87	10	10	5	10	45	10	10	187	187	2.08
19	生产中心	生产总监	高层	175	40	110	25	40	135	100	10	635	1 143	12.70
20		生产经理	中层	126	25	80	10	20	90	60	20	431	517	5.75
21		采购经理	中层	139	20	80	15	90	105	70	10	529	635	7.05
22		储运经理	中层	126	35	80	10	70	90	80	10	501	601	6.68
23		生产工	基层	87	10	30	5	10	45	40	30	257	257	2.86
24		机修工	基层	87	10	30	5	10	45	40	30	257	257	2.86
25		采购员	基层	32	10	30	10	50	60	30	20	242	242	2.69
26		仓管员	基层	32	10	30	5	30	45	10	10	172	172	1.91
27		司机	基层	74	10	20	5	50	75	30	30	294	294	3.27
28		分站管理员	基层	74	10	30	5	20	45	20	30	234	234	2.60
29	行政人事部	行政人事经理	高层	175	40	100	10	70	135	90	10	630	1 134	12.60
30		行政主管	中层	113	25	70	10	50	105	60	10	443	532	5.91
31		人事主管	中层	126	25	60	10	40	105	70	10	446	535	5.95
32		后勤主管	中层	113	20	60	10	50	90	60	10	413	496	5.51
33		人事专员	基层	32	10	40	10	20	90	50	10	262	262	2.91
34		行政专员	基层	10	10	20	5	10	60	20	10	145	145	1.61
35		IT管理员	基层	74	10	50	10	10	90	50	10	304	304	3.38
36		厨师	基层	32	10	20	5	10	75	20	20	192	192	2.13
37		保洁	基层	10	10	10	5	10	15	10	20	90	90	1.00
38		保安	基层	10	10	10	5	10	45	20	30	140	140	1.56
39	客服部	客服经理	中层	126	20	60	10	90	105	80	20	511	613	6.81
40		客服专员	基层	32	10	30	10	70	90	30	10	282	282	3.13
41	财务中心	财务总监	高层	198	30	120	25	60	135	100	20	688	1 238	13.76
42		财务经理	中层	126	25	80	15	60	105	70	20	501	601	6.68
43		资产管理经理	中层	139	20	90	15	80	120	80	20	564	677	7.52
44		主办会计	中层	126	10	70	15	30	120	40	20	431	517	5.75
45		往来会计	基层	74	10	40	10	20	90	40	10	294	294	3.27
46		出纳	基层	87	10	10	5	40	75	20	10	257	257	2.86
47		资产管理主管	中层	126	10	40	10	60	90	40	10	386	463	5.15
48		投融资管理主管	中层	126	10	50	10	70	90	70	10	436	523	5.81

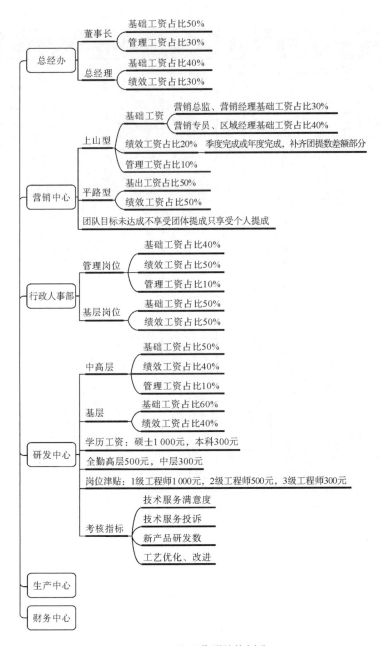

图 7.43　Z 公司薪酬结构划分

五、绩效考核与晋升标准

绩效考核与晋升标准是公司对员工进行评价和评估的重要依据，以下是咨询项目组对该公司制定几个标准方案：

（1）业绩标准：建立清晰、合理、易于理解、可操作绩效标准。

（2）工作态度标准：业绩标准建立强调员工的积极性、主动性和责任感，而不是仅仅关注工作结果。工作态度标准包括了员工对工作任务的理解、完成任务的责任心、完成工作的效率、工作的质量和团队合作等方面。

（3）工作能力标准：包括员工的技能水平、工作经验、工作方法和解决问题的能力等方面。工作能力标准能够反映员工的工作能力和潜力，而不仅仅是一个简单的工作标准。

（4）个人价值观标准：反映员工的个人特点和价值观，包括员工对工作的态度、工作的动力和价值观等方面。个人价值观标准与员工的工作目标和期望相吻合，而不是仅仅基于员工的个人表现。

通过上述标准，公司可以对员工进行全方位的评价和评估，以便识别和发现员工的优秀品质和潜力，为员工的晋升和发展提供更加客观、准确和公正的依据。

六、制度建设

该公司管理咨询制度建设是对企业的管理进行全面、系统的规划和指导，以提高企业管理水平和经济效益，改善企业的经营管理和内部管理环境。主要包含了以下几个方面：

（1）生产管理制度：包括生产计划、生产任务分配、质量控制、设备维护、物料控制等制度建立。并使用制度监督生产过程中的质量和安全，并处理生产中出现的异常情况。

（2）研发管理制度：包括新产品研发、技术改进、新工艺开发等。研发管理者负责制定公司的技术发展规划和研发方向，组织开展各项科研活动，并负责对研发过程中的技术问题进行解决。

（3）销售管理制度：销售管理是生产制造公司的一项重要职能。销售管理者负责制定销售计划、销售策略、销售渠道等。他们需要协调销售团队完成销售任务，并与客户保持良好的沟通和关系。

（4）财务管理制度：包括财务预算、财务分析、资产管理、资金管理、采购、报销、风险管理等制度，确保公司财务状况稳定和健康。

（5）人力资源管理制度：包括招聘、培训和人才管理、晋升、薪酬、绩效、档案、公章、公车使用、办公用品、行政等管理制度。

七、培训体系

（1）建立企业管理培训课程：为该公司提供定制化的培训课程和讲师，为员工提供专业、系统的管理培训课程。

（2）提供培训服务：为公司建立自己的培训师队伍。

（3）实施绩效考核制度：建立绩效考核制度，对员工进行绩效考核，让员工更加积极主动的投入工作。

（4）提供培训评估服务：提供培训评估服务，对员工的培训效果进行评估，以便及时发现问题并进行纠偏。

（5）提供企业文化建设服务：定期发布企业文化建设方面的内容，提升员工的企业文化建设意识，让员工更加热爱公司。

八、经验式管理向现代化企业管理方向转变

经验式管理是一种以经验和实践为基础的管理方法，强调经验和实践的重要性，认为经验和实践才是企业成功的关键因素，而不是理论和科学方法。

然而，随着管理理论的不断发展和实践的不断深入，现代化企业管理方向也在不断变化。经验式管理已经不能适应现代化企业的需求。因此，现代化企业需要一种全新的管理方法，它强调以数据为基础的数据分析，以及基于数据的决策制定。

现代化企业需要一种更为科学的管理方法，来确保企业的运营效率和可持续性。通过数据分析，企业可以更好地了解业务和市场变化，并及时做出决策。在数据分析的基础上，企业可以更好地了解客户需求和市场趋势，以更好地制定产品和服务的战略。

此外，现代化企业还需要一种更为全面的管理方法，包括战略规划、组织架构、绩效管理等方面。通过这些方面的管理，企业可以更好地适应市场的变化和竞争的要求，从而实现更高的绩效和长期的发展。

九、市场开发与营销模式

（1）市场开发与营销策略制定：根据市场的发展趋势和竞争情况，制定具体的市场开发、营销策略方案。

（2）渠道建设与推广：根据客户的需求和市场的情况，制定销售渠道的建设方案，包括销售渠道的选择、推广策略的制定、销售活动的开展等。

（3）市场活动策划与实施方案：包括活动的主题、宣传、推广、预算、

效果评估等。同时，需要根据市场活动的效果进行评估，并根据实际情况及时调整活动的策略和方案。

（4）客户开发与维护：包括客户档案、客户需求分析、客户关系维护、客户反馈等，加强客户关系维护，提高客户满意度和忠诚度。

（5）营销效果评估：对市场开发和营销策略实施过程中的效果进行评估，包括销售额、销售量、客户满意度等，并根据评估结果制定下一步的营销计划。

十、咨询效果

（一）该公司通过管理咨询后在数据上面的变化

该公司业绩连续 3 年下滑，2020 年实际业绩完成 6 300 万元，2020 年公司利润率为 2%。2020 年年底引进管理咨询，通过管理咨询项目组入驻企业调研，咨询方案研究设计，用 6 个月时间，于 2021 年 6 月 9 日正式导入咨询方案，2021 年共完成业绩 8 000 万元，业绩比 2020 年增加了 1 700 万元，利润率达 10%，增加了 8% 个百分点。正值新型冠状病毒感染疫情期间，该公司处于劣势之中，并且在近 4 年时间第一次劣势增长。

（二）该公司在咨询方案上取得的效果有以下 6 个方面

（1）确定组织架构和目标：了解企业的使命、愿景和目标，以及各个部门的角色和职责。制定合理的组织架构和目标，并在组织内部分配资源。

（2）建立有效的沟通和协作机制：建立了一个有效的沟通和协作机制让团队成员更好地理解公司的计划。设置了定期的会议与项目会议，促进了信息和意见的交流。

（3）制订清晰的目标和计划：制订清晰的目标和计划让团队成员更清楚地了解公司的目标和任务。确保每个人都清楚自己的角色和责任，从而更好地协作。

（4）培训和发展：培训和发展帮助了团队成员掌握技能和知识，以提高工作效率和生产力。提供了在线培训课程下打造内部培训体系，在内部建立了内部培训计划。

（5）建立良好的激励机制：为了激励员工，建立了奖励制度，以鼓励团队成员更好地完成任务，提高生产力。

（6）持续改进和优化：培训了该公司核心层持续关注和优化组织架构和目标，确保它们与公司战略相符。有助于确保组织的高效运作，以及在激烈的市场竞争中保持竞争力。

第三节　A物流公司人力资源管理咨询案例

一、企业简介

A物流公司，是一家专业整合分散资源，将"干、仓、配、储、运"碎片化的业务集中，形成集中场地、集中装卸、集中配送、集中中转、集中办公的模式对接物流专线与企业，实现资源整合集约共配。8年来公司始终坚持做好末端服务，标准化收费，准时而透明化的标准，配备智能化的末端。

自2019年12月新型冠状病毒感染疫情暴发以来，市场经济下滑，物流业也受到相应的冲击；行业同时也存在末端自有网点固定成本高、中转货量小、中转时效慢查件难、理赔难、自有网点运营风险高、中小物流企业成本加大、业务下滑等问题。中小物流企业要更好地在当下与未来健康发展，必须降低成本、增加业务量。A物流公司建立"共配"中心，就是凝聚中小物流企业共享"办公""仓库""人员""配送""中转"等办公与服务一体化，真正做到降低成本、增加利润以实现"共赢"模式。

在公司的战略规划下，计划2023年6月份前，完成新增600台车的到达体量，在2023年年底完成贵州省88个县的干线整合，到2024年，贵阳市到达100个收货点，并整合15条省级干线，覆盖全国，服务于全国的战略指标。

2022年10月，该公司与本咨询项目团队达成合作，建立"××企业组织管理系统"，从战略规划到战略实施全面策划与系统导入实施，为实现该公司战略目标添砖加瓦。

二、企业现状

A公司是一家在中国贵州省从事物流服务的企业，主营业务包括公路货运、仓储物流和物流增值服务等。该公司的经营状况和存在的问题如下：

（一）经营状况

A公司是一家老牌的物流企业，其历史可以追溯到20世纪80年代。目前，该公司的经营范围包括公路货运、仓储物流和物流增值服务等。其业务范围较为广泛，覆盖了全国多个省份，并且与众多企业建立了长期合作关系。然而，该公司的业务规模和盈利能力相对较低，主要原因在于其市场定位和服务水平相对较低，缺乏核心竞争力和差异化服务。

（二）存在的问题

该公司在经营过程中通过调研发现在一些问题，主要包括以下几个方面：

（1）货源不稳定。该公司主要面向中小企业和个体运输商，其货源较为稳定，但其货源数量和市场需求存在较大差异。市场的不稳定，导致其货源的供应量和价格波动较大，对物流服务质量和时效性造成了一定的影响。

（2）服务水平较低。该公司的服务水平较低，主要表现在服务态度和效率方面。虽然其拥有专业的物流团队和设施，但较低的服务水平，导致其在客户中的口碑较差。

（3）成本控制能力不足。市场竞争激烈，该公司的成本控制能力相对较弱，导致其在运营过程中存在一定的成本压力。

（4）战略规划无具体方案。该公司对企业发战略仅停留在创始大脑思维中，在企业管理过中完全便感觉经营、规划、管理。

（5）管理水平较低。该公司没有健全的管理制度，缺乏现代化的管理手段，企业内部管理混乱，员工素质参差不齐，无法提供高效、准确的物流服务。

（6）信息化水平较低。该公司对信息化技术的应用相对较少，难以实现物流过程中的自动化、信息化管理，无法满足客户需求。

（7）人才短缺。该公司的人才紧缺，导致企业招聘和培训成本相对较高。

三、咨询方案

（一）A 物流公司战略规划与品牌构建框架

项目组经过调研和研究后为 A 公司提供如下咨询方案（见图 7.44 至图 7.46）。

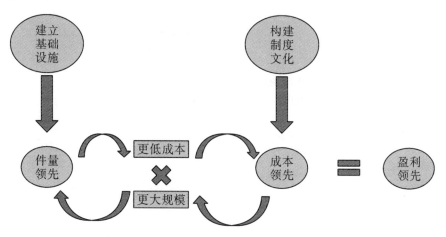

图 7.44　A 物流公司战略规划与品牌构建思路

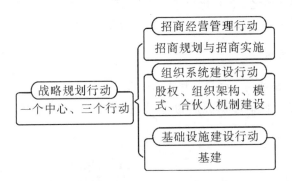

战略规划与品牌构建——从建设该公司10大优势开始

	安全优势 该公司具备完善的货物安全保障体系，联合国内大型货物保险集团对每件货进行商业投保，确保货物运输安全		品牌优势 国家AAAA级企业，拥有应急物流运输资质，如商务厅重点商物流企业等相关资质要求
	服务优势 全国400统一服务热线，为全国客户提供货物跟踪查询，监管线路运行品质，接待受理业务咨询和客户投诉		网络优势 贵州88个干线整合，贵阳市建立100个收货点，建立15条省级干线，不断健全生态网络为广大合伙人赋能
	契约优势 该公司奉行真实，尊重的企业文化，对于每一位家人都有互相遵守契约精神，保障大家的利益和股权的传承		价格优势 该公司自己的运营平台，为全网开展线路集群，降低运营成本，提供实惠便捷的运输服务
	标准优势 该公司统一操作标准、企业制度、财务管理和品牌形象，实现平台化管理		速度优势 该公司打造全省城市与乡镇点点直达网络，严格按照公司标准配载、发车、运输、分流，保障客户时效
	资金优势 该公司为每一位家人在经营管理中提供便捷的资金支持，带动企业的全局发展		系统优势 完善该公司管理体系，通过系统进行数据指引、自动清算、流程监管，不断提升经营品质

图7.45　A物流公司战略规划与品牌构建框架

招商经营管理行动
招商规划与招商实施

战略规划行动
一个中心、三个行动

组织系统建设行动
股权、组织架构、模式、合伙人机制建设

基础设施建设行动
基建

图7.46　物流公司战略规划行动

（二）A物流公司组织架构设计

A公司组织架构图见图7.47和图7.48。

组织体系，是企业商业模式、管理制度的承载形式。供物流企业的组织架构差异很大，核心一般为：

·以总部为经营主体的事业部制
·以区域为经营主体的大区制

大多数公司的组织架构，是基于事业部制和大区制两种模型融合下的总分协作、矩阵式组织架构，并不断根据业务发展策略进行组织调整。

组织架构设计的重点，是要解决管理与分利机制问题。

事业部制：以总部为经营主体的组织模型

·总部通过事业部（或独立公司），管控业务开发，并对接客户需求
·区域主要作为运营主体，承接项目落地
·模式演变1：总部经营产品化，成立专业公司，并承担经营指标
·模式演变2：区域运营负责人兼销售职能，区域开始具备业务属性

大区制：以区域为经营主体的组织模型

·区域作为独立经营、运营单元，背业务与运营考核指标
·总部进行职能条线管理
·发展至一定时期，会面临内部协同挑战，需要总部通过经营目标、系统、流程、网络、资源等统一管理，优化整体运营能力。

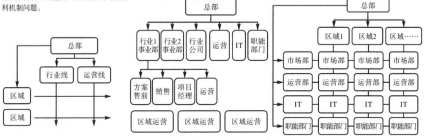

图 7.47 A 物流公司组织架构设计思路

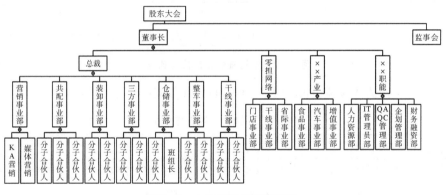

图 7.48 A 物流公司组织架构

（三）工作分析

项目组为 A 物流公司制定了各岗位工作流程（示例见图 7.49）。

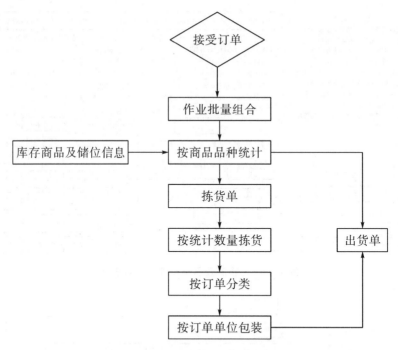

图 7.49　A 物流公司岗位工作流程

项目组为 A 物流公司制定了工作分析表（示例：见表 7.11）。

表 7.11　销售总监工作分析

从事岗位名字	销售总监	有无兼职	无
我的上级岗位名字	总经理	我的部门名字	销售部
下级的岗位	销售经理、销售员、品牌策划		
岗位任职资格要求	◆年龄：28~45 岁 ◆学历：大学以上学历，市场营销、销售管理、企业管理等专业毕业；具有五年以上从事销售管理工作的经验 ◆婚姻状况：已婚 ◆知识要求：熟悉企业业务和运营流程 ◆能力要求：具有一定抗压能力，有较强的市场开拓和销售能力；具备优秀的沟通能力和团队合作精神，组建和培训团队经验丰富，以往销售业绩良好；具有很好的人际资源和开发人际资源能力，与人力资源行业沟通良好		
重要性	工作内容		占用时间%
1	参与制定企业的销售战略、具体销售计划和进行销售预测		5

表7. 11(续)

2	组织与管理销售团队，完成企业产品销售目标	30
3	控制销售预算、销售费用、销售范围与销售目标的平衡发展。	10
4	招募、培训、激励、考核下属员工，以及协助下属员工完成下达的任务指标。	5
5	收集各种市场信息，并及时反馈给上级与其他有关部门	10
6	参与制定和改进销售政策、规范、制度，使其不断适应市场的发展	15
7	协助制定企业产品和企业品牌推广方案，并监督执行	10
8	定期和不定期拜访重点客户，及时了解和处理问题。	5
9	制定营销系统年度专业培训计划并协助培训部实施	5
10	负责重大公关、促销活动的总体、现场指挥。	5

（四）合伙人规划

1. 建立了 A 物流公司四种合伙人模式（见图 7.50）

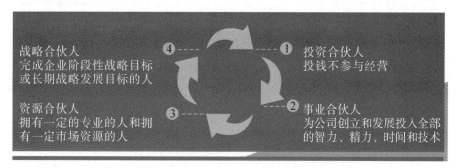

图 7.50 A 物流公司四种合伙人模式

2. 建立了五大合伙人机制

（1）进入机制：制定进入标准（合伙人选择的十大标准）。

（2）退出机制：制定机制（自愿退出机制、触犯公司电网指标退出机制）。

（3）运营机制：制定运营、管理、再投入机制。

（4）分配机制：制定分红、分配、稀释机制。

（5）考核机制：制定事业合伙人、战略合伙人、资源合伙人考核机制。

3. 建立了合伙等级与晋升体系

确定合伙等级为一级合伙人、二级合伙人和三级合伙人。

根据合伙人利润创造、团队、市场、管理成熟度建立多维度合伙人晋升与合伙等级管理体系。

（五）企业目标规划体系构建框架

企业目标规划体系构建框架见图7.51和图7.52。

目标规划是以运营标准化为支撑，探索企业级服务的产品化升级。

产品化服务，是具备通用性市场需求，服务内容、价值与价格明确。服务产品化，是物流企业解决方案，是以行业服务需求为驱动、后台的运营体系标准化为支撑，通过能力解构、资源解构、资源整合、打造场景化标准服务的过程。

图7.51 A物流公司目标规划

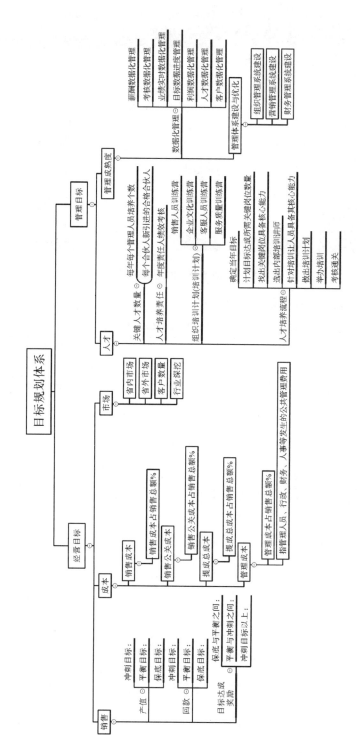

图7.52 A物流公司目标规划体系

（六）绩效考核体系

A物流公司的考核机制见图7.53。

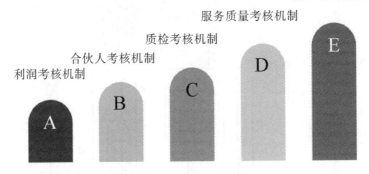

图 7.53　A 物流公司的考核机制

A物流公司绩效考核见表7.12。

表 7.12　A 物流公司绩效考核（示例）

姓名				岗位		行政主管			
	序号	考核项目	权重	指标要求	评分等级		得分		
							自评	上级	结果
任务绩效	1	行政部降本提效	20%	提交降本提效方案，人事行政经理审核	完成得20分，未完成得0分				
	2	收款	20%	××起诉跟进工作，向总经理汇报起诉工作进展	完成得20分，未完成得0分				
	3	环境卫生	20%	责任区域环境卫生达标无投诉	完成得20分，未完成得0分				
	4	固定资产管理	20%	统计建立办公固定资产数据（物品名称、使用部门、数量、采购价格）	完成得20分，未完成得0分				
	5	管理体系认证	20%	组织协调质量、环境，职业卫生安全管理体系认证，认证通过率100%	完成得20分，未完成得0分				
		加权合计							
	序号	行为指标	权重	指标说明	考核评分		自评	上级	结果
行为考核	1	职业化	50%	1. 掌握岗位理论基础，能处理复杂工作； 2. 能通过独特经验化解危机及冲突； 3. 没有监督的情况下能主动解约并不占有不属于自己的利益； 4. 能从本职工作中获得快乐； 5. 认知岗位的价值性与高尚性，并发自内心愿意为之付出	1级10分 2级20分 3级30分				
	2	承担责任	50%	1. 承认结果，而不是强调愿望； 2. 承担责任，不推卸、不指责； 3. 着手解决问题，减少业务流程； 4. 举一反三，改进业务流程； 5. 做事有预见性，有防误设计	1级10分 2级20分 3级30分				
		加权合计							
总分				任务绩效得分×80%+行为绩效得分×20%					

绩效考核是一种重要的人力资源管理工具，可以帮助企业和员工更好地管理和激励员工达成工作目标，提高员工的生产力和工作效率，实现企业的目标和战略。

绩效考核的运用可以采取以下一些方法：

（1）目标设定。设定具体明确的目标和指标，并将目标转化为可衡量的指标。

（2）反馈和改进。及时反馈员工的绩效表现，并根据情况进行改进和调整。

（3）奖惩机制。建立有效的奖惩机制，将员工的表现与工资、晋升等方面挂钩，使其更积极地投入工作。

（4）培训和发展。对员工进行培训和发展，帮助员工不断提高技能和能力，从而为实现企业的目标提供支持。

（5）数据分析。使用数据分析工具对员工的绩效表现进行分析和总结，帮助企业发现问题和改进方法。

（6）文化建设。通过文化建设，营造和谐、鼓励创新、鼓励合作的企业文化，激励员工不断提高自己的工作效率和价值。

总之，绩效考核是企业管理的重要工具之一，可以帮助企业和员工更好地了解彼此的工作表现和业绩，提高工作效率和管理质量，实现企业的目标和战略。

（七）营销体系建立

该公司营销体系建立采用了多种策略，具体包括以下几个方面：

（1）产品定位。针对不同的消费者需求，制定了针对性的产品营销策略。可以通过市场调研和用户反馈数据分析，确定产品的定位和目标受众，制定产品规划和营销策略。

（2）渠道布局。根据自身的实力和市场情况，选择合适的销售渠道，如线上销售、线下配送等。通过建立物流网站、建立物流平台等方式，拓展营销渠道。

（3）品牌塑造。物流企业应该注重品牌形象建设，通过不断优化产品和服务，提高客户体验和口碑。品牌塑造需要投入大量的人力、物力和财力，在不同的渠道和平台上进行宣传和推广。

（4）社交媒体营销。社交媒体是物流企业重要的推广渠道，通过微博、微信、抖音等社交媒体平台进行营销。通过发布物流新闻、优惠促销、活动等内容，吸引消费者关注和参与。

（5）数据分析。通过数据分析来了解不同消费者的需求和偏好，制定了不同的营销策略。通过数据分析可以更好地了解客户的购买行为和市场趋势，为下一步的营销策略提供参考。

（6）客户关系维护。注重客户关系维护，通过建立客户档案、提供个性化服务等方式，提升客户满意度和忠诚度（见图7.54）。

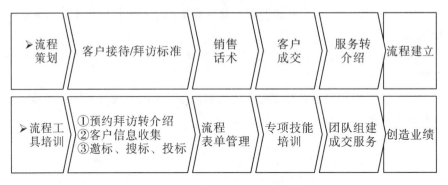

图 7.54　A 物流公司客户关系维护

（八）招商体系建立

1. 招商目标及策略制定

制定招商目标，根据招商企业的经营情况、市场需求、竞争情况等多方面因素，制定招商目标。

分析招商地区的产业结构和消费市场情况，确定企业的发展定位，以及发展重点和目标企业。

研究招商政策，根据市场竞争情况，制定招商政策，以及针对性的招商宣传，吸引更多的企业来落户。

制订招商计划，包括招商流程、招商团队、招商计划等，制定招商计划，明确招商目标。

2. 招商方案制定

制定了招商策略，以降低物流企业的投资风险，提高物流企业的招商成功率。对物流企业的特点进行详细的评估，同时还应考虑了招商策略的可行性和效果。

建立了完善的物流企业招商系统，提高物流企业的招商效率和质量。招商系统应能够实现物流企业的信息共享，包括物流企业的基本信息、招商政策等，并能够及时反馈招商结果。

制定优惠政策，吸引物流企业入驻物流园区。制定优惠政策，例如免租金、提供相关政策优惠等，可以吸引更多的物流企业入驻物流园区，提高物流企业的招商成功率。

建立完善的物流企业招商渠道，为物流企业提供招商支持。建立完善的物流企业招商渠道，例如通过行业协会、商会、政府部门等渠道进行招商，以提高物流企业的招商效果。

制定物流企业招商服务，提供招商服务支持，以提高物流企业的招商成功率。制定招商服务，例如提供物流企业的招商策略制定、招商信息发布、招商政策解读、招商资源匹配等服务。

3. 招商政策制定

（1）制定合理的招商政策。首先需要明确物流企业的招商目标，招商政策的制定应该符合国家政策法规，保证招商政策的严肃性和科学性。同时，要保证招商政策的可行性、实用性，避免因政策过于复杂而引起企业负担过重的问题。

（2）提供优惠政策。针对物流企业的招商政策应该提供优惠政策，以降低招商成本，吸引更多的物流企业入驻物流园区，提高物流服务质量，促进物流行业的发展。

（3）提高对物流企业的审核标准。物流企业的招商应该有针对性地提高审核标准，例如要求物流企业注册资本必须达到一定的标准，物流企业的经营范围、注册地址要求必须符合规定，以确保招商的合法性和可行性。

（4）加强对物流企业经营的监管。物流企业的招商需要加强对物流企业的经营监管，确保物流企业有足够的资金实力和技术实力，能够为客户提供优质的服务和高效的物流配送。

（5）加强物流企业招商的品牌推广。物流企业的招商需要加强与物流行业的品牌推广，吸引更多的物流企业前来入驻，以提高物流企业的知名度和市场竞争力。

（6）提供物流企业的融资服务。物流企业招商需要提供融资服务，以帮助物流企业扩大经营规模和拓展业务范围，提高物流企业的抗风险能力和发展前景。

4. 招商会路演

首先，我们邀请了相关部门领导出席路演活动，并在活动中向领导介绍我们的服务方案。

在此基础上，我们还通过举办讲座或论坛的方式，邀请相关行业专家、知名企业家进行演讲，为我们的服务方案进行解读。

在路演活动结束后，我们通过举办现场交流会的方式，与参会嘉宾进行更加深入的交流，并就服务方案进行进一步的探讨。

其次，我们还采用网络直播的方式，邀请嘉宾进行在线交流，并与观众进行实时互动。

最后，我们还结合线上线下相结合的方式，开展一系列的推广活动，以吸引更多的客户来加入我们的服务方案。

（九）培训体系建立

该公司培训体系主要建立了以下内容：

（1）确定培训目标和对象。明确需要培训的员工，包括高管、基层员工以及外部人员；了解培训的类型、对象和目的；确定培训课程、时间表和考核方式。

（2）设计培训课程。根据培训目的和对象，设计合适的培训课程；确保课程内容和形式与培训目标、对象和员工特点相符，具有针对性和实用性。

（3）制订培训计划。根据员工的岗位和技能需求，制定培训计划，明确培训时间、形式、内容等；同时，确保培训计划得到有效执行和评估，以便及时发现和解决问题。

（4）开发培训资料。根据培训计划和培训内容，开发合适的培训资料；确保资料内容准确、实用、有效，便于员工学习和使用。

（5）实施培训。根据培训计划，进行培训实施；同时，及时评估和反馈培训效果，调整和优化培训内容和方式。

（6）进行培训考核。对培训实施过程进行考核，及时发现和解决问题，确保培训效果。

综上所述，该公司培训体系建立从多个方面进行考虑和实践，提升了员工的综合素质和企业竞争力。

（十）产品质量管理

该公司产品质量管理体系的建立，管理咨询项目组对企业的生产流程、质量管理流程、质量检验流程进行了梳理和优化。以下是该公司建立产品质量管理体系的具体步骤：

1. 确定组织结构和职责划分

根据该公司的实际情况和需要，明确了组织结构和职责划分，明确了质量管理部门和其他相关部门的责任和权力，确保部门之间协调和配合。

2. 制定质量管理体系文件

根据该公司质量管理现状与要求，制定了质量管理体系文件，明确质量管理的各个环节和相关要求，包括质量策划、质量保证、质量控制、质量改进等环节。

3. 培训和宣传

通过内部培训、宣传、发放文件等方式，加强对员工的培训和宣传，提高员工对质量管理体系的认识和理解，提高员工的质量管理技能，确保质量管理体系的有效运行。

4. 实施质量管理体系

按照质量管理体系的要求，组织实施质量管理体系，包括对质量管理体系的审核和验证，对不符合项的纠正和纠正措施等。

5. 持续改进质量管理体系

根据质量管理体系的要求，定期对质量管理体系进行检查和评估，持续改进质量管理体系，确保质量管理体系能够持续有效地运行。

（十一）8S 管理实施方案

该公司 8S 管理是指企业对其工作场所、设备、工具、材料、区域、标识、工作程序等管理，旨在使工作场所保持干净、整洁，物品放置有序，空间利用合理。

8S 管理是一种精益生产、持续改进的管理理念，通过整理、清扫、整顿、清洁、素养、安全、节约以及员工培训 8 个方面，实现高效、低耗、环保的企业运营。8S 管理可以提高员工的工作效率、降低成本、提高客户满意度，并且能够创造一个舒适、清洁、安全、文明的工作环境。

该公司 8S 管理实施方案主要包含以下五个方面：一是建立了完善的组织机构，配备了相应的人员，明确了各部门的职责；二是完善了仓储管理体系，包括分拣、配送等方面；三是实施了全面质量管理，对物流过程中的质量进行监测和管理；四是建立了有效的信息系统，及时了解物流市场信息，及时把握市场需求；五是实施了物流配送管理体系，确保货物及时、安全送达。

（十二）服务体系建立

咨询项目组为公司建立了"5 好"服务体系，主要包含以下内容。

1. 尊客爱货态度好

（1）保持积极的态度和热情：让客户感受到您对他们的重要性和支持。

（2）提供详细的信息和资料：在与客户沟通时，确保能够提供最全面的信息和资料，让客户有充足的了解。

（3）提供优质的客户服务：尽可能地提供优质的客户服务，让客户感受到自己被重视和关注。

（4）建立良好的沟通：保持与客户的沟通，了解客户的需求和反馈，并及时回复和解决客户的问题。最重要的是，要让客户感受到您的真诚和关心，让他们感受到与您建立了深厚的友谊和关系。

2. 安全准点服务好

"安全准点服务好"是该公司为客户提供优质准点服务，让客户能够准时拿到货物。在很多情况下，这项服务可能意味着在特定时间内提供某些固定的时间表，并且要求在指定时间内送达特定地点。

"安全准点服务好"被视为公司的一个正面的评价，因为它表明提供服务的公司和客户等在服务质量和准点率方面得到了客户的认可和好评。它的目的也是希望员工与货物能够安全准时。

3. 轻装轻卸搬运好

"轻装轻卸"（light weight）的意思是指该公司在进行物流活动时尽量减少搬运重物的次数，以节约物流成本。"轻装轻卸"在进行物流活动时只需要携带必要的工具和设备，如手推车、叉车等，而不需要承担过多的搬运重物的任务。这种做法有助于节约物流企业的人力、物力和财力资源，提高物流效率和降低物流成本。

4. 特需要求完成好

（1）物流服务质量好：要求该公司提供高品质的物流服务，包括准确性、及时性、安全性等，以提高客户满意度和忠诚度。

（2）安全性高：要求该公司具备高度的安全性，包括货物安全、交通安全、人员安全等。

（3）物流技术能力强：该公司打造了物流企业具备先进的物流技术，如运输管理、仓储管理、配送管理、信息技术等。

（4）供应链协同好：该公司与其他物流企业、制造企业、第三方服务企业等建立协同合作机制，以提高物流服务质量和效率。

（5）风险管理能力强：该公司能够根据实际情况制定合理的风险管理方案，并及时采取应对措施，以保障物流服务的安全性和高质量。

（6）客户满意度高：该公司能够不断提高客户满意度，包括物流服务质量、安全性、服务态度、响应速度等方面，以赢得客户信任和忠诚。

5. 合理收费信誉好

物流企业合理收费信誉好的含义指该公司在收取费用和提供服务时，其价格和服务标准能够得到行业内的认可，能够得到社会广泛认可和好评。这意味着该公司的收费标准、服务水平和服务质量都得到了社会的普遍认可，因此客户对该公司所提供的服务和收费标准都有比较高的信任度，因此该公司在收取费用和提供服务时能够得到客户的认可和满意度。

四、咨询效果

该公司通过管理咨询项目进行了企业优化运营，提升效率，降低成本，提高效益。具体效果主要体现在以下几个方面：

一是明确了管理问题。在做管理咨询前，该公司清楚了解自身的业务模式、管理问题等，并明确了需要改进的方面。

二是制定了优化方案。根据企业的实际情况，确定了优化方案。方案有清晰的目标、明确的实施步骤、可行的预算和资源分配等。

三是确定了实施方案。该公司根据咨询方案制订详细的实施计划，并安排具体的实施团队，包括实施人员、实施过程、实施结果和评估等。

四是跟踪和评估方案。实施过程中，该公司管理层与咨询顾问保持沟通，及时了解实施情况，并进行评估和调整。

五是持续改进。确保方案的有效性和实用性。在方案运行中不断学习、调整和优化，提高了自己的管理水平。

六是成本下降。通过管理咨询公司成本有了大幅度下降，净利润有明显的提升。

七是规模扩张。公司按照战略规划与管理咨询方案并进行了快速的分子公司扩张与合伙人引进。

第四节　M食品公司人力资源管理咨询案例

一、企业简介

M食品公司成立于2011年，在全体员工的不懈努力下，公司目前已发展为集商超、休闲、粮油等国内外一二线品牌为一体的代理销售规模企业，公司以"成为一流的食品服务公司"为愿景；以"以客户为中心、成功履行承诺相互依存"为使命；以"为客户创造价值、为员工创造收益、为社会创造贡献"为价值观。随着业务的发展，公司架构分为营销中心、仓储中心、采购中心、人力资源部、财务部、分子公司管理中心、加盟管理中心等多个现代企业管理架构与人才匹配体系；经过近10年的发展，现已在多个地方建立了分公司并与众多的合作伙伴保持长期良好的贸易伙伴关系。

公司实行与最新市场接轨的全新的经营组织框架与管理格局。在专业化、科学化的工作流程中讲究团队协作精神；在人性化管理体制下，为员工的潜力挖掘、能力提升、发展空间提供优良的人文环境；以健全、完善的薪酬福利保障制度为矢志不渝地奉献于公司事业的职场精英提供全面而持久的经济保障。

面对市场的不断变化，该公司借助企业管理咨询项目的合作制订了新一轮发展战略：顺应市场瞬息万变的节奏，迅速建立专业营销团队、供应链系统、物流配送为一体化体系，减少中间环节，缩短客户服务周期，争取实现协调、可持续发展，秉承创新服务精神，实践着"为客户创价值、为员工创造利益、为社会创造贡献"的价值观理念，不断提升公司的品牌价值；以全新的姿态面向市场的竞争与挑战。

二、企业现状

咨询项目组通过对该公司的内部访谈、问卷调查、现场走访、部分行业和现有内部资料的分析，通过对该公司咨询项目需求方面问题的总体分析，访谈、问卷调查、资料审阅、实体走访以及系统思考分析主要有以下几方面：

（一）缺乏战略规划

该公司于 2009 年创立，2 年后，开始以公司化经营管理，在之后的 10 多年中，公司发展壮大，实力迅速攀升。公司的业务主要分为商超、休闲、粮油等。但该公司创立后，一直存在缺乏战略规划、管理体系欠缺等问题，加上受行业、特殊形势的影响导致公司当前业务增长缓慢；人才梯队打造滞后，公司组织结构不科学、职责不清，尚未形成鲜明的企业愿景、使命、价值观以及企业文化，并且导致多个部门职能欠缺，岗位分工混乱。

（二）组织架构与公司新的目标规划不匹配

组织架构太简化（见图 7.55），难以满足公司新的战略发展需要，单纯的直线职能管理模式下，加上相关岗位胜任能力欠缺，没人全面承担日常管理的责任，而职能部门只能对其职能范围内负责，谁都能管项目但谁也不能最后负责，很难达到预定目标。由于部门职能欠缺，综合协调的事务往往会上升到高层，因此总经理常常陷于日常基本事务之中，难以脱身。

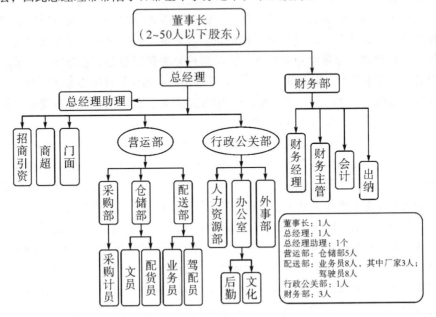

图 7.55　M 公司原组织架构

（三）部门职责划分不清，容易出现推诿扯皮现象

业务随人走，公司没有明确的职责体系、各岗位没有明确的执行标准。业务部门对财务部门、仓配部门意见大，反之亦是如此。这种管理模式是经验型的，在公司业务规模较小的情况下还可正常运作。当企业寻求进一步发展时，必须以明确的职责划分和严格的规章制度来保障企业的正常运行。

（四）薪酬体系现状

（1）薪酬水平：普遍薪酬区间低于行业薪酬水平，人均单产、效益低，没有明显拉开效益与达到管理幅度薪酬意义。

（2）结构合理性：薪酬结构处于传统薪酬结构，处于最简单的薪酬结构（固定工资+工龄工资制），无薪酬管理制度，未进行岗位价值评估，导致员工稳定性不强，人均单产、利润创造效益低下。

对此现状，给出的初步建议是：通过职位分析、职位价值评估，形成公司的职位等级矩阵，明确公司各职位在公司内部的相对价值，从而为薪酬设计奠定基础；进行外部薪酬调研，明确公司在行业中的薪酬市场分位值，制定多元化的薪酬结构，从而形成公司有竞争力的薪酬战略；根据不同层级、不同职位类别的特性，有针对性地设计各序列的薪酬水平和薪酬结构；完善公司的薪酬管理手册，明确公司的薪酬支付理念、薪酬构成以及薪酬的设计、薪酬调整、薪酬管理的职责、权限；主动与国家相关法律、法规接轨。

（五）绩效考核

该公司无绩效考核体系，通过绩效考核调研及反馈，有93.33%的员工希望公司建立绩效考核体系，使工作质量与回报成正比（见图7.56）。

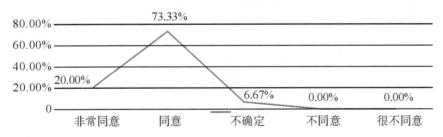

图7.56　M公司绩效考核体系调研情况

（六）员工职业生涯规划现状

公司没有职业生涯路线图，员工不知道晋升路线与标准，导致员工看不到个人发展希望，造成员工流失率高。

（七）培训体系

公司没有培训体系，员工几乎没有机会外出学习。通过问卷调查（见图7.57），公司员工100%希望公司有培训体系帮助个人提升。

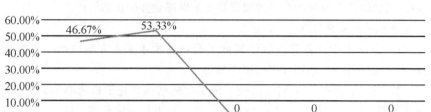

图 7.57　M 公司培训体系状况

（八）招聘体系

该公司缺乏科学的招聘体系，在企业招聘中，很大部分靠经验面试，对求职人员没有进行有效的筛选，人事档案不健全没有进行岗位人才匹配度测评。而在企业没有完善的招聘体系下，在企业用人，选人上缺乏参考标准；而科学的招聘体系应包含：简历标杆制定、价值需求测评、经验面试表、人才引进说明书。

（九）管理制度的执行

通过对该公司的数据调研得知（见图7.58），公司不严格执行制度的情况时有发生，导致了制度失灵，管理出现随意性；造成奖惩不当，不是依靠制度的力量来激励和约束员工行为；没有公平、透明的制度规则，员工缺乏明确的行为导向。

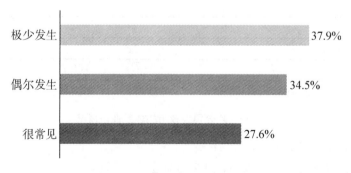

图 7.58　M 公司管理制度的执行

三、咨询方案

（一）组织架构变革

M公司优化后的组织架构见图7.59。

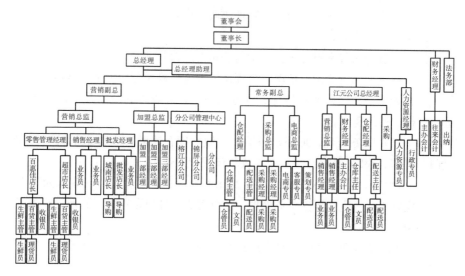

图 7.59 M公司优化后的组织架构

通过组织架构变革对各主管部门进行相应的职责规划，具体职责如下：

1. 营销中心职责

（1）负责完成公司下达的月、季、年度的市场销售目标。

（2）根据公司发展规划和市场情况，主导制定公司营销战略。负责营销计划的编制和落实：

①组织编制公司年、季、月度营销工作（促销、市场开拓等）计划和销售工作（包括销售目标、销售体系建设与管理、关键客户管理等）计划及预算。

②汇总、协调产品需求计划，组织做好销售合同的签订。

③组织建立销售情况统计台账并及时反馈财务部、采购、人力资源等部门，便于及时调整销售策略和销售计划，确保销售和市场目标的实现。

（3）负责市场调查和分析：

①制订市场调研计划，负责组织公司和竞争对手产品市场销售情况的调查工作，综合客户的反馈意见，定期撰写市场调查报告，为决策层提供参考。

②建立健全营销信息系统，收集整理各类市场情报及相关行业政策与信息，为本部门和其他部门提供信息决策支持。

（4）负责市场运作和营销策略的制定：根据市场调研分析，确定公司在市场运作上的主要策略并监督实施。负责客户开拓、管理和维护，与客户进行沟通，及时掌握客户需要，了解客户状态，收集客户信息，开拓客户资源。

（5）负责完成公司领导交办的其他工作。

（6）负责公司仓库管理与配送管理协调工作等

2. 财务部工作职责

（1）负责公司日常财务核算，参与公司的经营管理。

（2）根据公司资金运作情况，合理调配资金，确保公司资金正常运转。

（3）搜集公司经营活动情况、资金动态、营业收入和费用开支的资料并进行分析，提出建议。

（4）严格财务管理，加强财务监督，做好库存账龄、应收账款风险管理机制（提醒、跟踪、执行），有效应收款流程导入运用。

（5）做好有关的收入单据之审核及账务处理；各项费用支付审核及账务处理；应收账款、应付账款账务处理；总分类账、日记账等账簿处理；财务报表的编制。

（6）加强企业所有税金的核算及申报、税务事务处理、资金预算、财务盘点。

（7）做好每个月的员工工资的核对与发放工作。

3. 采购中心工作职责

根据公司经营需要，通过健全物资采购体系，为公司经营活动及时提供低成本、高质量的各类采购物资。

（1）根据公司发展战略，制定本中心、部门的工作目标。

（2）根据公司的商品采购计划，制定部门年度、月度计划并分解实施。

（3）制定本中心、部门的管理制度，工作流程，工作标准。

（4）定期召开本中心、部门工作例会，落实工作计划的完成情况。

（5）建立商品询价、比价系统，完善采购数据库。

（6）健全采购相关资料的档案管理，做好保密工作。

（7）及时完成上级领导交办的其他任务。

4. 仓配部工作职责

仓储部是指通过仓库对物资及其相关设施设备进行物品的入库、储存、出库的活动。仓储的所有运作环节概括下来五个字——"收、发、盘、存、异"（收，就是通常所说的验收、上架；发，就是围绕发货进行的一系列作业，包括订单处理、拣货、复核、包装到货物出库的所有环节；盘，即库存盘点；存，则是指库存管理，包括库位的设置、移库补货等围绕库存进行的作业；

异，指仓库里的异常处理，包括退换货处理、库存、发运等仓库内的一切异常问题处理）。

（1）统筹管理仓储、配送管理工作，负责组织架构的搭建优化，不断完善作业流程。

（2）负责合理规划，使仓库得到充分使用，制定仓库工作目标及发展规划。

（3）优化物流配送的准确率、及时率以及包装的完好率。

（4）负责仓配物资的安全管理，组织监督对所有仓库的安全措施进行检查。

（5）制定仓配管理规范及流程并协调、控制及监督执行情况等日常管理。

（6）根据本部门业务发展计划，按照计划与工作需要对员工进行培训，建设高效团队。

（7）协助人力资源做好员工的选拔、配备、培训和绩效考核工作。

5. 人事行政部职责

人事行政部门在企业内主要承担的职能是选拔、配置、开发、考核和培养公司所需的各类人才以及公司内部日常行政事务管理与执行工作，主要运用现代管理方法，对人力资源的获取（选人）、开发（育人）、保持（留人）和用人等方面，所进行的计划、组织、指挥、控制和协调等一系列活动，其最终目的是实现企业发展目标并全面负责公司的企业人力资源规划、人才招聘与配置、员工培训与开发、绩效管理、薪酬管理、劳动关系管理等工作职责。

（二）各岗位工作分析

销售经理工作分析表见图 7.60。

从事岗位名称	销售经理	有无兼职	无
上级岗位名称	营销总监	我的部门名称	销售部
下级的岗位	业务员		
岗位任职资格要求	年龄：25~45 岁 性别：不限 籍贯：不限 婚姻状况：不限 学历：大专以上学历 专业：市场营销管理类或相关专业 经验要求：5 年以上快消品销售管理经验，有食品行业经验优先 能力要求：有独立负责区域经销商开发、管理经验及区域经营能力，有市场操盘典型案例和经验，对新客开发、推广活动有良好经验；有较强的领导决策能力、计划与执行能力、沟通能力 其他要求：对新零售行业趋势及商业模式有一定理解		

序号	具体工作
1	负责按照公司的规划及销售目标、销售政策，规划区域市场的产品销售工作及团队建设与培养、渠道客户开发建设工作
2	负责按照公司要求完成月度、季度、年度销售目标
3	负责推动经销商销售队伍的建立，不断培养既能团队协作、又能单兵作战的销售力量，为公司的快速发展提供人才保障
4	负责高效执行力，严格执行公司的销售政策及产品价格体系
5	负责独立策划月度、季度促销活动的能力，要求执行、监督、管控与后期评估的能力
6	负责按照产品、渠道、客户的特点及贡献率掌控、分配、使用市场费用及各种公司可以提供的资源，将投入产出比率控制在合理的范围内
7	负责指导、协助经销商销售人员做好销售推广工作。包括：指导渠道经销商开发与管理工作、新老客户更换工作、业务团队管理协调工作
8	负责业务员月度、季度、年度绩效考核指标制定，绩效面谈、绩效辅导工作，按时提交与评估绩效考核表

图 7.60 销售经理工作分析表

业务员工作分析表见图 7.61。

从事岗位名称	业务员	有无兼职	无
上级岗位名称	销售经理	我的部门名称	销售部
下级的岗位	无		
岗位任职资格要求	年龄：22~45 岁 性别：不限 籍贯：不限 婚姻状况：不限 学历：大专以上学历 专业：不限 经验要求：1 年以上相关行业经验 能力要求：较强的沟通协调能力 其他要求：无		

序号	具体工作
1	负责产品的市场渠道开拓与销售工作，执行并完成公司产品销售计划与达成
2	负责与客户保持良好沟通，实时把握客户需求，为客户提供主动、热情、满意、周到的服务
3	根据公司产品、价格及市场策略，独立处置询盘、报价、合同条款的协商及合同签订等事宜
4	在执行合同过程中，协调并监督公司各职能部门操作
5	负责定期向公司提供市场分析及预测报告和个人工作周报
6	负责维护和开拓新的销售渠道和新客户，自主开发及拓展上下游用户，尤其是终端用户，负责个人客户销售下单工作
7	负责收集一线营销信息和用户意见，对公司营销策略、售后服务、等提出参考意见及时向销售经理汇报
8	负责客户退、换货处理工作，并严格执行公司退换货政策，降低因退换给公司带来的损失

图 7.61　业务员工作分析表

采购总监工作分析表见图 7.62。

从事岗位名称	采购总监	有无兼职	无
上级岗位名称	常务副总	我的部门名称	采购部
下级的岗位	采购经理、采购经理		
岗位任职资格要求	年龄：30~45 岁 性别：不限 籍贯：不限 婚姻状况：不限 学历：本科以上学历 专业：不限 经验要求：必须有五年以上食品行业采购工作经验 能力要求：有较强的价格和市场分析能力，以及较强的合同谈判和签约能力，沟通能力较强，具备一定谈判技巧，熟悉招标和采购流程，熟悉供应商评估、考核，熟悉相关质量体系标准 其他要求：具备较强职业道德素质，能适应出差		

序号	具体工作
1	在公司发展策略和计划的指引下，通过对商品销售、毛利、库存数据的分析，发现商品品类存在的问题，帮助采购找出原因，分析解决，并反馈给分管副总，以发掘相关的改进机会点
2	根据公司年度经营目标、进行公司采购规划，组织研讨、拟订并审核公司年度采购计划草案；将目标计划合理分解到相关采购，同时了解市场商品消费趋势及供应商商品计划，及时采取相关措施及提前做好季节性计划并监督执行，以更好地带动商品销售
3	组织采购主动了解全国各区域的市场情况和全国各区域的采购进行有效沟通，及时调整商品品类，满足所销售区域顾客需求并提供更完整的商品品类，在做好商品本地化的同时达到公司相关操作的标准化；与其他相关部门，超市，供应商和地区办公室的人员实现有效沟通
4	负责与全国重点供应商合同的谈判管理，参与重点供应商的月度/季度的新品发布会，建立良好的供应商沟通机制并保证沟通渠道的畅顺和有效性，能很好与供应商沟通谈判，与供应商进行比价、沟通，议价谈判工作，达到双赢的目标
5	协助了解新供应商新登审核、背景调查、汰换，品项梳理
6	分析总结采购经验，建立和完善分类信息库

序号	具体工作
7	完善公司采购制度，制定并优化采购流程，控制采购质量与成本
8	负责采购人员的岗前培训和在岗培训，并组织考核
9	负责本行业竞争对手调研，提供参考信息和相关建议
10	制定和完善部门的各项制度及细则，并监督检查执行情况

图 7.62　采购总监工作分析表

采购经理工作分析表见图 7.63。

表一：基本信息

从事岗位名称	采购经理	有无兼职	无
上级岗位名称	采购总监	我的部门名称	采购部
下级的岗位	采购员		
岗位任职资格要求	年龄：25~45 岁 性别：不限 籍贯：不限 婚姻状况：不限 学历：大专以上学历 专业：不限 经验要求：必须有五年以上食品行业采购工作经验 能力要求：熟悉采购流程，熟悉采购相关质量管理体系，具有良好的管理经验，良好的谈判技巧、沟通能力及协调能力，思路清晰，做事有计划性及良好的执行力 其他要求：熟悉使用各类电脑办公软件		

表二：具体工作

序号	具体工作
1	制度建设及流程优化： （1）制定采购管理制度、采购流程、采购合同文本，报公司决策层批准后执行； （2）每年 12 月 30 日前对公司采购制度进行修订、调整，并优化采购流程； （3）规范、协调采购政策，确保公司利益
2	市场调研工作： （1）调查、分析和评估目标市场，确定需要采购的时机； （2）开拓采购渠道，收集供应商信息，随时分析和掌握市场价格走势；采购询价必须 3 家以上，保证采购原材料质优价廉； （3）每季度提交一份主要原材料市场调查报告并对控制采购成本的方法提出建议

序号	具体工作
3	实施采购工作： （1）负责本公司的采购工作，并进行统一管理。包括：询价、比价、签订采购合同、验收、评估及反馈汇总工作； （2）确保采购及时性。根据采购计划及时采购； （3）保证采购质量。经判定不合格商品，自收到通知后2天内处理完毕
4	供应商管理： （1）组织对供应商进行评估、认证、管理及考核，及时淘汰不合格供应商； （2）负责供应商管理，确保公司每种使用商品合格供应商不少于2家，并资质文件齐全； （3）与供应商签订意向合作协议书，争取优惠政策
5	采购成本控制： （1）严格控制采购成本，费用节省率环比降低； （2）严格遵守财务制度，诚实廉洁，保证公司采购资金安全，无呆账、坏账； （3）负责应付款的审查工作，提供采购费用报告
6	人员管理及人才培养： （1）人员培训，每月对下属员工直接培训不少于3小时，对货品基础知识进行通关测试，通关率100%； （2）按时完成下属绩效考核工作，及时提交给人力资源部汇总； （3）下属员工流失率低于20%
7	协调各个部门的关系，保证沟通正常、合作正常
8	负责对相关数据进行统计分析，编制各类分析统计报告（品牌品类数据分析、已售品类统计分析、采购情况分析、客户分析报告等）
9	主持部门日常管理工作，对下属员工日常采购工作随时监督协调，确保各岗位工作饱满，务实高效

图 7.63　采购经理工作分析表

采购员工工作分析表见图 7.64。

表一：基本信息

从事岗位名称	采购员	有无兼职	无
上级岗位名称	采购经理	我的部门名称	采购部
下级的岗位	无		
岗位任职资格要求	年龄：22~40 岁 性别：不限 籍贯：不限 婚姻状况：不限 学历：大专以上学历 专业：不限 经验要求：3 年以上快消行业采购岗位工作经验 能力要求：熟悉采购管控流程，有一定的财务基础 其他要求：吃苦耐劳，责任心强，工作细致		

表二：具体工作

序号	具体工作
1	采购信息管理： （1）负责每月备案及更新全国所有供应商信息； （2）负责供方管控（营业执照、组织代码证、税务登记证等）资料齐全； （3）备案供方信息资料（名称、产品规格、价格、地址、联系方式、联络人等相关信息）
2	采购成本控制： 制订采购计划，采购预算，确保成本控制在规定范围内，不得高于市场平均价格
3	实施采购工作： （1）负责审核仓库提交的采购申请，核实采购规格、数量、质量等情况与实际需求情况的匹配度，避免盲目采购造成成本上升； （2）负责原材料采购，采购及时性100%，次品率在1%以内； （3）随时核查生产进度，控制库存，确保呆滞物料的解决，稀缺物料的提前采购
4	市场调查： 负责市场信息调研，反馈市场情况信息，每季度提交市场信息调查报告书，确保报告书质量，采纳率90%以上
5	采购后续工作： （1）每一张订单（送货单）交期的跟踪，送货单（来料）数量、单价、金额复核，确保与采购合同或协议一致； （2）负责发票催讨，供应商账户管理
6	完成领导交办的其他工作任务

图 7.64　采购员工作分析表

仓配经理工作分析表见图 7.65。

表一：基本信息

从事岗位名称	仓配经理	有无兼职	无
上级岗位名称	常务副总	我的部门名称	仓配部
下级的岗位	仓储主管、配送主管、仓管员、配送员、文员		
岗位任职资格要求	年龄：25~45 岁 性别：不限 籍贯：不限 婚姻状况：不限 学历：大专以上学历 专业：物流或管理类相关专业优先考虑 经验要求：2 年以上仓储配送经理经验，1 年以上团队搭建与管理经验 能力要求：拥有 B2B 行业仓配中心管理经验；具备较强的团队管理能力和沟通协调能力，以及强大的执行推进能力，责任心强，专注细节，勇于持续改善并寻求更好解决方法 其他要求：熟悉使用各类电脑办公软件		

表二：具体工作

序号	具体工作
1	负责仓储、配送的现场运营管理，包括收货、拣货、打包、配送、盘点、退货等操作
2	制定仓库管理和配送管理的各项流程和标准，并监督执行
3	建立质控体系，完善数据报表，对仓储配送环节进行月度、年度评核和原因分析，寻找提升效率与服务质量的方案
4	与采购、销售各环节相关部门联系，跟踪和处理各类运作异常状况，并提出改善方案
5	负责仓储配送部全职员工的招聘、绩效评核、培训，并使员工保持在稳定而高效的工作状态
6	配合公司进行流程优化

图 7.65　仓配经理工作分析表

仓储主管工作分析表见图 7.66。

表一：基本信息

从事岗位名称	仓储主管	有无兼职	无
上级岗位名称	仓配经理	我的部门名称	仓配部
下级的岗位	仓储员		
岗位任职资格要求	年龄：25~45 岁 性别：不限 籍贯：不限 婚姻状况：不限 学历：中专及以上 专业：不限 经验要求：3~5 年以上仓储工作经验 能力要求：熟悉仓库收货、库位、发货安排的各环节工作程序，熟悉进销存、仓储管理软件，较强的沟通、规划能力 其他要求：工作谨慎细心，能吃苦耐劳，较强的责任心		

表二：具体工作

序号	具体工作
1	负责安排监督仓管员的日常工作，督促仓管员做好各类台账，对产品进仓、验货等整理登记入账工作（做到准确无误），以便统计和核查
2	负责仓库区域库位的合理规划，有效提高仓库有效利用率
3	负责仓储部工作流程制作，对仓管员的分工和日常工作指导，培训提高工作效率
4	负责检查监督仓库库容、商品是否整洁，仓库员是否按区域堆放物料，现场的标识是否明显，货品的保护措施是否到位
5	负责组织各仓管员进行月度、季度、年度盘点，并根据盘点结果，找出差异原因；控制库存，优化库存，若出现货差负直接管理责任
6	协助财务成本管理组对采购的控制和监督；定期或不定期向财务部报告货物库存质量情况及呆滞积压物品的分布，按要求定期填写提交呆滞产品处理申请表
7	负责仓储部与配送部及其他部门的沟通，协调事宜
8	铀上下班前做好门、窗、水、电的开关工作
9	负责仓管员的考勤工作及绩效考核制定、绩效考核表按时评价与提交、面谈、辅导等工作
10	完成上级领导交办的其他工作
11	负责严格执行公司 5S 管理标准，并对不合格承担相应责任

图 7.66　仓储主管工作分析表

配送主管工作分析表见图 7.67。

表一：基本信息

从事岗位名称	配送主管	有无兼职	无
上级岗位名称	仓配经理	我的部门名称	仓配部
下级的岗位	无		
岗位任职资格要求	年龄：25~45 岁 性别：不限 籍贯：不限 婚姻状况：不限 学历：初中及以上 专业：不限 经验要求：5 年以上物流工作经验，3 年以上同等岗位工作经验，熟悉快消品配送优先 能力要求：熟练驾驶，懂电脑业务系统的基本操作，有较强协调能力和车辆调度能力，熟悉管辖区域公路运输线路及政策法规，能独立处理配送中心日常事务 其他要求：无		

表二：具体工作

序号	具体工作
1	负责制定物流配送相关操作及安全管理的具体措施、流程，并负责在实施中的指导与监督
2	制订和执行配送工作计划，对配送员工作规范和考核标准不断进行总结和完善
3	负责配送员的日常管理、协调工作
4	负责处理配送过程中的各项突发性事件，并在最短时间内寻找正确的处理方案，根据客户需求和配送方案安排货品发送及跟踪到达情况，制定配送应急处理预案，并进行配送事故的调查和处理
5	对配送员日常工作的管理，负责解决员工工作中出现的问题，营造良好的工作氛围，公平、公正地对待每一位员工
6	负责制定配送部年度费用预算工作，配送成本、效率的分析，配送路线及距离的审查，配送流程的优化，并监管配送流程的执行，保障配送及时、准确、高效
7	负责安排车辆的保养、检修、投保、年审
8	负责本部门与其他部门的沟通、协调工作
9	及时完成公司领导交办的其他事务

图 7.67　配送主管工作分析表

仓管员工作分析表见图 7.68。

表一：基本信息

从事岗位名称	仓管员	有无兼职	无
我的上级岗位名称	仓储主管	我的部门名称	仓配部
下级的岗位	无		
岗位任职资格要求	年龄：22~40 岁 性别：不限 籍贯：不限 婚姻状况：不限 学历：中专以上学历 专业：不限 经验要求：2 年以上仓库管理经验，1 年以上本行业本岗位经验 能力要求：备一定统筹规划能力、执行能力、沟通协调能力、突发事件应急处理能力，熟悉库存系统设备、系统软件运用 其他要求：工作积极主动、仔细、认真，原则性强，团队意识强，不违反财务制度、对公司信息保密		

表二：具体工作

序号	具体工作
1	负责仓库日常收、发、存管理工作，要求达成账、单、物一致
2	对照出货单出库，按照先进先出的原则发货，使在库产品处于良好的品质状态
3	严格执行公司月度仓储管理计划，每月提交材料库总结报告
4	负责制定编制采购品入库、出库及库存台账，每月 5 日之前将上月台账汇报上级领导审核（账物相符合，台账准确率 100%）
5	根据仓库物品存放制度和方案要求，严格执行筹划安排货物的存放地点、摆放标准等（100%符合标准），防止货损（控制 3%以内），并做好登记
6	严格执行公司制定出入库管理规章制度，办理进出品出入库手续，核对出入库凭证，出、入库准确率 100%；定期上缴各种完整原始票据凭证（完整 100%，无丢失）
7	负责统计上报库内呆滞产品数据周报表（数据完整度、准确性 100%）
8	负责严格执行 5S 管理标准，若被检查出不合格地方对其承担直接责任
9	负责进行仓库盘点（出现问题，及时上报），协助主管制作日库存量报表，确保账实相符率 100%
10	严格按照公司库存规章制度执行，实施库存安全管理，确保无安全事故发生
11	根据仓库管理标准，保证仓储环境，确保库存材质不变

图 7.68 仓管员工作分析表

仓库文员工作分析表见图7.69。

表一：基本信息

从事岗位名称	仓库文员	有无兼职	无
上级岗位名称	仓储主管	我的部门名称	仓配部
下级的岗位	无		
岗位任职资格要求	年龄：22~40岁 性别：不限 籍贯：不限 婚姻状况：不限 学历：中专以上学历 专业：不限 经验要求：有2~3年的相关仓库文员工作经验 能力要求：熟练使用办公软件 其他要求：无		

表二：具体工作

序号	具体工作
1	负责仓库产品进出库的单据及时录入ERP系统
2	负责仓库单据建档、收集、登记管理
3	产品的出入库的录入和核实登记
4	根据ERP系统定期或不定期对仓库账目和实物进行抽查，并向仓库主管反映结果
5	统计订购单的进出存状况，打印订货单
6	对仓库进出仓产品活动情况的终端跟踪
7	监督仓库备货和出货情况
8	积极配合仓库物流管理工作，协助仓管对仓库数据化规范管理
9	负责仓库每日入库、出库、盘点ERP系统数据审核，确认单据打印工作，保证ERP系统账目的准确性
10	每日对系统账目进行盘点工作，确保账物相符，不定期地对实物进行抽盘以及相关报表汇总
11	积极配合发货员做好仓库出入数据管理工作
12	负责换货、退货订单及时核对与处理工作，确定产品数据进出准确，对于异常情况直接向仓库主管汇报

图7.69　仓库文员工作分析表

配送员工作分析表见图 7.70。

表一：基本信息

从事岗位名称	配送员	有无兼职	无
上级岗位名称	配送主任	我的部门名称	仓配部
下级的岗位	无		
岗位任职资格要求	年龄：25~45 岁 性别：不限 籍贯：不限 婚姻状况：不限 学历：中专以上学历 专业：不限 经验要求：A2，B2 或 C 本，3 年以上实际驾驶经验 能力要求：熟练驾驶，熟悉配送路线 其他要求：无不良驾驶记录，无重大事故及交通违章，有较强的安全意识		

表二：具体工作

序号	具体工作
1	负责把销售部门所需商品及时、安全、准确配送到位
2	客户退回仓库的商品，要求及时、安全、准确地运回仓库，并附好退货清单，配合仓管做好点货交接手续
3	负责维护车辆，定时检查、保养，严禁带"病"出车
4	负责运送商品时发现异常应如实登记，及时上报配送主任
5	严格遵守国家交通法规和公司安全行车管理规定
6	及时完成公司领导交办的其他事务

表三：岗位责任

岗位责任
1. 因个人原因造成的法律责任与公司无关，个人承担 2. 因个人原因造成公司经济或名誉损失的，公司追究法律责任 3. 因工作疏忽，造成的经济损失，个人承担

图 7.70　配送员工作分析表

零售管理部经理工作分析表见图 7.71。

表一：基本信息

从事岗位名称	零售管理部经理	有无兼职	无
上级岗位名称	营销总监	我的部门名称	零售管理部
下级的岗位	店长、生鲜主管、百货主管、生鲜员、理货员、收银员		
岗位任职资格要求	年龄：22~50 岁 性别：不限 籍贯：不限 婚姻状况：不限 学历：大专以上学历 专业：不限 经验要求：具有 2 年以上的零售连锁门店销售主管工作经验 能力要求：工作认真负责，思维敏捷，有较强的销售思路，具有抗压能力，善于迎接挑战 其他要求：无		

表二：具体工作

序号	具体工作
1	根据部门总体市场策略编制自己分管市场的销售计划，并负责完成市场销售目标
2	全面掌握本市场的变化和竞争对手情况，并随时制定相应的应对措施
3	对本市场中的消费者会员进行管理，跟踪回访，随时关注变化，积极维护防止流失
4	负责各门店销售计划和目标的落实与执行，并全力以赴协助门店完成销售目标
5	每周组织片区店长召开周例会，对本市场状况进行分析总结，找出工作存在的不足并提出整改方案，并对下周市场计划和目标进行分析和布置
6	根据工作需要对门店人员配备提出意见，并协助人事部门做好本片区人员招聘、培训和试用、绩效考核等工作
7	带领团队积极完成各项市场活动，协助配合其他各部门完成各项工作
8	做好团队管理工作，激发团队凝聚力和战斗力，传播企业文化

图 7.71　零售管理部经理工作分析表

超市店长工作分析表见图 7.72。

表一：基本信息

从事岗位名称	超市店长	有无兼职	无
上级岗位名称	零售经理	我的部门名称	零售管理部
下级的岗位	生鲜主管、百货主管、生鲜员、理货员		
岗位任职资格要求	年龄：22~50 岁 性别：不限 籍贯：不限 婚姻状况：不限 学历：大专以上学历 专业：不限 经验要求：3 年以上零售业管理工作经验，具有较强的店务管理经验 能力要求：精通团队管理、客户管理、商品管理、陈列管理，物流配送，熟悉店务的各项流程的制定、执行；较强的团队管理能力和沟通能力，能够承受较大的工作强度和工作压力 其他要求：无		

表二：具体工作

序号	具体工作
1	全面主持店面的管理工作，配合上级领导的各项营销策略的实施
2	执行下达的各项任务
3	每周周一向零售经理汇报上周销售情况（销售报表）并说明原因，制定本周销售计划；每月 1 日总结上月销售情况并说明原因，绘制月销售分析表；并根据公司下达的销售目标制定实施方案。完成营业额指标、毛利指标、利润指标
4	每日做员工考勤，检查卫生无死角，员工形象着装符合公司要求并上报人事部门
5	洞察周边环境，熟悉商圈变化，每月不低于一次带领店员到竞争门店或优秀门店学习，及时调整销售策略、收集价格信息，提出合理建议上报商品部和营销部
6	主持每日午会、做头日工作小结及当日工作安排，鼓励并协助员工销售，对新员工做检查、考核和培训
7	做好店内陈列；保持店面的新颖和变化性；每周 1 次调整
8	协调店内的人员，合理安排分工，培养并推荐有潜力的员工，每周组织至少一次培训，内容包含产品知识、企业文化、专业知识等并上报人事部门资料报备

序号	具体工作
9	定期（每周或每月）与员工沟通，填写沟通表，了解员工实际情况，解决员工关心的问题
10	每月进行库存滞销商品清理，每三个月清理效期产品；每月有效组织一次盘点并提前 5 天上报盘点计划上交商品部；按公司指标保证合理库存
11	每周监督做好门店缺货计划，报计划做到零差错；协助并监督，每周来货、转货登记和数据核对做到零差错
12	每日检核销售与收银记录，并审核账目的准确性及现金存入的及时性，确保资金安全
13	每日交接班时，检查各项交接班记录
14	定期检查安防设施，加强员工安全防范意识，提高安全责任心

图 7.72　超市店长工作分析表

百货主管工作分析表见图 7.73。

表一：基本信息			
从事岗位名称	百货主管	有无兼职	无
上级岗位名称	超市店长	我的部门名称	零售管理部
下级的岗位	理货员		
岗位任职资格要求	年龄：22~50 岁 性别：不限 籍贯：不限 婚姻状况：不限 学历：初中以上学历 专业：不限 经验要求：1 年以上同岗位工作经验 能力要求：熟悉日常营运管理的工作流程，懂得商品进销存管理，并具有一定的数据分析能力，有较强的商品业务知识，实操能力强 其他要求：无		

表二：具体工作

序号	具体工作
1	协助店长管控百货区或日常工作
2	对商品价格、质量和保质期进行监督和检查
3	检查本部门商品的进货及陈列，要求商品品种齐全、质量可靠、价格合理
4	负责制订进货计划及与供货商联系，负责商品退货、报损的检查和内部调拨、账务的校对等
5	把控部门业绩指标、毛利指标、达成率。根据公司目标以及销售要求实现利润最大化
6	负责下属人员培养、考核、目标分解以及客户对产品咨询、销售工作，并完成每月销售批标

图 7.73　百货主管工作分析表

生鲜主管工作分析表见图 7.74。

表一：基本信息

从事岗位名称	生鲜主管	有无兼职	无
上级岗位名称	超市店长	我的部门名称	零售管理部
下级的岗位	生鲜员		
岗位任职资格要求	年龄：22~50 岁 性别：不限 籍贯：不限 婚姻状况：不限 学历：初中以上学历 专业：不限 经验要求：1 年以上相关工作经验 能力要求：有商超生鲜管理工作经验，具备良好的语言表达及亲和力，能吃苦耐劳、责任心强，工作细心，有团队协作精神 其他要求：无		

表二：具体工作

序号	具体工作
1	负责维持本部门优质的顾客服务
2	负责本部门的所有商品陈列，保证公司各项标准、规范的准确执行，使商场保持安全、整洁、干净、舒适的购物环境
3	负责完成部门的销售指标、毛利指标、损耗指标、库存指标等
4	执行安全生产的标准，控制营运成本和人事成本
5	严格控制商品的进货质量、生产质量、销售质量，检查保质期，为顾客提供新鲜、干净、美味的食品
6	完成订单的订货，负责促销计划的实施，确定竞争品项，提高季节性商品的销售业绩
7	控制缺货和库存过多，保证仓库商品的安全存放
8	负责区域内的清洁卫生标准的维护，加强消防安全管理，避免工伤事故的发生
9	实施每月的生鲜盘点，核算本部门的经营状况
10	负责保证所有的冷库、冷柜的温度保持正常，确保所有生鲜加工设备的正常运转

图 7.74　生鲜主管工作分析表

收银员工作分析表见图 7.75。

表一：基本信息			
从事岗位名称	收银员	有无兼职	无
上级岗位名称	店长	我的部门名称	零售管理部
下级的岗位	无		
岗位任职资格要求	年龄：22~40 岁 性别：不限 籍贯：不限 婚姻状况：不限 学历：初中以上学历 专业：不限 经验要求：有 1 年以上相关工作经验 能力要求：工作细致、责任心强，懂各类信用卡，手机支付的使用 其他要求：无		

表二：具体工作

序号	具体工作
1	遵守各项财务制度和操作程序
2	妥善保管好营业款，在规定时间内交款，确保货款安全
3	熟练收银员的应对用语、应对态度、应对方法等待客之道
4	处理好退款，付款及账户转移
5	做到经常检查，保养好收银设备
6	确保前台的所有程序都按照公司的账目标准

图 7.75　收银员工作分析表

理货员工作分析表见图 7.76。

表一：基本信息

从事岗位名称	理货员	有无兼职	无
上级岗位名称	百货主管	我的部门名称	零售管理部
下级的岗位	无		
岗位任职资格要求	年龄：22~50 岁 性别：不限 籍贯：不限 婚姻状况：不限 学历：初中以上学历 专业：不限 经验要求：有 1 年以上相关工作经验 能力要求：能吃苦耐劳，有责任心及亲和力，有服务意识 其他要求：无		

表二：具体工作

序号	具体工作
1	熟悉所在商品部门的商品名称、产地、厂家、规格、用途、性能、保质期限
2	完成商品的验收、上架陈列摆放、补货、退货、防损等工作
3	熟练掌握商品陈列的有关专业知识，并把它运用到实际工作中
4	搞好货架与责任区的卫生，保证清洁
5	具备简单的销售技巧，了解商品分类和存储知识
6	对顾客挑选后、货架剩余商品进行清理并作好商品的补充工作
7	负责接待、指引、耐心回答客户所提出的问题，做到让客户轻松购物，提升客服购物满意度与回购率

图 7.76 理货员工作分析表

批发经理工作分析表见图 7.77。

表一：基本信息

从事岗位名称	批发经理	有无兼职	无
上级岗位名称	营销总监	我的部门名称	批发部
下级的岗位	批发店长、导购、业务员		
岗位任职资格要求	年龄：28~40 岁 性别：不限 籍贯：不限 婚姻状况：不限 学历：大专以上学历 专业：不限 经验要求：3 年以上同岗位工作经验 能力要求：具备较强的市场拓展、沟通、协调能力和风险把控能力，能够承受较强的工作压力，熟悉区域市场情况，思路开阔，工作主动，客户服务意识强；有很强的逻辑思维能力，会分析市场及客户需求		

表二：具体工作

序号	具体工作
1	熟悉公司产品，根据销售目标制订渠道开发计划，并制定相应的实施方案
2	根据渠道开发计划走访新客户，并及时制定业绩排名后10位的方案调整工作，实现与客户合作共赢
3	负责维护已有销售渠道客户，将企业的最新销售政策传达给渠道客户
4	负责与其他部门配合完成渠道拓展、推广活动、客户管理、产品需求分析等工作
5	掌控渠道开发过程，对销售人员进行渠道开发和销售培训
6	负责解决在渠道开发过程中的突发问题，维系企业的声誉
7	全面负责批发部日常管理、绩效考核工作
8	负责批发部团队文化建立，店铺业绩任务分配，业绩达成分析与指导工作
9	负责每天批发部营销数据汇报，新增客户以及部门管理总结
10	负责完成财务部对于批发部各项财务管理职责
11	负责批发部与其他部门因工需要协调处理工作
12	完成领导交办的其他工作

图 7.77　批发经理工作分析表

批发店长工作分析表见图 7.78。

表一：基本信息

从事岗位名称	批发店长	有无兼职	无
上级岗位名称	批发经理	我的部门名称	批发部
下级的岗位	导购员		
岗位任职资格要求	年龄：25~45 岁 性别：不限 籍贯：不限 婚姻状况：不限 学历：初中以上学历 专业：不限 经验要求：3 年以上零售业、批发业、品牌招商管理工作经验 能力要求：具有较强的店务管理经验，熟悉团队管理、客户管理、商品管理、陈列管理 其他要求：无		

表二：具体工作

序号	具体工作
1	负责全面主持店面的管理工作，配合总部的各项营销策略的实施
2	负责品牌客户开发、维护等跟进工作
3	执行总部下达的各项任务；对所在店铺业绩负责
4	负责做好各个导购的分工管理工作
5	负责监督商品的要货、上货、补货，做好进货验收、商品陈列、商品质量和服务质量管理等有关作业
6	负责监督门店商品损耗管理，严格分行公司控制商品损耗尺度
7	负责掌握门店各种设备的维护保养工作
8	负责监督门店内外的清洁卫生，负责保卫、防火等作业管理
9	妥善处理顾客投诉和服务工作中所发生的各种矛盾
10	负责对导购的培训，分解下达导购任务，并进行指标考核提取，绩效辅导与绩效面谈工作
11	负责门店人员招聘、培训以及人才培养工作
12	完成领导交办的其他工作

图 7.78　批发店长工作分析表

导购员工作分析表见图 7.79。

表一：基本信息

从事岗位名称	导购员	有无兼职	无
上级岗位名称	批发店长	我的部门名称	批发部
下级的岗位	无		
岗位任职资格要求	年龄：22~45 岁 性别：不限 籍贯：不限 婚姻状况：不限 学历：初中以上学历 专业：不限 经验要求：从事一年以上零售行业销售工作经验 能力要求：普通话标准、形象气质佳，能吃苦耐劳，有责任心及亲和力，有服务意识 其他要求：无		

表二：具体工作

序号	具体工作
1	负责为顾客提供贴心专业的服务，营造一个无攻击性的消费购物环境，且待客热诚，随时保持微笑，主动跟进顾客
2	负责店面卫生整洁干净，货品无污渍灰尘，摆放整齐，保管货品不丢失，交接工作无遗漏差错
3	负责做好货品销售记录、盘点、账目核对等工作
4	良好的团队精神，有责任感，有亲和力
5	严格遵守公司各项规章制度，爱岗敬业，服从公司工作安排
6	负责客户购买下单工作，保证下单产数量、价格、规格准确、并及时跟进产品订单送达情况
7	负责开发新客户，完成个人岗位业绩考核指标
8	完成店长安排其他任务

图 7.79 导购员工作分析表

业务员工作分析表见图 7.80。

表一：基本信息

从事岗位名称	业务员	有无兼职	无
上级岗位名称	批发经理	我的部门名称	批发部
下级的岗位	无		
岗位任职资格要求	年龄：20~45 岁 性别：不限 籍贯：不限 婚姻状况：不限 学历：中专以上学历 专业：不限 经验要求：1 年以上相关行业经验 能力要求：较强的沟通协调能力 其他要求：无		

表二：具体工作

序号	具体工作
1	负责产品的市场渠道开拓与销售工作，执行并完成公司产品年度销售计划
2	与客户保持良好沟通，实时把握客户需求，为客户提供主动、热情、满意、周到的服务
3	根据公司产品、价格及市场策略，独立处置询盘、报价、合同条款的协商及合同签订等事宜
4	在执行合同过程中，协调并监督公司各职能部门操作
5	动态把握市场价格，定期向公司提供市场分析及预测报告和个人工作周报
6	维护和开拓新的销售渠道和新客户，自主开发及拓展上下游用户，尤其是终端用户
7	收集一线营销信息和用户意见，对公司营销策略、售后服务、等提出参考意见
8	负责根据客户需求准确、及时下单提交工作，对于漏单、错单承担相应责任处罚
9	因业务所产生的产品费用，业务员禁止向客户提供私人收款账户，如客户以现金结束，业务员必须在当日24点前与财务部出纳对结核算工作，并保存好相关单据
10	业务员每天工作流程应严格执行早出门（早请示）、晚回门（晚汇报工作）
11	服从上级统一调动，工作任务分配工作

图 7.80　业务员工作分析表

人力资源经理工作分析表见图 7.81。

表一：基本信息

从事岗位名称	人力资源经理	有无兼职	无
上级岗位名称	总经理	我的部门名称	人力资源部
下级的岗位	人事专员、行政专员		
岗位任职资格要求	年龄：30~45 岁 性别：不限 籍贯：不限 婚姻状况：不限 学历：本科以上学历 专业：人力资源类、工商管理等相关专业 经验要求：5 年以上人力资源工作经验，其中 2 年同级工作经验，2 年以上同行业工作经验 能力要求：具备全面的人力资源、行政管理、企业管理、战略管理、组织变革管理、法律知识，对现代企业人事行政管理模式有系统的了解和实践经验积累 其他要求：工作客观严谨，原则性清晰，具亲和力、有战略眼光		

表二：具体工作

序号	具体工作
1	制度管理： （1）组织起草公司有关人力资源部相关管理制度，呈报上级批准后组织实施并进行监督（每年 12 月提交次年制度报告）； （2）根据公司经营发展目标，组织制定公司员工薪酬、绩效、招聘、培训、生涯规划相关制度，审核后颁布（每年 12 月 30 日前制定并提交制度）； （3）制定员工管理手册，审核后颁布； （4）制定临时性文件，审核后颁布
2	工作计划管理： （1）组织制订本部门的年度业绩目标分解、工作计划和实施步骤，并报上级审定（每年 12 月 30 日前提交）； （2）组织制订本部门的月度工作计划，并细化分解到各个岗位（每月 30 日前制定，计划合理）； （3）组织并监督下属人员完成年度、季度、月度及日工作计划，并针对完成情况，进行工作总结（在规定的时间内提交工作总结，提出可改进方案）
3	人力资源规划管理： （1）组织制订公司人力资源发展的长、中期规划和年度计划（每年 12 月 30 日前提交次年人力资源发展规划）； （2）依据公司人力资源年度计划组织本部门开展工作，定期监督

序号	具体工作
4	招聘管理： （1）制订公司人力资源招聘计划，组织实施，并对人员招聘的进度和质量进行监控（规定时间内人员到岗率高于95%）； （2）定期对公司招聘渠道进行招聘效果评估并备档留存（保管安全）； （3）建立人才档案库，包括内部人员及外部人员资料信息，分类统计，定期更新、优化，可参考性强； （4）关注各部门人员离职率情况，针对异常情况进行调查并进行处理
5	薪酬管理： （1）收集汇总行业市场薪酬、福利情况，并形成报告（每半年做一次薪酬调研，并于6月30日前提交半年度报告）； （2）定期对公司员工进行薪酬满意度调查，了解公司各岗位薪酬实际收入情况（每季度调查一次，并于每季度末30日之前提交本季度报告）； （3）结合公司经营发展状况制定适合公司的薪酬、福利政策和制度（每年12月提交薪酬制度，修改次数不高于3次）
6	绩效管理： （1）每月组织实施公司员工绩效考核并负责审核各项考核结果并进行绩效面谈（每月抽查考核结果，抽查率不低于30%）； （2）协调和指导公司各部门绩效考核工作，组织培训并通关测试（对各部门进行绩效考核培训，每半年进行一次培训，每次培训通关率100%）
7	培训管理： （1）每季度进行一次培训需求分析，提交分析报告书； （2）根据培训需求分析，组织各部门培训工作。确定培训计划、培训师、培训内容、制作培训课件等事务，确保培训内容与培训需求相符合（每次培训不少于3课时并组织通关测试）； （3）组织实施公司员工培训并负责培训考核； （4）组织开展对所属部门人员日常培训工作，不断提高部门人员专业技能、职业素养（部门内人员培训不少于3小时）
8	综合管理： （1）计划和审核公司各部门人力资源管理的成本费用（成本费用控制在预算正负5%以内）； （2）受理公司员工投诉及劳动争议等相关事宜

序号	具体工作
9	日常管理： （1）负责向下属人员及时准确地传达公司的各项政策、方针，并贯彻执行（及时）； （2）明确部门内各岗位的职责，合理调配人员分工，根据需要做出工作分配（每年12月30日前修订、完善各岗位工作分析）； （3）检查、监督部门内部流程和各项标准的执行情况，确保所属人员不断提高对各项流程和标准的执行力（每年提出优化部门流程建议不少于10条）； （4）定期召开部门所属人员年度、季度、月度及周工作会议，总结上阶段工作完成情况及下一阶段工作计划和安排； （5）了解员工动态，关心员工成长，提高团队凝聚力（年度本部门员工流失率低于5%）
10	完成上级交代临时性工作（按时按要求完成）

图 7.81　人力资源经理工作分析表

人事专员工作分析表见图 7.82。

表一：基本信息			
从事岗位名称	人事专员	有无兼职	无
上级岗位名称	人力行政经理	我的部门名称	人力资源部
下级的岗位	无		
岗位任职资格要求	年龄：22~30岁 性别：不限 籍贯：不限 婚姻状况：不限 学历：大专以上学历 专业：人力资源、工商管理等相关专业 能力要求：熟悉招聘、培训，擅长与人沟通，能够熟练处理员工关系，完善和维护企业文化 其他要求：无		

表二：具体工作

序号	具体工作
1	全面负责招聘工作，线上简历筛选、电话约面、初试、电话跟进；线下校招、招聘会等工作
2	负责完成公司人员招聘、面试、签订劳动合同、公司人才库建立、招聘渠道建立、入职、离职、转正、调岗、调薪等手续办理等工作
3	负责员工入职、合同签订、转正、调薪、离职等异动手续办理
4	定期做同行业薪酬、绩效调查、实时形成薪酬报告；并根据公司薪酬水平向经理提供薪酬报告分析
5	负责员工社保、意外保险的办理
6	负责员工每月薪资核算
7	负责工商年报、稳岗补贴等申报
8	协助处理劳动争议并及时反馈到直接上级

图 7.82　人事专员工作分析表

行政专员工作分析表见图 7.83。

表一：基本信息

从事岗位名称	行政专员	有无兼职	无
上级岗位名称	人事行政经理	我的部门名称	人力资源部
下级的岗位	无		
岗位任职资格要求	年龄：22~30 岁 性别：不限 籍贯：不限 婚姻状况：不限 学历：大专及以上学历 专业：行政管理、工商管理等专业 经验要求：三年以上工作经验，一年以上相同岗位工作经验 能力要求：熟知国家相关行政法律法规，熟知公司所属行业相关法律法规；能熟练使用办公软件 其他要求：无		

表二：具体工作

序号	具体工作
1	管理汇报： 每季度汇报整体工作和重要事件，对行政管理现状总结并形成报告，并提出改善方案（每季度月初5日，上报报告，针对现状问题，提出管理解决方案可实施率高于95%）
2	日常行政管理： （1）公司车辆的使用登记、安排工作（登记完整，无遗漏、无差错）； （2）办公用品的采购申请、储备及派发管理（控制成本，不超过原定预算标准）； （3）相关文件、档案、资料的存档、借阅的管理（保管安全、无丢失）； （4）行政性资产的管理，建立公司资产台账（每月30日对资产进行盘点，并登记）； （5）会议、活动的组织筹备工作（会议30分钟前筹备完毕，满意度高于95%）； （6）外部联络工作及相关合作单位、来宾的接待工作（客户满意度高于95%）； （7）行政公文的拟、收、发、存，对文书工作进行规范化管理（在规定的时间内收、发公文，且保存完整）； （8）办公区域各部门的钥匙编号、派发、建档、保管工作（记录完整、保管安全）
3	行政性后勤管理： （1）办公场所的安全保卫、消防管理工作（每周检查一次，并记录）； （2）办公场所环境的维护（以6S管理为标准）； （3）水、电、空调保养、维修等工作的跟进（接到上报设备维修2日内督促完成）
4	行政费用预算和支出： （1）办公室水、电、电话、快递、管理费、租金等固定费用明细（每月x日前上报部门预算，费用支出登记完整准确率100%，并于x日前汇总）； （2）其他临时费用申请、审批、结算（费用按要求审批，登记准确、无差错）
5	社保和公积金等的日常办理：每月公积金办理（及时、准确）
6	协助上级工作及统筹行政工作安排
7	处理上级领导安排的临时性工作

图 7.83 行政专员工作分析表

财务经理工作分析表见图 7.84。

表一：基本信息

从事岗位名称	财务经理	有无兼职	无
上级岗位名称	董事长	我的部门名称	财务部
下级的岗位	主办会计、往来会计、出纳		
岗位任职资格要求	年龄：30~50 岁 性别：不限 学历：大专及以上 专业：财务、会计相关专业 经验要求：5 年以上财务管理经验，有本行业管理经验者优先 能力要求：具有全面的财务专业知识、账务处理及财务管理经验；精通国家财税法律规范，具备优秀的职业判断能力和丰富的财会项目分析处理经验；谙熟国内会计准则以及相关的财务、税务、审计法规、政策；良好的中文口头及书面表达能力 其他要求：会计从业资格证或初级会计师职称		

表二：具体工作

序号	具体工作
1	负责公司年度财务规划与管理的拟定（12 月底提交董事长审批）
2 3	负责每月的财务分析，提交财务分析报告（每月 8 号前提交董事长） 负责公司财务制度编制、修订、完善（定期每年审核一次，并根据实际情况进行补充修订）
4	负责监督督促货款回收与检查，组织对不良债权处置（按照公司"应收账款"相关规定监督执行）
5	负责财务部门日常内务管理及内外部单位的协调工作
6	参与重大销售合同、采购合同审定（确保公司应获效益，价格合理，合同内容合法）
7	负责组织对公司资产（主要是商品）进行核实（保障商品账实相符，至少每月组织一次抽盘工作），建立定期或不定期盘点、抽盘制度
8	负责公司财务人员队伍建设，选拔、配备、组织部门技能培训（每季度至少培训一次）（技能培训记录表）
9	监督（具体对凭证要进行逐号审核）、指导会计、出纳核算管理工作
10	负责日常费用支出及货款支出的审批管理，（费用支出按照制度合理支出，金额准确率 100%），合理组织安排资金
11	负责组织公司年度预算及控制执行，考核（预算准确率 90%）
12	负责财务部日常事务管理工作
13	负责优化财务部与其他部门工作配合流程

图 7.84　财务经理工作分析表

主办会计工作分析表见图 7.85。

表一：基本信息

从事岗位名称	主办会计	有无兼职	无
我的上级岗位名称	财务经理	我的部门名称	财务部
下级的岗位	无		
岗位任职资格要求	年龄：30~50 岁 性别：不限 籍贯：贵州省 婚姻状况：已婚 学历：大专及以上 专业：财务、会计相关专业 经验要求：5 年以上财务管理经验，有本行业管理经验者优先 能力要求：具有全面的财务专业知识、账务处理及财务管理经验；精通国家财税法律规范，具备优秀的职业判断能力和丰富的财会项目分析处理经验；谙熟国内会计准则以及相关的财务、税务、审计法规、政策；良好的中文口头及书面表达能力 其他要求：会计从业资格证或初级会计师职称		

表二：具体工作

序号	具体工作
1	负责公司的日常会计核算工作，正确进行财务处理、结算、编制各种财务报表；认真审核公司的各种单据、凭证，检查各种手续，做到完整、准确、及时、合法
2	负责做好财务分析，针对存在问题，提供合理建议，给公司领导经营决策当好参谋
3	认真贯彻执行国家相关财经法律法规及公司的规章制度，并严格遵守财经纪律
4	严格按照要求，完成领导安排的其他工作

图 7.85　主办会计工作分析表

往来会计工作分析表见图 7.86。

表一：基本信息

从事岗位名称	往来会计	有无兼职	无
上级岗位名称	财务经理	我的部门名称	财务部
下级的岗位	无		
岗位任职资格要求	年龄：25~45 岁 性别：不限 学历：大专及以上 专业：财务、会计类相关专业 经验要求：二年以上相关工作经验 能力要求：精通国家财税法律规范、财务核算、财务管理、财务分析、财务预测等财务制度和业务；熟悉国家会计法规，了解税务法规和相关税收政策；熟悉银行业务和报税流程；良好的口头及书面表达能力；熟练应用财务软件和办公软件 其他要求：有稳定的住房		

表二：具体工作

序号	具体工作
1	负责建立往来款项清算手续制度
2	负责及时与外部单位对账，做到账账相符，做好应付账款的核算和处理，做到账表相符、账证相符
3	负责保证金、押金、应收款、预收款项的管理
4	负责营销中心的销售情况进行核对、核实汇款、调账、催单工作
5	在财务经理、主办会计的业务指导下严格遵守各项财务制度和纪律开展工作
6	负责根据公司的要票计划，向供应商索要发票
7	负责根据外账的需要，根据银行对账单从内账中挑选出合理合法的会计原始销售凭证和银行回单交给主办会计
8	月末盘点，做到客观真实
9	保管会计资料，完成领导交办的其他各项工作

图 7.86　往来会计工作分析表

出纳工作分析表见图 7.87。

表一：基本信息

从事岗位名称	出纳	有无兼职	无
我的上级岗位名称	财务经理	我的部门名称	财务部
下级的岗位	无		
岗位任职资格要求	年龄：20~50 岁 性别：不限 婚姻状况：不限 学历：中专及以上 专业：财务类 经验要求：1 年以上出纳工作经验 能力要求：熟悉国家财务政策、会计法规，了解税务法规和相关税收政策；熟悉银行结算业务和报税流程；良好的口头及书面表达能力；熟练使用财务软件和办公软件 其他要求：有稳定的住房		

表二：具体工作

序号	具体工作
1	依据财务制度及流程要求，负责现金、支票的收入、保管、签发支付、进行工作（确保安全、及时无差错）；认真做好收付款的现场服务工作
2	根据公司财务及总经理审签后付款申请，安排付款
3	办理银行结算；管理银行账户、转账支票与发票
4	负责及时准确逐笔登记现金明细账及银行明细账（当日凭证，当日登记完毕，并结出余额）；月末与总账核对是否相符
5	"客户汇款"及时通知相关门店单位，并在当日填单通知会计做账（及时、准确）
6	每月末，接受主管会计对现金进行监盘；并做好盘点记录，对盘点结果签字确认；并不定期抽盘，（检查账款是否相符）
7	每月末，编制"客户汇款科目核对表"，交主管会计与存折核对签字确认
8	每月末，根据"银行对账单"与银行对账，并编制"银行余额调节表"，交主管会计与总账核对签字确认（次月 10 号前交）
9	负责协调对外相关各种事务（包括：银行、客户、供货商）
10	负责保管库存现金、有价票券、财务印章
11	完成上级领导安排的其他工作

图 7.87　出纳工作分析表

四、薪酬

（1）M公司各岗位价值量得分（见表7.13）。

表7.13　M公司各岗位价值量得分

序号	岗位名称	对组织的影响	管理	职责范围	职责加分	沟通	任职资格	问题解决	环境条件	价值量
1	董事长	244	55	140	40	70	150	120	30	849
2	总经理	198	55	120	15	60	150	110	30	738
3	营销副总	175	40	110	10	90	105	100	30	660
4	营销总监	139	40	100	15	90	105	80	30	599
5	常务副总	175	40	90	10	40	90	100	10	555
6	加盟总监	139	35	70	15	60	105	80	20	524
7	分公司总监	126	30	80	15	60	105	80	20	516
8	采购总监	126	30	80	15	60	105	80	20	516
9	电商总监	126	25	80	15	60	105	80	20	511
10	零售经理	126	40	80	15	60	90	80	20	511
11	人力资源经理	126	25	100	10	40	105	80	10	496
12	销售经理（KA）	126	25	80	5	70	90	80	20	496
13	财务经理	139	25	80	5	40	105	80	20	494
14	总助	175	10	60	15	40	105	60	10	475
15	采购经理	87	25	70	15	60	105	70	20	452
16	超市店长	100	30	70	10	40	75	70	10	405
17	批发经理	87	25	70	10	60	60	70	20	402
18	仓配经理	87	40	70	5	40	75	60	20	397
19	主办会计	100	10	50	10	40	105	50	20	385
20	加盟经理	87	25	50	10	60	75	60	10	377
21	批发店长	87	25	40	5	60	75	50	10	352
22	往来会计	87	10	50	5	30	105	40	10	337
23	采购员	87	10	40	15	40	90	40	10	332
24	策划专员	87	10	30	10	40	60	50	10	297
25	业务员	87	10	30	10	60	45	40	10	292
26	电商专员	74	10	30	15	50	60	40	10	289
27	仓管员	87	10	40	5	40	45	40	20	287
28	人力专员	87	10	10	5	60	75	20	10	277
29	生鲜主管	74	25	40	5	20	60	40	20	284
30	百货主管	74	25	40	5	20	60	40	10	274
31	仓储主管	32	20	50	5	40	60	40	20	267
32	出纳	87	10	40	5	40	60	10	10	262
33	配送主管	32	35	40	5	20	60	40	10	242
34	文员	87	10	20	5	40	45	20	10	237
35	行政专员	74	10	5	5	40	45	10	10	199

表7.13(续)

序号	岗位名称	对组织的影响	管理	职责范围	职责加分	沟通	任职资格	问题解决	环境条件	价值量
36	配送员	32	10	5	5	60	45	10	20	187
37	客服专员	32	10	5	5	60	45	10	10	177
38	收银员	32	10	5	5	40	45	10	20	167
39	生鲜员	32	10	5	5	70	15	20	20	177
40	导购员	32	10	5	5	40	15	10	10	127
41	理货员	32	10	5	5	70	30	20	10	182

（2）M公司各岗位薪酬根据战略与岗位价值量评估（见表7.14）。

表7.14 M公司各岗位薪酬根据战略与岗位价值量评估表

序号	岗位名称	价值比	岗位等级	基数	岗位工资	全勤	绩效工资	销售提成（业绩）	团队提成（毛利）	平衡超产奖
1	董事长	7	D3	17 900	12 500		5 400			
			D2	15 700	11 000		4 700			
			D1	14 000	10 000		4 000			
2	总经理	6	D3	13 600	8 000		5 600		1%	
			D2	12 200	7 000		5 200		1%	
			D1	11 000	6 000		5 000		1%	
3	营销副总	5	D3	10 900	5 300	1 300	4 300		1.90%	
			D2	9 600	4 600	1 100	3 900		1.70%	
			D1	8 600	4 100	1 000	3 500		1.50%	
4	营销总监	5	D3	7 700	3 700	900	3 100		1.50%	
			D2	7 000	3 400	800	2 800		1.50%	
			D1	6 000	2 800	700	2 500		1.50%	
5	常务副总	4	D3	10 000	6 000	1 000	3 000			
			D2	9 000	5 000	1 000	3 000			
			D1	8 000	5 000	1 000	2 000			
6	加盟总监	4	D3	7 600	3 600	900	3 100			
			D2	6 700	3 200	800	2 700		品牌管理费提成	
			D1	5 900	2 800	700	2 400			
7	分公司总监	4	D3	7 500	3 600	900	3 000		3%	
			D2	6 700	3 200	800	2 700		2.80%	
			D1	6 000	2 800	800	2 400		2.50%	
8	采购总监	4	D3	7 500	4 200	1 000	2 300		1%	
			D2	6 600	3 700	900	2 000		1%	
			D1	6 000	3 400	800	1 800		1%	
9	电商总监	4	D3	7 600	3 600	900	3 000		1%	
			D2	6 800	3 200	800	2 700		1.70%	
			D1	5 800	2 800	700	2 300		1.50%	

表7.14(续)

序号	岗位名称	价值比	岗位等级	基数	岗位工资	全勤	绩效工资	销售提成（业绩）	团队提成（毛利）	平衡超产奖
10	零售经理	4	D3	6 800	3 200	800	2 700		1.50%	
			D2	5 800	2 800	700	2 300		1.30%	
			D1	5 000	2 400	600	2 000		1%	
11	人力资源经理	4	D3	6 500	3 700	900	1 800			
			D2	5 800	3 200	800	1 600			
			D1	5 000	2 800	700	1 500			
12	销售经理（KA）	4	D3	5 500	3 200	700	1 600	1%	1%	
			D2	4 600	2 700	600	1 300	1%	1%	
			D1	4 000	2 400	600	1 000	1%	1%	
13	财务经理	4	D3	7 100	4 000	1 000	2 100			
			D2	6 300	3 600	900	1 800			
			D1	5 500	3 000	800	1 700			
14	总助	4	D3	7 000	4 000	900	2 100			
			D2	6 100	3 500	800	1 800			
			D1	5 300	3 000	700	1 600			
15	采购经理	4	D3	6 000	3 400	800	1 800			
			D2	5 200	3 000	700	1 500			
			D1	4 500	2 600	600	1 300			
16	超市店长	3	D3	5 200	2 500	600	2 100		1.5%	
			D2	4 500	2 200	500	1 800		1.5%	
			D1	4 000	2 000	400	1 600		1.5%	
17	批发经理	3	D3	6 000	2 600	700	1 600	1%	1.2%	
			D2	5 000	2 200	600	1 200	1%	1.1%	
			D1	4 500	2 000	500	800	1%	1%	
18	仓配经理	3	D3	6 200	2 800	700	2 700			
			D2	5 600	2 500	600	2 500			
			D1	5 000	2 300	500	2 200			
19	主办会计	3	D3	5 000	2 800	700	1 500			
			D2	4 500	2 700	500	1 300			
			D1	4 000	2 500	500	1 000			
20	加盟经理	3	D3	5 000	2 400	600	2 000			
			D2	4 200	2 000	500	1 700		品牌管理提成	
			D1	3 600	1 700	400	1 500			
21	批发店长	3	D3	4 500	2 200	500	1 800	1.5%		
			D2	4 100	2 000	500	1 600	1.2%	1%	
			D1	3 500	1 600	500	1 400	1%		
22	往来会计	3	D3	4 400	2 400	600	1 300			
			D2	3 900	2 100	500	1 100			
			D1	3 400	1 800	400	1 000			

序号	岗位名称	价值比	岗位等级	基数	岗位工资	全勤	绩效工资	销售提成（业绩）	团队提成（毛利）	平衡超产奖
23	采购员	3	D3	4 500	2 500	700	1 300			
			D2	3 600	2 000	500	1 100			
			D1	3 000	1 800	400	800			
24	策划专员	2	D3	3 900	2 500	400	1 000			
			D2	3 400	2 000	400	1 000			
			D1	3 000	1 700	400	900			
25	业务员	2	D3	3 800	2 000	400	1 400	1.5%		
			D2	3 300	1 800	400	1 100	1.2%		
			D1	2 800	1 600	400	800	1.2%		
26	电商专员	2	D3	4 300	2 500	600	1 200	1.2%		
			D2	3 800	2 200	500	1 100	1.2%		
			D1	3 300	2 000	400	900	1%		
27	仓管员	2	D3	3 800	2 500	400	900			
			D2	3 300	2 300	300	700			
			D1	2 800	2 000	200	600			
28	人力专员	2	D3	3 600	2 200	400	1 000			
			D2	3 200	2 000	300	900			
			D1	2 800	1 700	300	800			
29	生鲜主管	2	D3	4 600	2 300	500	1 800			
			D2	4 200	2 200	500	1 500			
			D1	3 700	2 000	400	1 300			
30	百货主管	2	D3	4 500	2 500	500	1 500			
			D2	4 000	2 200	400	1 400			
			D1	3 500	2 000	400	1 100			
31	仓储主管	2	D3	5 200	3 500	500	1 200			
			D2	4 800	3 200	500	1 100			
			D1	4 400	3 000	400	1 000			
32	出纳	2	D3	3 400	1 800	400	1 000			
			D2	3 000	1 600	400	900			
			D1	2 600	1 400	300	700			
33	配送主管	2	D3	5 000	2 000	500	2 500			
			D2	4 600	1 900	500	2 200			
			D1	4 300	1 800	500	2 000			
34	文员	2	D3	3 500	1 400	200	1 900			
			D2	3 000	1 200	200	1 600			
			D1	2 600	1 000	200	1 400			
35	行政专员	2	D3	3 200	2 200	400	600			
			D2	2 900	2 000	400	500			
			D1	2 600	1 800	300	500			

表7.14(续)

序号	岗位名称	价值比	岗位等级	基数	岗位工资	全勤	绩效工资	销售提成（业绩）	团队提成（毛利）	平衡超产奖
36	配送员	1	D3	2 900	1 200	300	1 400	0.3%		
			D2	2 700	1 200	300	1 200	0.3%		
			D1	2 500	1 200	300	1 000	0.2%		
37	客服专员	1	D3	3 400	1 800	400	1 000	0.7%		
			D2	3 200	1 700	400	900	0.5%		
			D1	2 900	1 600	400	800	0.3%		
38	收银员	1	D3	3 300	2 200	200	900			
			D2	3 000	2 000	200	800			
			D1	2 700	1 800	200	700			
39	生鲜员	1	D3	3 400	2 400	200	800			
			D2	3 200	2 200	200	800			
			D1	2 900	2 000	200	700			
40	导购员	1	D3	2 500	1 200	300	1 000	0.5%		
			D2	2 300	1 800	200	300	0.5%		
			D1	2 000	1 600	200	200	0.5%		
41	理货员	1	D3	3 000	1 800	400	800			
			D2	2 700	1 800	300	600			
			D1	2 400	1 800	200	400			

五、薪酬调整

1. 工资等级上调

（1）岗位以三个月考核为一个周期。连续三个月绩效考核达1以上者方有上调岗位级别工资资格，平路型岗位以六个月考核为一个周期，连续考核六个月以上绩效系数为1.1以上都方有上调岗位级别工资资格。

（2）员工同时还需达成岗位目标要求。

（3）忠诚度以及职业化要求考核合格。

（4）工资层级调升为主动申请原则。

（5）公司在收到员工申请后，考虑岗位需要、公司需求、员工潜力及前景、岗位特殊要求等，进行考察晋级。

2. 工资等级下调

工资等级下调一般有以下两种情况：

（1）岗位目标连续三月未达到或绩效考核连续三个月低于绩效系数1.0将进行降职或降级处理。

（2）工作期间出现重大失误，视情节严重程度降低工资等级。

工作期间触犯公司相关指标者公司可进行辞退处理。

六、绩效

1. 考核核算

根据薪酬结构划分，绩效工资对应绩效考核进行考核核算（见表7.15）。

表7.15　M公司绩效工资对应绩效考核进行考核核算

序号	权重占比	计算方式	得分		系数	备注
1	任务绩效考核占比70% 行为绩效考核占比30%	任务绩效*70% +行为考核*30%=　分	60以下	0	绩效考核评分以自评为辅，上级评为主，主要计算依据为上级评分计算	
2			60~69	0.8		
3			70~79	1		
4			80~89	1.2		
5			90以上	1.5		

2. 考核指标

按照各部工作职责与目标设置考核指标，具体思路见图7.88。

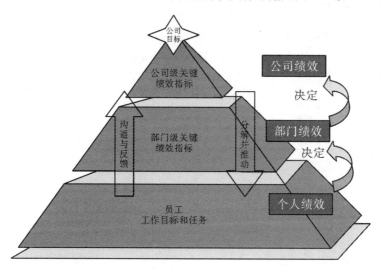

图7.88　M公司绩效考核指标设置思路

M公司绩效考核评分表设置思路见图7.89。

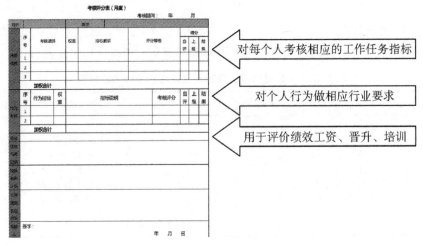

图7.89　M公司绩效考核评分表设置思路

七、招聘体系

简历标杆制定（见表7.16）。

表7.16　M公司建立标杆

人员	年龄	学历	是否同作业	性别	是否结婚	有无经验	所属地
黄××	23	初中	是	女	是	无	本省外地
欧××	29	初中	是	女	否	无	外省
谭××	27	高中	是	男	是	是	外省
蒋××	31	大专	否	男	是	有	外省
杨××	27	中专	是	男	是	无	本省外地
得分规则	27～35者4分	大专4分	是3分	男性3分	是3分	有经验3分	外省3分
	35～45者3分	高中、中专、本科3分	否1分	女性2分	否1分	无经验1分	本省外地2分
	22～27者1分	初中1分					本地1分
	其余0分						

咨询效果：M公司经过项目组的咨询方案实施，达到了目标规划，企业负责人非常满意，表示这是非常成功的咨询案例。

参考文献

[1] 董克用，李超平. 人力资源管理概论 [M]. 5版. 北京：中国人民大学出版社，2019.

[2] 赵曙明，张正堂，程德俊. 人力资源管理与开发 [M]. 2版. 北京：高等教育出版社，2018.

[3] 萧鸣政. 工作分析的方法与技术 [M]. 5版. 北京：中国人民大学出版社，2018.

[4] 刘昕. 薪酬管理 [M]. 5版. 北京：中国人民大学出版社，2017.

[5] 陈晓萍. 跨文化管理 [M]. 3版. 北京：清华大学出版社，2016.

[6] 贾长松. 企业组织系统 [M]. 北京：北京大学出版社，2014.

[7] 梅尔·希尔伯曼. 企业咨询调查问卷精选 [M]. 单敏，丛蓉，译. 北京：电子工业出版社. 2015.

[8] 颜爱民. 人力资源管理前沿与热点问题：基于中国本土案例的解析 [M]. 北京：北京大学出版社，2019.

[9] 刘正周. 管理激励 [M]. 上海：上海财经大学出版社，1998.

[10] 孙立敏. 中小民营企业人力资源管理中激励机制及应用研究 [J]. 中国中小企业，2023（5）：207-209.

[11] 谭应宏，谭国仁，徐青山. 中小民营企业人力资源管理研究和改进措施 [J]. 中小企业管理与科技（上旬刊），2020（9）：1-4.

[12] 赵淑洁. 中小民营企业人力资源管理目标的分解与控制途径探析 [J]. 全国流通经济，2020（18）：101-102.

[13] 张晓曦. 天津市H中小科技型民营企业人力资源管理对策研究 [D]. 天津：天津大学，2017.

[14] 杨克威. 中小民营企业人力资源管理现状及优化研究 [D]. 西安：西安科技大学，2016.

[15] 秦悦. 中小民营企业人力资源管理现状及对策 [J]. 商，2016（4）：13-14.

[16] 滕志文. 中小民营企业人力资源管理的现状与对策 [J]. 甘肃科技，

2014, 30（14）：89-90.

[17] 王宏晴. 农村中小民营企业人力资源管理现状分析 [J]. 南方论刊, 2013（9）：19-21.

[18] 胡琦. 中小民营企业人力资源管理中人事风险的规避 [J]. 人才资源开发, 2010（1）：88-89.

[19] 孙健敏, 穆桂斌. 中小民营企业人力资源管理的状况 [J]. 经济管理, 2009, 31（4）：82-87.

[20] 付宝怡, 何湘, 米亚等. 小微企业人力资源管理咨询意愿及其影响因素研究 [J]. 商展经济, 2022（19）：148-152.

[21] 胡晓东, 曹仰锋. 人力资源管理咨询的新模式：培训式咨询 [J]. 人才资源开发, 2010（3）：95-96.

[22] 陈明, 封智勇, 余来文. 人力资源管理咨询行业的问题与对策 [J]. 科技咨询导报, 2006（2）：58-59.

附　录

附录一　咨询合同范例

×××有限公司薪酬绩效咨询

项目合同书

20××年×月

甲方：×××有限公司

　　法人代表：××

　　地　　址：×××××

　　联 系 人：××　联系电话：××××

乙方：×××咨询有限公司

　　法人代表：×××

　　地　　址：×××××

　　联 系 人：××　联系电话：××××

　　依据《中华人民共和国民法典》等规定，本着相互信任、真诚合作、共同发展原则。为建立长期友好合作关系，经甲、乙双方友好协商，双方达成协议如下，并共同遵守。

　　第一条　合作项目

　　×××有限公司（以下简称"甲方"），×××咨询有限公司（以下简称"乙方"），甲方希望通过与乙方的合作，帮助甲方完成薪酬、绩效方案（包含公司本部和下属子公司）。

　　本合作项目具体服务内容为：

　　（一）项目建议书。

　　（二）客户调研（2~3 天，包括资料分析、现场调研）。

　　（三）薪酬设计方案。

　　（四）绩效考核方案。

　　（五）咨询方案实施计划。

　　（六）导入持续服务（远程服务）。

　　本合作项目的交付成果为：

　　（一）×××有限公司薪酬、绩效项目建议书。

　　（二）×××有限公司薪酬设计方案。

　　（三）×××有限公司绩效考核方案。

　　（四）×××有限公司咨询方案实施计划。

　　第二条　使用权/版权说明

　　本合作项目中涉及的乙方和甲方版权，仅限于甲方员工在内部使用，不得将此方案运行于非本次合作的公司方及其他商业性用途。

　　第三条　项目费用及付款方式

　　（一）项目咨询费用：××万元（含税）。

　　（二）支付方式：按照阶段性成果分期支付。

　　（1）项目合同签订后，3 个工作日内，甲方向乙方支付项目总费用的 30%（￥××万元）。

　　（2）薪酬方案，成果确认，3 个工作日内，甲方向乙方支付项目总费用的

30%（￥××万元）。

（3）绩效考核方案，成果确认，3个工作日内，甲方向乙方支付项目总费用的30%（￥××万元）。

（4）提交咨询方案实施计划，成果确认，3个工作日内，甲方向乙方支付项目总费用的10%（￥××万元）。

对项目组提交的工作成果，公司应该尽快做出答复，超过3个工作日未答复，视同认可。

（三）费用说明

（1）本项目的费用与对应服务内容如本大类第一条所示，超出本范围的服务内容，双方需另行协商费用。

（2）乙方项目组成员往返客户方的交通费用乙方自行承担，现场工作餐费用甲方另外承担。

（3）此费用为乙方工作内容的包干费用，甲乙双方未经商讨确定，不得调整费用。

（4）待项目结束费用结清后，乙方向甲方开具相应增值税专用发票。

（四）对公账户信息

户　　名：×××咨询有限公司

开户行：×××支行

账　　号：×××× ×××× ×××× ×××

第四条　合同的周期、生效、变更、终止

（1）本合同的周期为20___年__月__日—20___年__月__日。

（2）本合同自双方签字（盖章）之日起生效，至期间届满之日失效，但根据合同规定或双方约定提前终止的除外。

第五条　权利义务

（一）双方共同义务

严格遵守本协议各项条款规定的内容，并协商解决合作中出现的有争议的问题。

（二）甲方的权利义务

（1）要求乙方按时、按质、按量完成本项目。

（2）按时接受本项目各项方案，并享有知识产权。

（3）据项目进度，及时对方案提出修改意见，要求乙方按修改意见完成工作。

（4）甲方应按合同约定按时向乙方支付项目咨询费用。

（5）按时提供乙方所需的材料，保证其真实、合法、有效。

（6）乙方向甲方提交而甲方未签字认可的方案，甲方不得自行使用或泄露给第三人。

（三）乙方的权利义务

（1）应按合同要求完成相关工作，并按期交付咨询成果，并交甲方验收。

（2）乙方对甲方提供的材料提出意见，可要求甲方另行提供必要的材料。

（3）乙方应及时向甲方通报项目进展情况，并根据甲方提出的项目执行及提交成果意见进行修订完善。

（4）本项目中所涉及的甲方内部资料、数据和其他商业信息，未经许可，乙方不得任何形式用于合同之外的目的，不得以任何形式向其他第三方透露。

（5）本项目成果物的所有权归甲方所有，未经甲方许可，乙方不得向其他第三方泄露。

第六条　违约责任

（一）在项目签订合同，启动以后，甲方提出终止合同的，须按乙方实际工作天数以2 000元/天计算支付。

（二）甲方逾期付款，应向乙方另行支付每日万分之六的违约金；逾期7天，乙方可终止合同，甲方须支付逾期期间内乙方所提交的经甲方签字认可的方案咨询费，并还应向乙方支付相当于项目咨询费15%的违约金。

（三）甲方迟延向乙方提供材料或未及时对乙方提供的方案提出修改意见，乙方完成本项目的时间可以相应顺延，甲方按本项目咨询费日均收费标准向乙方支付顺延期间的咨询费。

（四）甲方擅自变更或解除本合同，乙方不退还甲方已支付的费用；乙方擅自变更或解除本合同，应退还已收取的费用。

第七条　免责条款

（一）如因甲方原因，造成甲方无法接收或不能正常接收乙方发送的咨询方案、建议、报告等书面材料，乙方不承担责任。

（二）由于国家政策变化原因或不可抗力所造成的问题，乙方不承担责任。

第八条　争议的解决

履行本合同发生争议，甲乙双方协商解决，如协商不成，任何一方可向当地人民法院提起诉讼，由违约方承担相关费用。

第九条　不放弃条款

任何一方因疏忽而未追究另一方违约责任，并不意味该方放弃了任何应有的权利。

第十条　附则

（一）本合同及附件已构成双方的全部合同意图，并取代之前就本项目所做出的一切口头或其他书面协议。

（二）项目洽谈前所做的《×××有限公司薪酬、绩效咨询项目建议书》为本合同的前端内容。

（三）本合同未经双方书面同意，不得做出修改，如有未尽事宜，须双方另行协商补签定补充协议，补充协议与本合同具有同等法律效力。

（四）本合同一式四份，其中甲乙双方各持两份。

甲方：×××有限公司　　　　　　　　（章）

委托代表人（签字）：＿＿＿＿＿　　　日期：　　年　月　日

乙方：×××咨询有限公司　　　　　　（章）

委托代表人（签字）：＿＿＿＿＿　　　日期：　　年　月　日

附录二　岗位描述辞典

应负责的

（形容词）为某个行动或决定及该行动或决定的结果负责

责任是对工作最后结果的测定影响。一个雇员对某些结果负责任的程度取决于：

· 行动的自由度，即个人或程序控制和指导的程度；

· 工作对最终结果的影响，即在职者对最后结果的影响程度；

· 量值，即最受工作影响的区域的一般量值。

行动

（动词）做某事；扮演……角色；执行……行动；实行或以明确的形式行使职责；代替某人供职或代替某事物起作用；引起；产生效果；履行职责；以……的身份供职，担任或代理

例如，执行副总裁在总裁缺席的情况下可担任总裁以在机构的日常总体运作中保持最高层管理的连续性。在职者行动的自由是该在职者在没有上级个人或组织的程序控制和指引的情况下被授权作决定的程度。行动的自主权涉及从直接、详细的指示和密切的监督到最高管理层（一个组织的主要的管理办公室或执行主管）的一般指引的各种情况。

管理

（动词）计划；组织；人员供给；指导和控制全过程

一位经理对各项职能进行统一和协调，以完成一项共同目标。在此，这位经理是一位策略家，根据他的理解，他将更高一层的所有总体目标下放给下属，并分成个人和整体目标。制订计划，确定如何完成这些目标并对下属的完成情况进行评估。经理将任务分给下属，并要求他们对整个过程的细节进行监督。

建议

（动词）给予别人建议和指导；提供忠告，建议；通知；告知；启发；辅导。

例如，人事处主任可能被要求就各经理的招聘、选择和任命少数集团成员的法定义务向经理通过解释相等就业机会指引提供意见。

例如，在商议租约时，律师可向土地所有者提供建议。

分配、分派

（动词）为特别的目的指派；为具体的理由留出；按计划分配或分派；委托；划分出；拨出；保留

例如，营销部主任可为具体产品的各种广告和促销活动分配不同金额的营销预算。

分析

（动词）将整体解剖、分开以发现其本质、比例、功能、关系等；仔细研究所有阶段；一点一点或一步一步地彻底调查；区分或确定要素；分成组成部分；严格地检查以发现组织指定部门中出现旷工情况的本质、程度和原因

预期

（动词）事先感觉或意识到；预见；预期；期望；提前行动以防止、排除；提前使用

例如，为适当的激励员工，在主管决定某下属的薪水时应就该下属对其决定的反应做出预期和计划。

评价

（动词）估计或判断某物的数量或质量；赋予价值；评价；评估；估价，估量，判断下属的表现

批准

（动词）正式确认或同意；同意；以言词或行动赞同；认为正确或良好；批准或认可；签署或授权

例如，部门主管可向部门经理提交将部门中某个下属升职的建议供审批。一旦建议获得批准，则意味着该建议在符合部门经理制定的标准和/或有关升职的人事政策后获得了正式的认可。

指派、分配

（动词）指派下属完成具体的任务

例如，维护主管可将具体的维修任务分配给某个下属。

协助

（动词）协助；帮助；支持

工作项目常常需要部门主管在提交报告或问题解决方案方面互相协助才能完成。这里，部门主管常常对最终结果有共同的影响。主要的下属常常被要求

通过收集和分析资料协助其部门主管根据这些资料撰写报告，其影响是积极的。

保证、确保

（动词）确信某事；确定；承诺；保证；担保，负责按时完成工作项目或有效进行销售活动

例如，人事经理可保证在选择候选人时使用某些测试，但可将实际的管理、打分和对这些测试的解释工作委托给其员工中的专家。

出席

（动词）在场；留在某处

例如，为在会议上亲自代表部门主管，指定的下属将出席这些会议。需要指出的是，出席并不意味着具有代理的权力。

审查

（动词）检查或详细察看；仔细观察或分析；正式询问或审问以找出事实、信息或相似情况；自我反省考虑或测试；仔细考虑；检查以验证正确性或是否符合要求

例如，人事助理可审查组织的劳动力组成以保证符合 EEO 要求。

又如，某公司老总在决定商议兼并另一家公司之前，首先得审查所有主要的因素，如与有关有利条件、不利条件相关的信息、日期以及是否值得去兼并等。

授权

（动词）授权；批准或许可；同意；证明正当

例如，部门经理可授权销售经理招聘、选择和任命销售代表而无须将这些决定提交部门经理批准。

实施

（动词）在项目或研究中行使领导权

例如，一个项目工程师可进行研究，他可以指派下属工程师参与或不参与该项目。

咨询

（动词）向他人征求意见

例如，生产副厂长可咨询品质工程师以发展改进的生产技术。

促成

（动词）通过建立标准、衡量进行中的工作、解释结果和采取纠正措施对活动施加控制性的影响以达成计划的结果

协调

（动词）协调；调节；系统地组织不同下属的活动或职能以达成组织目标

例如，经理必须协调部门中各专业人员的具体工具，以完成工作项目或设

计、执行本地公关或广告活动。

发明，创造

（动词）创造，出现，发明，引起，带来，给予职位或头衔，做到，起作用，使成为……产生或生产，源于，构成，发展，竖立，拼合

例如，某工程师发明了一种新的更有效的方法来制造某种产品。用这种方法，可减少单位产品的成本。单纯的研究工作要求在职人员以新颖的、非重复的方式进行。这种情况要求在职人员不断开发新理念，并能用富于创造性的、幻想性的方式来解决复杂的问题。

委派... 为代表

（动词）批准或给予某人权利作为一个人的代表或代理人；委托另外一个或多个人来完成上级交代的一项或部分工作，或者指定某人作为负责人以达到某一分支目标，且该目标有助于实现该组织中较高程度的目标

构思，计划

（动词）计划，制定初步计划，谋划，打算；部分或详细安排某事，以便制作一个完整的部件或整体

例如，某工厂工程师设计了一个改良性生产方式，该方式比现行方式更为经济。

决定

（动词）限定；固定或定义；最终决定或预先确定；决定或决心；经思索或调查后作出关于某事的决定；确切地发现；确定或计算；经推理后认定。例如，人事部长可以决定某一求职人是否适合某一给定岗位。

发展

（动词）逐渐丰满、变大、变好等；如生意扩大；使活动起来，如一个想法等；逐步地展示或制定；显示或暴露

例如，某会计开发出了一种新的表格，计划明年的部门预算。一种通过自动数据处理来方便财务分析的表格。

设计、策划

（动词）形成或在已大脑中安排好；计划，或谋划，制作，构成，建造，建立；编造，策划，梦想，布置，设计，列举，决定路线等

例如，一名销售代理想出了一个谦恭的"软性"销售法应酬顾客，该方法极大地提高了每个顾客的购买量。

指示

（动词）向某人发出权威性指令，应对理想的目标物采取有目的的行动

成立

（动词）使稳定或固定；永久地安置委派；成立，设置或组织。作为经理，他/她成立了一个崭新的部门

评估

（动词）确定或决定价值；考核；判定，评定或估计；计算或确定数值；用数字表示

例如，安全部长可决定通过事故降低的数据或严重性来评估一名新员工预防事故的有效性。

执行

（动词）落实，使生效；根据已事先规定的计划去行动或做；跟进或追踪到底；完成；付诸实践

例如，总裁有责任保证各项政策在本单位得以彻底、有效地执行。

加快

（动词）加快进程；促进，帮助和使容易；快速有效地行动；促成，驱使，驱赶，加快速度

例如，执行秘书可通过向经理主管人员说明一封信函的重要性来加快对此信函的反应。

跟进

（动词）关注各项措施执行完毕

例如，主管可跟进下属，确保所布置的任务得以完成。

制定出

（动词）创造，制造，发展，精心制作，制造，建设，修建，提出，设立，准备，组成，设计或调制，以明确地、系统地陈述提出

例如，广告部主管可制定出一种新的报纸广告，在促销方面特别有效。

实施、落实

（动词）完成，进行；执行（如：政策）；生效；取得成果

例如，一位人事部门经理或许会执行一项规定，每六个月对员工的表现进行评估。

发起

（动词）开始，着手，动手，引入，创立，首创

例如，一位公关总监或许会设立新的客户关系项目，告诉所有的相关职员如何处理客户的投诉。

指导

（动词）指导，传授，教育，下令，通知，告诉，透露，熟悉，了解，启发，讲事实，描述，让人知道，让人明白，演示

例如，一位培训经理或许通过向新员工介绍设备，它的零件和操作方法让新员工们知道如何操作这一设备。对于没有太多决策权的岗位，人们的行动受到指令、具体指示和基层监督的约束。

整合

（动词）完成，汇总，统一

例如，一位销售部经理通过与销售代表们讨论他们各自的职责，销售区域以及完成销售任务的独立性，以此来整合他们分散的行为。

解释、诠释

（动词）阐述，说明，阐明重要性，解释，说清楚，解释说明，诊断

例如，人们经常要求公司律师解释一些对公司运作会产生重大影响的现存条例的修改的实际含义。

调查

（动词）入微观察，系统检查，进行调查，查找，探索

例如，一位对保护公司财产的方法进行调查的保安也许会深入调查并评估闭路电视的优点与缺点。

发布

（动词）正式公布或发行

例如，一位部门经理会发布要求所有部门员工遵守的程序和条例规定。

维持

（动词）保持有效性

如人事部门助理会被要求保存所有员工的全套和更新的个人记录。

激励、驱动

（动词）启发和激励下属发挥最大的职能效力，向下属们提供动力以达到所期望的结果。

例如，销售经理定期按照既定目标对销售代表们进行评估或制定奖励制度来激发销售代表的积极性。

谈判

（动词）通过讨论或交流与持不同观点的另一方就一项具体提案达成协议

例如，劳工关系经理就集体交涉协议的修改提案与工会代表们进行协商。

观察

（动词）感觉，注意到，看到，注意看，注意，认为，目睹，细察，看，研究

例如，一位经理通过对某些决定对下属所产生的作用的仔细观察，通常可以预测到这些下属们对将来某些决定的反应。

组织

（动词）将所有的东西有序地放在一起，功能性地有序整体，安排或系统化，为协调或结构行动所设计的一种愿望中的方案如副总裁在向管理委员会进行正式口头演示前需要组织自己的思路

创立

（动词）形成，创造，发明，设计，制定，生效，源于，设立

例如，部门主管就某一特定方面制定了员工规则，这位主管一定会积极负责地使这些规定在他的部门内得到有效的执行。

参与

（动词）参加，加入，分担

例如，如果部门经理和员工们协商并制定具体的计划来完成某些目标，部门经理将分享所取得的成绩。（如10%的纯利润增长）。

计划

（动词）修改或提前决定某些措施以达到预期的结果

计划包括预测，设定目标，制定达到目标的策略，确定轻重，行动的时间顺序，预算和制定政策和程序。

准备

（动词）对某些具体目标或事件，活动等提前作准备。将所有的因素放在一起或作好准备

例如，大部分会议的有效与否很大程度取决于会议的领导们对会议的准备工作做得如何，特别是对与会人员的反应、意见和问题进行估计的情况如何。

提交

（动词）要求事情得到考虑或批准（参阅提议）

提议

（动词）要求意见得到考虑，讨论或采纳，建议，提交或提名，提出议案

例如，许多公司员工的权利仅限于向经理们建议或推荐采取某些行动。经理们可以接受或拒绝这些意见，并保留实施与否的权利。

提供

（动词）装备，供给，可得到，提供，承担

例如，一位善于分工的经理向他的下属们提供足够的机会，让下属们从自己的错误中吸取教训，而不是一味地惩罚他们。

推荐

（动词）加入评述的介绍，希望能得到接受或试用；建议，向有意向者提议，向有价值、有意向方提议，以引起注意，使意见更吸引人或具有可接纳性

例如，为了吸引高素质人才，人事总监也许会向副总裁提议这些申请人的起薪应该有所提高。

代表

（动词）代表，象征，描述，描绘，将想法清楚地呈现，将人或事进行具体化的描述，担任官方代表，担任发言人或其他同类性质的角色

例如，在部门主管会议上，每一位部门经理主要代表本部门员工的利益，

在这种情况下，经理就是他们下属的官方发言人。

（动词）调查，回顾，考察，考虑，再三检查，再三检查以作出正确决定

例如，在培训一位新会计时，会计总监对新会计的工作进行评估，并指出他/她的错误，并告诉他们在将来如何避免这些错误。

修改

（动词）准备新制定的版本，改变或修改

例如，一位经理反复修改助理们写的一些需提交给总监以得到批准的文件。

服务

（动词）在某些具体行动的框架内积极履行职责，如委员会

例如，数据处理经理服务于一支特别队伍以开发出新的质量控制程序。

选择

（动词）从几种办法中进行选择，挑选，挑出，进行挑选

例如，一位为一个关键的下属位置挑选合适人选的经理主要的判断点是这位候选人将能成功地完成这个岗位的所有要求。

监督

（动词）监督，监察，指挥，检查，检验，负责；指导和检查员工的表现，监督或指挥

例如，一位区域销售经理参观公司的某一个工作站，监督它的运作并根据自己的检查对它进行评估。主管需清楚地描述哪些工作需要做，如何完成。通常来说，指示和规定所没有包含的情况都向主管汇报。主管详细地评估下属完成任务的表现。

调查（问卷）

（动词）检查或以全面的方法进行察看，仔细检查，进行调查，总体察看

例如，薪金管理员要求为机构管理人员们提议一项奖励计划，他/她有时需要对现行的奖励计划进行考察以帮助制定一套适合本机构的计划。

策略

（动词）为实现某个目标或战略的有利方法。对于掌管某些需要协调的职能的职员而言，他们的经理是一位策略家。经理需要将战略目标转为下属的目标，并实现这些目标的计划，指导并回顾审查整个过程。策略计划包括每天的计划或即期运作，以有效地完成既定职能和策略

培训

（动词）某种行为和行动的教练，根据专业指导和实践以达到精湛水平，传授如何完成一项任务，制定某些决策，操作一套设备等

例如，大型机构中的人事主管经常有一位培训专家对经理们进行培训，提高他们的管理水平，包括如何激励下属，如何分配工作，如何解决员工问题等等。

查证

（动词）通过提交证据中证词来证明真相，证明，通过对比决定或查证真相或准确性，调查或查阅

例如，为了确保准确性，高级会计经常查证初级会计的工作。

战略

（名词）命令的科学与艺术，这些命令将用于整体计划，主持大型和长期的运作，从这门科学的实践当中得出的计划。战略性计划是为远大的未来目标而设计的。

职能报告关系

（名词）雇员与同事，上级与下级之间为实现基本运作所采用的普通的、正式的渠道。机构内职能报告关系的定义为谁有权力决定谁向谁汇报负责

职能报告关系也可以指，在某些情况下，一位经理有双重报告关系：一种是向同一职能总管汇报，另一种是向行政意义上的总管汇报。在这种情况下，职能报告关系包含向同一职能总管汇报和向行政意义上的总管汇报。这一种职能汇报关系称为"虚线"汇报关系。

职责

（名词）任何事物的正常的或有特色行为，人或物在工作中所需要的特别职责或性能。某岗位的基本作用是其存在的主要原因

例如，财务副总经理这个岗位的基本职能概括了在本公司设立该岗位的目的。